赵家台村志

北京市门头沟区地方志编纂委员会
北京市门头沟区档案史志馆 编

方志出版社
Publishing House of Local Records

图书在版编目（CIP）数据

赵家台村志 / 北京市门头沟区地方志编纂委员会，北京市门头沟区档案史志馆编. -- 北京 : 方志出版社，2023.12

ISBN 978-7-5144-6145-9

Ⅰ. ①赵… Ⅱ. ①北… ②北… Ⅲ. ①村史－门头沟区 Ⅳ. ①K291.5

中国国家版本馆 CIP 数据核字（2024）第 024845 号

责任编辑：丛 珺
责任校对：张玉霞
责任印制：梅中英
出 版 者：方志出版社
地　　址：北京市朝阳区潘家园东里 9 号（国家方志馆 4 层）
邮　　编：100021
网　　址：http://www.zgfzcb.cn
发　　行：方志出版社图书营销中心（010-67110500）
印　　刷：廊坊市国彩印刷有限公司
开　　本：710 毫米 ×1000 毫米　1/16
印　　张：20.25
字　　数：291 千字
版　　次：2023 年 12 月第 1 版
印　　次：2023 年 12 月第 1 次印刷
定　　价：178.00 元

北京市门头沟区地方志
编纂委员会

《赵家台村志》编纂委员会

主　任：杨武平　叶荣德
副主任：秦亚静　刘忠英　刘　斌　张　华
委　员：孙继青　孙桂玲　孙小君　刘　嘉　李长来
　　　　李长生　徐瑞欣

《赵家台村志》编辑部

主　　编：张慧军
副 主 编：王丙华
执行主编：张广来
编　　辑：任全礼　付向东
编　　务：冯智逵　马春雨

《赵家台村志》评审专家

（以姓氏笔画排序）

王　鹏　艾永贵　石建山　朱　磊　安全山　杨德林　罗保平
郝若婷　徐贺成　董志魁　韩春鸣　谭烈飞　潘会楼

凡　例

一、本志以马克思列宁主义、毛泽东思想、邓小平理论、“三个代表”重要思想、科学发展观、习近平新时代中国特色社会主义思想为指导，坚持辩证唯物主义和历史唯物主义的立场、观点和方法，全面客观记述古村落赵家台村发展历程，传承历史文化，留住乡土记忆，服务首都全国文化中心建设。

二、记述时限上限追溯至村落事物发端，下限到 2021 年底。记载村落地域范围为志书下限时间点的区域范围。

三、结构为章节体结合条目体，横排门类，纵述史实，述而不论。

四、运用述、记、志、传、图、表、录七种体裁，以志为主，设专题图片和随文图表。

五、采用的各类数字以门头沟区统计部门公布的数字为准，个别采用专业部门、有关史料等提供的数字。

六、入志人物记述分为传、简介、表、名录，遵循“生不立传”原则，收录本籍杰出人物的生平、事迹，以及在当地产生过影响的客籍人物。

七、除引文资料和附录原始文献外，统一使用规范的现代语体文记述。

八、数字用法、标点符号用法分别采用国家标准《出版物上数字用法》（GB/T 15835—2011）、《标点符号用法》（GB/T 15834—2011），计量单位采用国家技术监督局1993年12月发布的《量和单位》系列国家标准。历史上使用的计量单位，如里、尺、斤等，尊重当时的情况，一般不作换算。

九、记述的政区及机构名称均系当时名称。地名一般使用下限时标准地名，必要时括注当时名称。

十、记述各个历史时期的党派、机构、职务、地名等，均以当时的名称为准。对频繁使用的名称，首次用全称，其后用简称。

十一、清代及清以前使用朝代年号纪年，1912年起采用公元纪年。

十二、本志记载中华人民共和国成立前的碑文、诗文，标点符号为编撰者所加。部分碑文、诗文的题目，为编撰者所拟。部分碑文的书写格式，与原碑刻和拓片有所不同，为编撰者重新编排，均用简体字。记载、引用的古代碑文、诗文中，出现缺字、残字，每个字以□代替；出现丢字，以【】形式补充，补字在【】内标出；出现错字、异字，在保留原字的同时，以（）形式注出，注字在（）内标出。

十三、本志资料来源于各级档案馆（室）及旧志、家谱、报刊、专著和口述记载，需要说明的作页下注。某些史籍记载不一的材料，一时又难以考证确定者，以诸说并存为原则记述。

十四、大事记中的“△”表示本事件发生时间与上一事条相同。

赵家台新村远景（2018 年 9 月 3 日摄）

赵家台老村全貌（2019 年摄）

赵家台村委会（2021 年 7 月 27 日摄）

赵家台老村委会门口（2021 年 5 月 28 日摄）

中国共产党潭柘寺镇赵家台村支部委员会换届选举大会（2021 年 1 月 5 日摄）

赵家台村党支部吸收预备党员大会（2021 年 6 月 20 日摄）

赵家台新村民居
（2021 年 7 月 27 日摄）

赵家台老村后台院
（2021 年 5 月 18 日摄）

新村影壁
（2017 年 8 月 25 日摄）

老村南院影壁
（2017 年 9 月 16 日摄）

赵家台新村入村道路
（2019 年 11 月 1 日摄）

赵家台新村大街
（2021 年 7 月 27 日摄）

赵家台新村街道
（2019 年 5 月 19 日摄）

赵家台老村入村道路
（2021 年 7 月 27 日摄）

老村东街胡同
（2021 年 5 月 18 日摄）

老村西街胡同
（2021 年 5 月 18 日摄）

老村古路
（2021 年 7 月 27 日摄）

赵家台村村史馆
（2021 年 7 月 27 日摄）

赵家台村幸福晚年驿站
（2021 年 7 月 27 日摄）

赵家台村“红色 · 家”驿站
（2019 年 12 月 25 日摄）

太平鼓队
（2019 年 9 月 21 日摄）

老年秧歌队
（2019 年 3 月 8 日摄）

腰鼓队
（2019 年 3 月 8 日摄）

2019 年星火工程永定河之声艺术团赴赵家台村文艺演出（2019 年 6 月 18 日摄）

广场舞表演
（2011 年 9 月 4 日摄）

太极扇文化队表演
（2017 年 9 月 20 日摄）

赵家台新村红色文化广场
（2019 年 6 月 4 日摄）

赵家台新村健身广场
（2019 年摄）

赵家台村体育设施
（2019 年 5 月 3 日摄）

赵家台村党支部在职党员
志愿者服务队
（2021 年 4 月 24 日摄）

村治安巡逻队
（2021 年 6 月 24 日摄）

“创城”清洁卫生大扫除
（2021 年 8 月 21 日摄）

赵家台村荣誉室（2020 年 5 月 8 日摄）

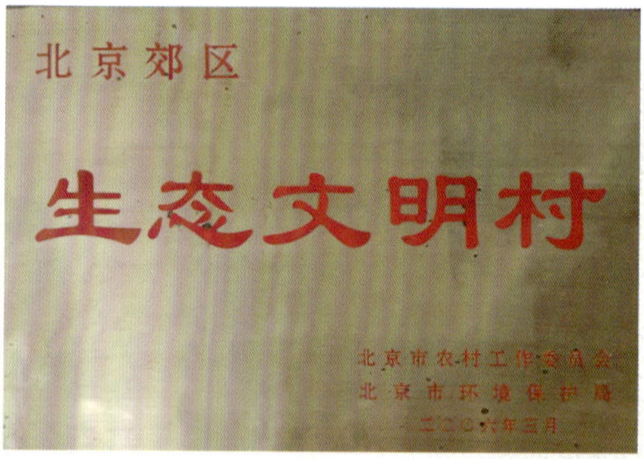

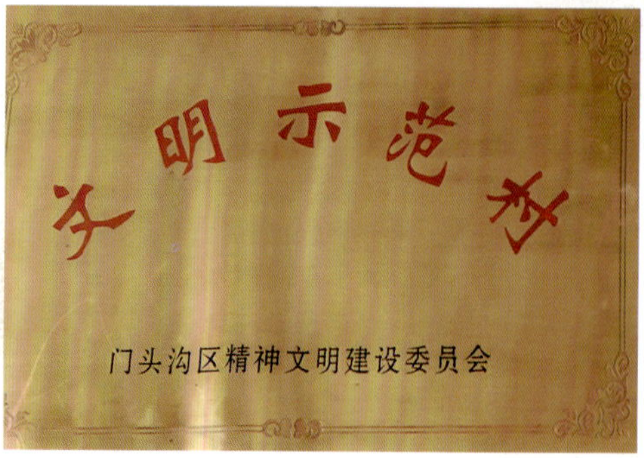

赵家台村获得的部分荣誉

目　录

概　述 …………………………………………………… **1**

大事记 …………………………………………………… **11**

第一章　建置沿革 ……………………………………… **31**

第一节　村落建置 …………………………………… 31

第二节　隶属沿革 …………………………………… 34

第二章　自然　地理 …………………………………… **37**

第一节　自然环境 …………………………………… 37

第二节　自然资源 …………………………………… 40

第三节　自然灾害 …………………………………… 42

第三章　人　口 ………………………………………… **45**

第一节　姓氏源流 …………………………………… 45

第二节　人口数量 …………………………………… 46

第三节　人口普查 …………………………………… 47

第四节　生育服务 …………………………………… 48

第四章　乡村建设 …… 51

第一节　新村建设 …… 51

第二节　基础设施 …… 54

第三节　邮电通信　广播影视 …… 56

第四节　金融网点 …… 59

第五节　环境卫生 …… 60

第五章　党群组织 …… 63

第一节　党支部 …… 64

第二节　党的基本建设 …… 68

第三节　社会主义精神文明建设 …… 90

第六章　村政　村务 …… 95

第一节　组织管理 …… 95

第二节　村政　事务 …… 98

第七章　群团组织 …… 113

第一节　团组织 …… 113

第二节　妇联 …… 116

第三节　残疾人组织 …… 119

第八章　军　事 …… 123

第一节　军事设施 …… 123

第二节　军事活动 …… 125

第三节　兵祸 …… 127

第四节　兵役 ……………………………………………129
第五节　民兵 ……………………………………………130

第九章　经　济……………………………………133

第一节　经济管理体制与产业结构 ……………………134
第二节　种植业 …………………………………………135
第三节　养殖业 …………………………………………144
第四节　林果业 …………………………………………149
第五节　村办工业 ………………………………………154
第六节　商业、运输业 …………………………………158
第七节　经济效益及收入 ………………………………159

第十章　旅　游……………………………………163

第一节　旅游资源 ………………………………………163
第二节　开发管理 ………………………………………165
第三节　旅游产品与收入 ………………………………174

第十一章　文化体育　文物………………………177

第一节　文化体育 ………………………………………177
第二节　文物古迹 ………………………………………201

第十二章　教育　卫生　科技……………………209

第一节　教育 ……………………………………………210
第二节　卫生 ……………………………………………219
第三节　科技 ……………………………………………224

第十三章　村民生活……229
第一节　村民生活的经济基础……229
第二节　吃穿住行乐……233
第十四章　民　俗……241
第一节　节日风俗……241
第二节　婚姻家庭习俗……245
第三节　礼仪习俗……249
第四节　禁忌……251
第十五章　人物　荣誉……255
第一节　人物……255
第二节　荣誉……257
附　录……283
赵家台村股份经济合作社章程……283
赵家台村村民自治章程……292
赵家台村村规民约……293
赵家台村各部门职责任务……296
赵家台村规章制度……302
编纂始末……319

概 述

一

潭柘寺镇赵家台村地处门头沟区南部，由老村和新村两部分组成，其老村和新村相距8公里。老村坐落在四面环山的盆地之中，海拔350余米。东与阳坡元村旧址接壤，南与草甸水、贾沟村为邻，西、北与北岭地区交界，总面积10万平方米。赵家台新村坐落在南辛房村牛口峪小台上，东邻潭柘寺新区，南至鲁家滩村，西至南辛房村，北至桑峪村，紧邻108国道和潭柘寺镇政府，占地总面积4.6万平方米。赵家台老村历史悠久，明代已形成村落。新村楼房区始建于2000年，建成于2007年。

2021年，赵家台村共有221户406口人。村民主要姓氏有孙、刘、李、纪、王、陈、谭等，其中孙姓为本村大户，占全村总户数50%以上，刘姓次之。村民多数为汉族，也有满族、蒙古族等少数民族。明永乐初年，赵家台村属宛平县京西乡。清光绪年间，赵家台村隶属宛平县卢沟桥镇。1914年10月，京师改京兆，顺天府改京兆地方，赵家台村属京兆宛平县。1928年6月，改京兆为北平特别市，直隶省改河北省，赵家台村属河北省宛平县六区。1938年，中国共产党建立宛平县抗日民主政府，后改称昌宛县，在里外十三地区建立办事处。1942年12月，改昌宛县为昌宛房联合县。1944年9月，昌宛房联合县撤销，建宛平县，赵家台村属宛平县六区。1948 年 12 月，成立门头沟军事管制委员会。里十三村脱离宛平县，单独建制，属门头沟军事管制委员会管辖。1949 年 1 月，北平市人民政府成立后，将门头沟军管范围划归北平市，定名门头沟区。赵家台村属门头沟区。1952 年属京西矿区，1958 年复属门头沟区。

赵家台村地貌类型主要是山地、丘陵，为暖温带半湿润半干旱季风气候。自然资源丰富多样，动物、植物种类繁多，尤以叶蜡石、煤炭、紫石等矿产资源及核桃、柿子、李子、苹果等干鲜水果著称。赵家台村历史悠久，存在较多文物古迹，主要有明清古民居、古地道、古道、“北京日报西山基地”旧址，还有古寺庙、古钟、古井、古石碾、古树等。在漫长的人类生存繁衍过程中，赵家台人既传承了中华民族传统文化，也创造出自己独特的村落文化；既流传着本地区的民俗风情，也保留着本村特有的习俗和风情。

二

1946 年，赵家台村正式建立中共党支部，已有近 80 年历史，现届党支部于 2021 年 1 月 5 日产生。赵家台村历届党支部，特别是改革开放以后的历届党支部，坚持“党要管党”的原则，按照上级党组织的统一部署，紧密结合本村实际和中心工作，采取一系列独具特色的开创性举措，切实抓好党的思想建设、组织建设、民主政治建设、作风建设、纪律与党风廉政建设及社会主义精神文明建设，着力把党支部建设成坚强的战斗堡垒。中华人民共和国成立以来，特别是改革开放以来，村党支部多次被评为市区镇级“五好党支部”“先进基层党组织”，党员由初建党支部时的数名发展到近年来的 60 名左右，有多人次获北京市级或门头沟区级“优秀共产党员”“三八红旗手”“劳动模范”“优秀创业青年”“优秀村委会主任”“先进工作者”“文明之星”等荣誉称号。

1946年，赵家台村建立起红色村政权。1958年，建立生产大队。“文化大革命”期间，建立革命委员会，之后又恢复为生产大队。1984年，建立村民委员会。1989年，建立经济合作社。2010年，成立新的经济组织——股份经济合作社。赵家台村历届村政组织，特别是改革开放以后的历届村民委员会，自觉接受和维护党支部的统一领导，坚决贯彻执行党的改革开放路线方针政策，全面抓好经济建设、市政基础设施建设，实施依法治村、科技兴村战略，探讨城镇化农村的社区化管理模式，抓好平安稳定工作，发展村民福利事业，促进村民就业等，得到上级组织与村民的肯定。1984年至2021年，赵家台村被评为全国、首都、门头沟区的精神文明村，先后获得市区镇级“生态文明村”“民主法治示范村”“最美乡村”“生产发展先进村”“农民致富先进村”“旅游产业发展先进村”“纳税强村”“敬老先进单位”等荣誉称号。

1946年，赵家台村先后成立妇联、共青团、民兵等群团组织，2004年以后，又成立残疾人协会。多年以来，这些组织各负其责、各司其职、各尽所能，为促进村内各项中心工作的深入发展发挥着应有作用。特别是改革开放以来，村妇联的各项工作获市区镇级“人口和计划生育示范村”“妇女之家”等荣誉称号。有多位村妇女干部获北京市级或门头沟区级“三八红旗手标兵”“三八红旗手”“三八红旗奖章”“巾帼奉献奖”等荣誉称号和奖项。

三

在赵家台村党支部的坚强领导和村政群团组织的共同奋斗下，不论在抗日战争、解放战争年代还是在中华人民共和国成立后的各个时期，赵家台村的各项工作都取得显著成绩。在抗日战争、解放战争年代，广大党员、干部和村民发扬“精忠报国”“天下兴亡，匹夫有责”的民族精神和爱国主义精神，不畏强暴、英勇顽强、勇于流血牺牲，埋地雷、打游击，与来犯的土匪、日伪军、国民党反动派进行英勇斗争。积极参军、全力支前，为抗日战争、解放战争、抗美援朝战争的胜利贡献力量，在抗日战争中涌现出5名革命烈士，留下“铁打的赵家台”之美誉。

中华人民共和国成立以后，赵家台村党员、干部、群众积极走合作化道路，全面进行新中国的社会主义建设，许多工作走在地区的前列。这一时期，赵家台村获得过地区“铁民校”“门头沟区先进党支部”“潭柘寺乡‘三落实’先进民兵队”等荣誉称号。改革开放以后，赵家台村以建设“生产发展，生活富裕，乡风文明，村容整洁，管理民主”的社会主义新农村为目标，坚决执行党和政府的改革开放路线、方针、政策，不断深化管理体制改革，适时推进主导产业的转型发展，先后作出全村整体搬迁、发展民俗旅游业、收回承包土地由村集体适度规模经营等一系列事关赵家台村前途命运的重要决策，推动各项改革不断深入，推进经济、基础设施建设、精神文明建设，以及教育、卫生、科技、文化、体育、法治等各项社会事业的长足发展，推动人民生活水平与质量的不断提升，开创了赵家台村历史的辉煌一页。

推进经济发展。在种植业上，中华人民共和国成立初期，赵家台村粮食亩产只有200余斤，处于广种薄收状态。20世纪60年代和70年代，赵家台村贯彻“农业学大寨”“粮食亩产过黄河、跨长江”等方针，粮食总产达到18万余斤，为历史最高。20世纪80年代以后，由于大田管理不善等原因，粮食产量滑坡。20世纪90年代，土地流转为集体经营，他们加强对农业的管理，扭转粮食产量下降局面，总产量恢复至10万斤以上。2000年以后，由于产业结构调整等原因，粮食种植基本终结。赵家台村注重发展经济作物，特别是2012年以后，因地制宜发展庭院阳台芽菜种植，成为全镇乃至全区发展阳台庭院经济的样板。在林果业上，赵家台村持续进行封山育灌、四旁植树、荒山造林和发展果树，特别是2000年以后建立起“核桃观光生态园”和“特色种植园”，使各种果树由20世纪80年代初的2万株增加至4万余株，使林业用地占村域总面积的比例由改革开放初期的56%上升至70%以上，最高干鲜果品年总产量达8万斤。中华人民共和国成立后，在养殖业上，赵家台村猪、羊、鸡、蜂、大牲畜的养殖都达到过一定规模。在村办工业上，赵家台村开办的叶蜡石开采、加工企业是镇区的知名企业，其产品为市优产品，在北京地区同类企业中也占有独特优势和领先地位。赵家台村的煤炭生产，曾为村里创造出可观的经济效益。2004年以后，门头沟区为建设现代化生态新区和落实“生态涵养发展区”的首都功能定位，赵家台村饲养业、加工企业退出，快速实现经济转型发展，积极推进旅游开发，赵家台村民俗旅游户达到90余户，占全村总户数的62%，吸引大量游客，成为远近闻名的“中国乡村旅游模范村”“市级民俗旅游村”和门头沟区唯一的“北京市级四星级民俗旅游村”。2020年至2021年新冠疫情期间，赵家台村民俗旅游业仍坚持在困境中求发展。改革开放以来，全村的年总收入、农民年人均可支配收入、年纳税总额一直名列全镇12个村的前列。

推进村庄基础设施建设。2000年至2007年，赵家台新村分4期建设，总面积3万平方米。建起别墅式村民住宅楼70余栋、老年公寓楼1座及村办楼、医务室、娱乐室、图书室、健身广场、村级公园等配套服务设施，成为全区第一个农民住上别墅式住宅楼的村，使村民住宅就地实现城镇化、现代化。新村建好后，村委会持续抓好村庄的绿化、亮化、美化、硬化工程，使村庄更壮观、亮丽；实施外墙保温、煤改电、自来水净化、管道更新、公厕改造、安装水表、楼顶防晒等村庄升级改造工程，实施互联网、有线电视、天然气入户等便民工程，使村民居住更方便、舒适。

推进精神文明建设。2003年开始，赵家台村连续被评为“门头沟区精神文明村”“门头沟区精神文明示范村”“首都精神文明村”“首都精神文明示范村”“全国文明村镇”。举全村之力、集全村之智，投入全国文明城区创建活动，取得很大成效，得到上级肯定。1984年至2014年，继续开展文明家庭创建活动，全村有近百户家庭被评为市区镇级“五好家庭”“文明家庭”“和谐家庭”“学习型家庭”“平安家庭”“最美家庭”等。赵家台村亦曾连续3年被评为镇“和谐村庄”，全国妇联主席到村中考察。开展社会主义精神文明教育，利用街巷文化、大门文化、楼道文化、空中文化以及城乡结对携手共建社会主义精神文明等多种形式，宣传、倡导邻里互助、诚信友善、勤俭持家、尊老爱幼、爱国守法、爱护公物、勤劳致富、艰苦奋斗、自强不息等中华传统美德，使中华传统美德与精神不断深入人心。特别是农民固有的小农意识和生活习性不断被克服，与农村城镇化相适应的现代生活理念不断养成与巩固。

推进教育、卫生、科技事业。20世纪50年代，村民校办得有声有色，建立潭柘寺中心赵家台小学。赵家台村注重幼儿及中小学教育，村里曾两次“有钱出钱，有力出力”，扩建、新建小学校，改善学生的学习条件和环境。连续多年生产叶蜡石石笔，供小学生使用，物美价廉，亦是对地区教育事业的支持与贡献。改革开放以后，其成人教育亦红红火火。改革开放以后，赵家台村注重村（社）助学，村里制定出奖学金制度，对本村考上本科以上大学的学生给予奖励。1995年，村里购买面包车，专门用来接送本村到村外学习的学生，成为全区唯一有校车的村。村里坚持利用“六一”、暑假组织小学生开展有益活动。赵家台村还利用社会主义新农村建设的资源和优势，为本地区以外的社会办学作出贡献。赵家台村学生不负父辈和乡亲们的厚望，2003年至2016年，有多人次在各自学校被评为市区校级“三好学生”“优秀班干部”，有多人次获得市区校级学业奖项。许多学生学业有成后，返乡进行社会主义新农村建设。

赵家台村关心村民的身体健康，重视村内的卫生事业。注重支持、发展民间中医事业。20世纪60年代，推行实施农村合作医疗制度，选拔培养出自己的“赤脚医生”，建立起大队卫生室。20世纪80年代，实行新型合作医疗制度，至2021年村集体每年为每名村民缴纳的合作医疗保险逐步增加至200元。赵家台新村建成以后，建立起设备齐全的村卫生室，配备德才兼备的乡村医生，建起“北京中医健康乡村（社区）建设试点基地”。非典型肺炎和新冠疫情防控期间，打响全民动员的阻击战，全力保证村民的身体健康和生命安全。在赵家台村的热情联系、招待、吸引下，城镇大医院到村卫生下乡工作亦开展得有声有色。赵家台村积极开展爱国卫生运动，严抓环境卫生整治、垃圾分类管理等工作，多次被评为市区镇级“环境综合整治先进村”。2004年入选“北京最美乡村”，2005年入选“北京市卫生村”，2020年被评为“北京市垃圾分类示范村”。

改革开放以来，赵家台村实施“科学育人”“科教兴村”战略，利用自学、外出实地参观考察、系统化综合培训、与首都科研单位和科研人员挂钩等多种形式，大力宣传、普及、推广应用科技知识，促进村内的各业发展。

推进文化体育事业。赵家台村从社会主义新农村建设的要求出发，用先进文化打造培养有理想、有纪律、有文化、有道德的社会主义新型农民。2000年以来，与全国妇联、文化部、中国楹联学会等单位联手，在村内建立“文化示范点”“文化基地”“文化试点基地”等；开发紫石系列工艺产品，成立紫石文化发展有限公司，创办文化创意产业；打造街巷文化、大门文化、楼道文化、空中文化（红色广播站等），营造文化氛围；传承民间传说，发展乡村文学，厚植赵家台村文化底蕴；赵家台村群众性文化体育活动生机勃勃、长年不断，做到了有组织、有队伍、有阵地、有活动、有资金保障，获得市区镇级多项先进文化荣誉称号。

赵家台村历史悠久，古文物资源丰富，特色突出，保存完好。其中，古地道、“北京日报西山基地”旧址等都在全市或全区具有唯一性，被列为北京市级或门头沟区级文物保护单位。多年以来，赵家台村“两委”注重对村内文物的保护与运用，以此促进民俗旅游业的发展，满足人们的文化精神需求，对党员、干部、村民进行知家乡、颂家乡、爱家乡、建家乡教育。

推进法治建设。赵家台村利用正面学习法律知识、开展法律知识竞赛、举办法律宣传日等多种形式宣传普及法律知识。利用建立健全各项规章制度，制定村民自治章程和村民公约等举措，把一切村务工作都纳入依法治村的轨道。通过建立“连民心恳谈室”，为民排忧解难办实事等举措，温暖民心、疏通民意、化解矛盾，把矛盾解决在基层，解决在萌芽状态。坚持集体决策制、村民代表大会制、户代表制等制度，充分尊重村民的民主权利。充分发挥村务监督委员会、治保委员会、人民调解委员会等组织的作用，大力开展平安创建工作，确保村内和谐稳定，获得多项市区镇级平安稳定先进称号。

四

赵家台村“两委”坚持为人民服务、不忘初心、执政为民的宗旨，始终把为村民谋幸福作为一切工作的出发点和归宿。多年以来，以“生产发展、生活富裕、乡风文明、村容整洁、管理民主”为奋斗目标，以推动经济发展，推进村庄基础设施建设，推进社会主义精神文明建设，推进教育卫生、科技文化、体育事业建设，推进法治建设，为具体内容的社会主义新农村建设，推动着村民生活水平与质量的不断提升。全村集体年经济总收入由1978年的20余万元，增加至2016年的5400万元，增长近270倍。村民年人均收入由1978年的200余元，增加至2020年的2.7万元，增长130余倍。在获得劳动收入的同时，随着改革开放的不断深入，村民享受上国家一系列福利政策和对“三农”的优惠政策，村集体亦大力推进村民的福利事业和惠民政策，这些都为村民生活水平与生活质量的不断提升提供了物质基础和保证，使村民的吃穿住行发生着日新月异的变化，日趋城镇化、现代化。村民就医、子女上学更加便利。村民的精神生活亦丰富多彩，获得越来越多的幸福感。

一个“生产发展、生活富裕、乡风文明、村容整洁、管理民主”的社会主义新农村的风姿正在赵家台村充分显现，成为全区社会主义新农村建设的试点村、样板村之一。当前，在实现中华民族伟大复兴的两个百年交会之际，面对新的机遇和挑战，赵家台村“两委”又制定新的发展规划，勾画出新的发展蓝图，带领全体党员、村民向新的发展目标迈进，决心再创辉煌，赵家台村的明天一定会更加美好！

大事记

明

万历二十一年（1593）

宛平县令沈榜编纂《宛署杂记》记载有赵家台村名。

清

康熙十年（1671）

赵家台村大旱。

雍正八年（1730）

八月十九日，北京西郊发生6.5级地震，赵家台村一带有震感。

同治六年（1867）

赵家台村大旱。

光绪年间（1875—1908）

赵家台村域隶属宛平县卢沟桥镇。

中华民国

1914 年

赵家台村创办初级小学。

1917 年

赵家台村隶属宛平县六区。

1934 年

赵家台村隶属宛平县三区。

1938 年

9 月，土匪刘桂堂勾结侵华日军进攻赵家台村，以失败告终。

1939 年

10 月，挺进军攻打驻赵家台日伪军，袭击门头沟、王平村、雁翅等地敌人驻点。

冬，土匪刘桂堂与侵华日军联合火烧赵家台，烧毁房屋 171 间。

1942 年

12 月，赵家台村隶属中国共产党领导的昌宛房联合县。

1943 年

赵家台村民刘廷顺加入中国共产党。

1944 年

9 月，昌宛房联合县撤销，建宛平县，赵家台隶属宛平县六区。

是年，赵家台村建立党小组。

1945 年

上半年，侵华日军撤出南辛房据点。

8 月 15 日，日本宣布无条件投降，赵家台村人民迎来抗日战争的胜利。

1946 年

是年，赵家台村成立中共党组织，孙天庆担任第一任村党支部书记。

△赵家台村在贫农党员中选用村政领导，刘福堂任村长，孙天奉任副村长。同时成立民兵和妇女组织。

1947 年

赵家台村党支部改选，村长刘福堂兼任村党支部书记。

1948 年

12 月 14 日，赵家台村随门头沟区全境解放。

1949 年

1 月，赵家台村属门头沟区里十三小区。

3 月，赵家台村属北平市第二十八区里十三小区。

7 月，赵家台村属北平市第二十区里十三小区阳坡元村管辖。

中华人民共和国

1949 年

10 月上旬，赵家台村归属改为北京市长辛店区。

1950 年

上半年，赵家台村由阳坡元村划出，阳坡元村、赵家台村分划为 2 个行政村。

8 月，北京第二十区改称第十六区，赵家台村属十六区。

1951 年

赵家台村成立互助组。

1952 年

9 月，北京市京西矿区成立，辖 7 区 1 镇，赵家台乡属京西矿区石门营区。

年内，赵家台村民出钱出力扩建村小学校。

是年，赵家台村开展扫盲运动。

△ 赵家台村团支部成立。

1953 年

7 月，京西矿区划乡工作结束，共划 112 个乡。赵家台村属石门营区阳坡元乡。

1954 年

孙天照任赵家台村党支部书记。

1955 年

赵家台村成立初级农业生产合作社，刘福堂任社主任。

1956 年

4 月，区划调整，撤销小区改设大乡，京西矿区划分为 41 个乡，里十三 6 个乡简编为鲁家滩、平原、北村、阳坡元 4 个乡，赵家台村属京西矿区阳坡元乡。

是年，赵家台村成立高级农业生产合作社。

1958 年

5 月，北京市撤销京西矿区，改设门头沟区，赵家台村属门头沟区阳坡元乡。

是月，赵家台村成立集体食堂。

8 月 31 日，门头沟区分别成立门头沟、大台、斋堂 3 个人民公社。赵家台村属门头沟人民公社。

年内，南辛房大队从各生产队抽调人员，在赵家台生产队成立“钢铁营”，建集体叶蜡石矿。

是年，赵家台生产队拆除娘娘庙，新建村小学校。

△ 修建从赵家台村至南辛房村的乡村土路。

1961 年

5 月，赵家台生产队集体食堂解散。

6 月，门头沟区 3 个公社调整为 14 个公社。赵家台大队隶属门头沟区南辛房公社。

1962 年

南辛房公社改称潭柘寺公社，赵家台大队属潭柘寺公社。

是年，建立村治保委员会。

1964 年

5 月 8 日，赵家台村成立贫下中农协会。

1965 年

9 月 27 日，赵家台村召开干部自我检查会。

1966 年

是年，孙永芳任赵家台村党支部书记，陈天柱任党支部副书记。

1969 年

是年，孙永杰任赵家台村党支部书记，孙永芳任党支部副书记兼革命委员会主任。

△ 整党运动开始。赵家台大队成立整党小组。

1973 年

赵家台村开办煤窑。1976 年，开始出煤。

1974 年

孙永杰任赵家台大队党支部书记，刘正强任党支部副书记兼革命委员会主任。

1976 年

7 月 28 日凌晨 3 点 42 分，河北唐山丰南大地震。赵家台村有较强震感，房屋摇晃。

1977 年

12 月，孙小群任赵家台大队党支部书记，安永芝、孙永志任党支部副书记。

1979 年

是年，孙永坤任赵家台村党支部书记。

1980 年

是年，刘彦生任赵家台大队大队长。

1981 年

是年，刘正强任赵家台大队党支部书记，孙永杰任党支部副书记兼大队长，安永芝任党支部副书记兼宣传委员、妇联主任。

1982 年

11 月，安永芝任赵家台大队党支部书记。

1983 年

5 月，潭柘寺公社成立建筑队，刘正强任建筑队队长。

是年，建立村办叶蜡石粉末厂，实施叶蜡石深加工，确立以矿产资源为村主导产业。

1984 年

改社建乡，潭柘寺公社改称潭柘寺乡，赵家台大队改称赵家台村民委员会。

△ 赵家台村党支部被中共北京市门头沟区委员会评为“门头沟区先进党支部”。

△ 赵家台村被评为潭柘寺乡民兵工作“三落实”先进队。

1986 年

是年，孙小群任赵家台村村委会主任。

1987 年

是年，赵家台村集体经济总收入突破百万元。

1988 年

是年，安永芝被北京市人民政府评为“北京市劳动模范”。

1989 年

11 月 27 日，在原农业生产合作社和生产队基础上，成立赵家台村经济合作社，李长荣任第一任社长。

是年，赵家台村进行村民委员会选举，李长荣当选为主任。此次选举的村委会称为第一届村民委员会。

△赵家台村民兵连被评为门头沟区先进民兵连。

1990 年

是年，赵家台村成立林业组、矿山组、农业组。

是年，赵家台村党支部被潭柘寺乡党委评为先进党支部。

△全村承包给私人的土地收归集体规模经营，成为全镇第一个土地由集体适度规模经营的村。

△国家出资，在村建立小学校。

△赵家台村经济合作社被潭柘寺乡政府评为农业先进集体。

1991 年

赵家台村籍安永芝被中国共产党北京市委员会评为“北京市先进共产党员”。

1992 年

7 月，赵家台村籍孙小群当选为赵家台村第二届村民委员会主任。

是年，安永芝被北京市妇女联合会评为“北京市三八劳动能手”。

△赵家台村被潭柘寺乡评为计划生育先进单位。

1993 年

2 月，赵家台村人民调解委员会成立。

是年，修建老村至煤矿的水泥路。

1994 年

7 月 18 日，潭柘寺乡改称潭柘寺镇，赵家台村隶属潭柘寺镇。

1995 年

4 月，王小宏当选为赵家台村第三届村民委员会主任。

1996 年

1 月，刘彦生任赵家台村党支部书记。

11 月，孙继青任赵家台村党支部书记。

1998 年

4 月，孙继青当选为赵家台村第四届村民委员会主任。

是年，赵家台村党支部被中共潭柘寺镇委员会评为先进党支部。

1999 年

2 月 1 日，赵家台村“两委”班子在潭柘寺镇政府搬迁工作小组的协助下开始赵家台村老村搬迁工作。

是年，赵家台村党支部被中共门头沟区委员会评为门头沟区“五好”村党支部。

2000 年

3 月，赵家台新村在门潭公路东侧、南辛房村牛口峪小台开始动工建设。年内建成首批 20 栋楼房。

是年，赵家台村党支部被中共潭柘寺镇委员会评为先进党支部。

△村集体经济总收入超千万元大关。

2001 年

4 月，孙占东当选为赵家台村第五届村民委员会主任。

是年，孙继青获潭柘寺镇优秀村干部一等奖。

2002 年

5 月 25 日，赵家台村煤窑巷道塌方，遇难 1 人。

是年，赵家台新村第二批 20 栋楼房、2 栋老年公寓建成。

△ 赵家台村被中共门头沟区委员会、门头沟区人民政府评为小康示范村。

△ 赵家台村治保会被公安局门头沟分局评为区级先进治保单位。

△ 赵家台村被潭柘寺镇人民政府评为经济纳税强村。

2003 年

6 月 18 日，赵家台村老年公寓正式有老人入住。

是年，赵家台村被门头沟区文明建设委员会评为文明示范村。

△ 赵家台新村第三批 19 栋楼房建成。

△ 赵家台村“两委”班子组织全体村民抗击“非典”。设立党员责任区、责任岗。

2004 年

3 月 9 日，孙继青当选为赵家台村党支部书记。

5 月 15 日，孙占东当选为赵家台村第六届村民委员会主任。

6 月 23 日，赵家台村党支部组织党员、群众到世界公园和卢沟桥抗日战争纪念馆参观。

11 月，赵家台村成立残疾人协会，孙小君任残疾人协会主席。

是年，赵家台村成立创建“五个好”先进基层党组织领导小组，组长孙继青。

△ 赵家台村被首都精神文明建设委员会评为首都文明村。

△ 赵家台村被中共门头沟区委员会、门头沟区人民政府评为人口与计划生育工作示范村。

△ 赵家台村确立以发展民俗旅游业为新的主导产业，成立村旅游协会，办起首批 26 户民俗旅游户，举办启动仪式。

2005 年

12 月 28 日，赵家台村党支部组织党员瞻仰毛主席纪念堂和人民英雄纪念碑，对党员干部进行爱国主义教育。

12月，赵家台村党支部开展共产党员先进性教育活动。

是年，赵家台村被北京市人口和计划生育委员会评为北京市人口和计划生育示范村。

△ 赵家台村党支部被中共北京市委组织部、中共北京市委农村工作委员会评为2003年至2005年创建“五个好”先进基层党组织。

△ 赵家台村党支部被门头沟区农村基层组织建设领导小组评为“五个好”农村党组织。

△ 赵家台村被北京市老龄工作委员会评为北京市敬老先进村。

△ 赵家台村民俗旅游协会被中共门头沟区委员会、门头沟区人民政府评为先进农民专业合作经济组织。

△ 赵家台村被北京市政府列为市级民俗接待村。

△ 赵家台村被北京市爱国卫生运动委员会评为北京市卫生村。

△ 建立村“核桃观光园区”，实施“住新村、游老村”的民俗旅游构想。

△ 全村正式实施新型农村合作医疗制度。

2006年

7月，赵家台村投资20万元修建老年公寓楼顶隔热设施。

8月7日，北京市妇联主席荣华就妇女在新农村建设中的作用到赵家台村调研，并做客“和谐家庭”。

9月，赵家台村投资45万元购买大客车1辆。

是年，潭柘寺镇政府为赵家台村安装太阳能路灯37盏。

△ 赵家台村被北京市农村工作委员会、北京市环境保护局评为北京郊区生态文明村。

△ 赵家台村党支部被中共北京市委组织部、中共北京市委农村工作委员会评为创建“五个好”先进基层党组织。

△ 赵家台村党支部被中共门头沟区委员会评为先进党支部。

△ 赵家台村被中共门头沟区农村工作委员会、门头沟区农业委员

会、门头沟区人事局联合评为生产发展先进村。

△ 孙继青被北京市公安局评为北京市先进治保分子。

△ 赵家台村开始接收大学生村官。

△ 外聘人员任介民在村中试种茶树。

2007 年

3 月 21 日，孙继青当选为赵家台村党支部书记。

6 月 30 日，刘斌当选为赵家台村第七届村民委员会村主任。

年内，赵家台村按区、镇要求关闭煤矿。

是年，赵家台新村村民住宅房第四期工程，18 栋村民住房主体工程竣工。最后一批老村村民搬迁工程落实，全部村民住上新房，成为全区首批农民住上别墅式住宅楼的村。

△ 赵家台村成立防汛指挥部。老村总指挥由村委会主任刘斌担任，新村总指挥由刘彦生担任。

△ 赵家台村被文化部、全国妇联评为全国美德在农家活动示范点。

△ 赵家台村被北京市社会主义新农村建设领导小组、村务公开工作办公室评为北京市村务公开民主管理示范村。

△ 赵家台村被中国老教授协会等单位联合评为中华老年康乐文化先进集体。

2008 年

1 月，村委会组织村民为九江灾区捐物。

3 月赵家台村潭柘紫石文化发展有限公司成立。

5 月，村委会组织村民为四川灾区捐款 9233 元。

是年，赵家台村党支部获 2006—2008 年度北京市“五个好”先进基层党组织称号。

△ 村民余邦怀被北京市水务局、北京市农村工作委员会评为优秀农村水管员。

△ 村民果春红被北京市妇女联合会、首都社会治安综合治理委员会办公室联合评为北京市“平安家庭”创建活动先进个人。

△ 赵家台村被中共门头沟区农村工作委员会、门头沟区农业委员会、门头沟区人事局联合评为农民致富先进村。

△ 赵家台村被中共门头沟区委员会、门头沟区人民政府评为北京奥运会、残奥会先进集体。

△《赵家台村报》创刊。

△ 赵家台村残协建立“温馨家园”，常年开展康复讲座、创收技能培训等活动。

2009 年

2 月 17 日，赵家台村开展烟花爆竹禁放值守实战演练活动。

9 月，赵家台村紫石合作社成立，开发紫石系列工艺品，增加民俗旅游综合收入，发展文化创意产业，入社村民 40 余户，把潭柘紫石文化发展有限公司纳入股份制经营管理。

是年，赵家台村被北京平安农机创建活动领导小组评为平安农机示范村。

△ 赵家台村被国庆社会治安与安全警卫指挥部、北京市“国庆平安行动”指挥协调小组评为国庆安保工作先进集体。

△ 赵家台村党支部被中共门头沟区委组织部、中共门头沟区委农村工作委员会评为新农村建设先进党支部。

△ 赵家台村村民年人均收入突破万元。

2010 年

7 月 31 日，赵家台村集体经济产权制度改革方案确定。

9 月 15 日，潭柘紫石砚文化发展有限公司为 41 名入股村民分红 12 万余元。

是年，孙继青当选为村党支部书记及第八届村民委员会主任。

△ 赵家台村党支部组建创先争优活动领导小组及办公室。

△ 赵家台村党支部被中共门头沟区委员会评为先进基层党组织。

△ 赵家台村被北京市消费者协会评为诚信服务示范单位。

△ 村民王民、果春红在北京市万名孝星评选活动中被评为孝星，受到北京市人民政府奖励。

2011 年

6 月 20 日，赵家台村党支部组织“共产党员献爱心”捐款活动，58 人参与，共捐款 1500 元。

10 月 10 日，门头沟区委书记韩子荣到赵家台村调研产业结构调整情况。

10 月 20 日，北京市老龄委、门头沟区老龄委和潭柘寺镇民政科领导到赵家台村老年活动中心，对托老所和养老（助残）餐桌进行调研。

10 月 28 日，区财政局和区残联领导到赵家台村温馨家园调研，检查康复档案，查看阅览室、活动室和餐厅。

12 月 2 日，中央民族大学经济学院师生到赵家台村就民俗旅游接待情况进行专题调研。

是年，赵家台村被北京市第八届全民健身体育节组委会评为北京市健身明星村。

△ 赵家台村党支部被中共门头沟区委员会评为先进基层党组织。

△ 赵家台村建立村务监督委员会。

△ 赵家村村制定《赵家台村村民自治章程》。

△ 赵家台村民李燕在北京市万名孝星评比活动中被评为孝星，受到北京市人民政府奖励。

2012 年

4 月 25 日，中国楹联学会在赵家台村建立中国楹联门头沟创作基地。

7 月 11 日，赵家台村开展“共产党爱心捐款”活动，共捐款 1760 元。

7月21日，北京市普降暴雨，城区出现积水，郊区发生水患，赵家台村受到洪水冲击，部分景区设施被毁。

是年，赵家台村党支部被中共门头沟区委员会评为2010年至2012年先进基层党组织。

△ 赵家台村在老村东侧修建长约1500米水泥公路。

△ 赵家台村在新村发展阳台、院落芽菜种植，成为门头沟区发展阳台经济的样板。

△ 赵家台村被评为“首都文明示范村”“首都绿色村庄”。

△ 赵家台村村民孙凤敏在北京市万名孝星评比活动中被评为孝星，受到北京市人民政府奖励。

2013年

4月25日，赵家台村妇联组织60余名育龄妇女到潭柘寺镇卫生院健康体检。

5月18日，刘忠英当选为赵家台村第九届村委会主任。

是年，刘忠英当选为赵家台村党支部书记。

△ 刘忠英被北京市民政局评为北京市先进村民委员会主任。

△ 赵家台村人民调解委员会被北京市司法局评为北京市规范化人民调解委员会。

△ 赵家台村人民调解委员会被门头沟区司法局评为门头沟区人民调解委员会示范单位。

△ 赵家台村被中共门头沟区委员会、门头沟区人民政府评为基层组织建设示范村。

△ 赵家台村党支部被评为潭柘寺镇优秀基层党组织。

2014年

7月1日，赵家台村党支部组织“共产党员献爱心”捐款活动，65人参加捐款，捐款金额1750元，其中党员50人、入党积极分子3人捐款 1590 元。

8 月 20 日，赵家台村“两委”班子成员以及村务监督委员会、会计、大学生村官参加潭柘寺镇农村干部防止职务犯罪警示教育培训会。

11 月 11 日，永定镇北岭地区发生山火，赵家台村民兵、党员、群众到现场扑救。

11 月 28 日，北京市、门头沟区有关领导检查赵家台村服务站、图书室、活动室、村民居住环境、老年公寓、“温馨家园”。

是年，“春风送暖”社会捐款活动中，50 人参加捐款，共捐款 1140 元，其中党员 37 人，捐款 910 元。

△ 赵家台村被中共北京市农工委、北京市农委、北京市旅游委、首都文明办、北京市文化局、北京市园林绿化局评选为北京市最美乡村。

△ 赵家台村在京郊旅游农家院特色美食品鉴活动中，获得“十佳特色餐饮民俗村”称号。

△ 赵家台村被评为北京市第五批民主法治示范村。

△ 赵家台村党支部被中共北京市委组织部、中共北京市委农村工作委员会评为北京市“五个好”村党组织。

△ 赵家台村红色议事会成立。

2015 年

1 月 14 日，门头沟区广电中心领导、北京市人民广播电台体育广播主持人到赵家台村进行“美丽乡村、筑梦有我”公益活动“牵手”结村。

1 月，赵家台村被评为门头沟区“十佳特色餐饮民俗村”。

3 月 18 日，中国邮政储蓄银行潭柘寺营业所落户赵家台村。

4 月 2 日，赵家台村等 12 个村与北京市人民广播电台宁晓川等 12 名知名主持人“牵手”结对，共同推介优质资源，展现农村发展新风貌。

4 月 14 日，全国妇联副主席宋秀岩到赵家台村调研文明家庭创建情况。

4月25日，与东直门街道办事处开展“城乡手拉手，共建新农村”植树绿化活动。

5月14日、6月15日，市、区有关专家对赵家台村45家民俗旅游户开展检查评定工作。

8月，赵家台村给予考入大学的孙利昂、李俊孝各1000元奖励。此后，该政策延续。

10月14日，赵家台村与门头沟区科协、西城区科协举办“科普手拉手，共筑中国梦”科技下乡共建活动。

10月29日，神农架景区工作人员到赵家台村调研学习，走访赵家台新村和老村。

11月21日，刘忠英当选村党支部书记。

是年，赵家台村被门头沟区森林防火指挥部评为森林防火工作先进单位。

△ 赵家台村获得“充分就业村”“首都文明村”等荣誉称号。

2016年

1月12日，叶蜡石矿为赵家台村老年人发放米、面、油等生活用品。

1月13日，赵家台村党支部召开“三严三实”专题组织生活会。20日，召开“三严三实”民主评议党员大会。

1月20日，赵家台村开展2016年第一次民主公开日活动。

1月26日，市、区农委领导走访赵家台村低收入户。

1月29日，名医下乡义诊赵家台村。

2月5日，赵家台村委会为每户村民发放蔬菜作为节日福利。

5月5日，2015年入股村集体饭店的111户村民按2015年、2016年每年度各30%的比例分红。

5月13日，刘忠英当选为赵家台村第十届村委会主任。

5月30日，赵家台村组织60岁以上无保障老年人到镇卫生院健康体检。

6月3日，赵家台村党支部在"两学一做"学习教育中第一次集中学习。

7月5日、6日，赵家台村党支部组织党员、村民参观顺义区焦庄户地道战遗址。

7月21日，赵家台村党支部宣传委员刘嘉到行动不便的党员家中发放党员集体"政治生日"纪念卡。

9月19日，门头沟区农商银行工作人员上门为赵家台村民俗旅游户办理手机刷卡器，方便游客结算。

10月10日，潭柘寺镇安全科工作人员到村内为民俗旅游户办理安全生产责任保险（简称安责险），保障民俗旅游户经营者的权益。

12月16日，赵家台村被评为门头沟区唯一四星级民俗村。

是年，孙桂玲获得由北京市妇女联合会、北京市总工会、北京市人力资源和社会保障局联合颁发北京市"三八"红旗奖章。

△ 赵家台村口旅游公厕改建。

2017年

1月10日，门头沟区工商所工作人员上门服务，为赵家台村90户民俗旅游户验照。

3月8日，赵家台村妇联举办趣味运动会。

3月24日，赵家台村委会发放环境卫生保护奖励金。

4月，赵家台村口破损路面整修完工。

9月16日，区长付兆庚到赵家台村检查环境综合整治工作。

11月15日，永定供电所工作人员到村宣传"煤改电"服务举措。

是年，由村民自己出内容，由村集体统一制作木质凹刻大门楹联牌，在每户大门口统一悬挂。

2018年

3月5日，召开2017年度民主评议党员大会。

3月24日，北京市委宣传部领导到赵家台村调研“煤改电清洁能源”工作。

4月14日，赵家台村开展在职党员“双报到”接待工作，共签收双报到党员27名。

4月16日，赵家台村城乡居民养老保险扣款完成，每人补贴150元。

5月，赵家台村在村委会大院修建党员宣传墙，为党员营造“处处是课堂，时时受教育”的氛围。

6月21日、22日，赵家台村53人到顺义区焦庄户和平谷区鱼子山开展红色传承主题教育。

7月20日，赵家台村召开党员和村民代表会议，党支部宣传委员刘嘉传达上级创建全国文明城市以下（简称创城）的精神，创城工作正式启动。8月10日，完成入户宣传工作。

9月12日，北京市人大常委会副主任李颖津到赵家台开展“实施乡村振兴战略，整治农村人居环境，推进美丽乡村建设”调研。

10月，赵家台村制定环境大气治理惩罚制度。

12月22日，赵家台村党支部召开换届选举大会，刘忠英当选为书记。

2019年

3月10日，刘忠英当选为赵家台村第十一届村民委员会主任。

6月20日，市、区残联领导到赵家台村温馨家园调研。

6月26日至27日，赵家台村党支部组织党员、村民代表48人到西柏坡，开展“不忘初心、牢记使命”主题教育。

7月15日，赵家台村大街小巷统一安装烟灰缸，使村庄更加整洁。

7月19日，赵家台村成立“红色广播站”。

9月17日，市水务局领导到赵家台村就创建节水村庄，建立节水长效机制问题开展调研。

9月19日，《前线》杂志编辑部主任到赵家台村宣讲中共十九届四中全会精神。

12 月 27 日，北京市委“不忘初心、牢记使命”主题教育第四巡回指导组及区相关部门到赵家台村调研指导主题教育工作。

2020 年

5 月 26 日，市委组织部副部长张革到赵家台村调研民宿疫情防控及复工复产情况。

11 月 6 日，区供电局工作人员到村宣传安全用电常识，发放煤改电冬季供暖服务手册，微信电力服务平台及客户缴费服务指南等。

是年，赵家台村被北京市生活垃圾分类推进工作指挥部评为北京市生活垃圾示范村。

2021 年

1 月 5 日，赵家台村党支部召开换届选举大会，上届党支部班子成员全部连任。

2 月，赵家台村“两委”委员刘斌被中共北京市委全面深化改革委员会评为 2019—2020 年“接诉即办”改革工作先进个人。

3 月 13 日，赵家台村召开第十二届村民委员会换届选举大会。上届村委员会成员全部连任。

6 月，赵家台村“两委”班子配合区档案史志馆编修《赵家台村志》。

7 月 9 日，赵家台村组织 45 名民俗旅游从业人员到房山区黄山店村“姥姥家”民宿“红色背篓”精神传承教育基地参观学习。

7 月 18 日，“星火工程”演出，西宁路文艺团队到赵家台村演出。

8 月 6 日，赵家台村召开残联换届选举会议，选举产生新一届残疾人协会代表。

8 月 12 日，赵家台村和紫石党支部联合选举单位选出中共潭柘寺镇第八次党员代表大会代表 6 名。

9 月 12 日，门头沟区科协 2021 年全国科普日宣传活动走进赵家台村。

9月23日，赵家台村安全员及办公室工作人员对村内电动车用户一一入户排查，对不符合充电要求的村民进行正确引导。

10月23日，区委书记金晖到赵家台村检查村容村貌，考察村“两委”在党建引领下服务群众、疫情防控、垃圾分类、创城等工作情况。

是年，赵家台村投资38.8万元，实施天然气入户工程。6月5日正式动工，至年末完成1600米庭院管线铺设及村民家中室内管线、设备安装，并完成验收、试气，确保2022年春节全村96户村民用上天然气。

△ 赵家台村实施古地道翻修工程。

第一章　建置沿革

赵家台村属门头沟区潭柘寺镇辖村，位于区境东南部、镇域西北部。聚落四面环山，风景秀丽，因“铁打的赵家台”之说而远近闻名。21世纪初，村落实施整体搬迁。赵家台村隶属多变，曾先后隶属宛平县、北京市第十六区、京西矿区、门头沟区。

第一节　村落建置

村名由来

赵家台明代已成村，明《宛署杂记》记载：“过罗角岭十里曰张哥庄，五里曰鲁家滩，迤西北三里曰新房村，又五里曰平院村，又四里曰草店村，又三里曰羊保园，又五里曰赵家台……”传说因村址位于山间小盆地的台地上，太阳一出，阳光直射过来，从早上一直照到太阳落山，故曾名照台。后以姓氏更名赵家台。实施整体搬迁后，村名不变，村民称原址为老村，现址为新村。

地理位置

赵家台村由老村和新村两部分组成。老村位于潭柘寺西北、南赵公路尽头。东北距门头沟区政府驻地 10 公里，东南距潭柘寺镇政府驻地鲁家滩村 6 公里，与草甸水、贾沟村交界，北部与北岭地区交界，与阳坡元村接壤。平均海拔 350 米，面积 10 万平方米。村中有东西向、南北向土路主街各 1 条，于村中部呈十字交叉。

21 世纪初，赵家台老村实施整体搬迁。新村位于门潭公路东侧、108 国道北侧、南辛房村牛口峪小台，紧邻潭柘寺镇政府机关所在地，海拔 196 米，距北京市城区 30 公里，距老村 8 公里，地理条件优越。赵家台新村整齐有序，乡间别墅新颖独特。

村域地名

赵家台老村位于潭柘寺镇西北部，地理位置偏僻。千百年来，赵家台村先辈为了生存，不断开山修路，开垦梯田，山间小路和数百亩山地遍布村域沟、谷、坡、梁，人们根据地貌等地理特征，创造了许多生动形象的地名，确定具体空间位置，约定俗成，代代相传，家喻户晓，人人皆知，方便了人们的生产活动和生活。

进入南赵公路岔路口即赵家台村地界，前行便是小南湾，继续往前走就到了大房子，按逆时针方向西行陆续到达西地、底沟、南台湾、南台，再向上走为大坨、大耩、小耩子、小南坡、马耩、大南坡、麻花岭，便到达尖坨（山尖）。自此继续往东，依次到达苹果树堰、树阳岭子、大地、石坑、南崖头、耩坨子、白草轮、大三堰、南洼、百崖根、兔耳坨、里格了、张堂、东沟、东岭南沟，然后回到大房子，至此，绕村域外围一周。

赵家台村域有 3 道山梁，分别叫加泥、三块石头、大羊岭。先辈们在山梁之间开辟多块农田，比较大的地块有西园、大亩地、四十八堰、四院、黄崖、上坑子、井格楼、四方堰、大拐棒子、小拐棒子、石桌子、东石井、西石井、上老坟、下老坟、九院、天洞子、耩坨子、大三堰、东地、底园子、红煤窑、柿子树园、官道符、臭煤洼子、杨岭、臭煤窑、东坟、黄土岭、石门叉沟、西地等。

十字街　位于赵家台老村中心，民居建筑东西纵横交错成街，称为十字街。石板铺路，中间一平台，2 盘古石碾，南院是村民休闲、议事、娱乐的场所。

图 1-1　古老四合院（2021 年 7 月 27 日摄）

西街（西头）　位于赵家台老村西部，十字街以西，南北纵向成街，石板铺路。街两侧为民居。有北宅院、南院，其中有场（敞）房院、西头大墙、古地道、朝阳庵、储水池等。可通往村外公路。

东街（东头）　位于赵家台老村东部，十字街以东，南北纵向成街。街两侧有民居，有小店院、东高院，村中最古老四合院坐落于此。可通往古井、古树群、东大道、东场院等。据村民讲，古树群内原有村民搭建的戏台。

东大道可通往大井、葡萄地、南头、庙底下、圆通庵（上庵）、马蹄窝、峰口庵直达圈门（门头沟）到门头沟城区。东大道东侧有东头儿马路，可通往果园、煤窑等。

图 1-2　东大道（2021 年 7 月 27 日摄）

第二节　隶属沿革

明永乐初年，赵家台村属宛平县京西乡。

清光绪年间，赵家台村隶属宛平县卢沟桥镇。

1914 年 10 月，京师改京兆，顺天府改京兆地方，赵家台村属京兆宛平县。

1917 年，宛平县划分为 8 个区，赵家台属宛平县六区。

1928 年 6 月，改京兆为北平特别市，直隶省改河北省，赵家台村属河北省宛平县六区。

1934 年，《宛平县概要》载，宛平县划为 4 个区，赵家台属宛平县三区。

1938 年，中国共产党建立宛平县抗日民主政府，后改称昌宛县，在里外十三地区建立办事处。1942 年 12 月，改昌宛县为昌宛房县，范围扩大到潭柘寺、永定地区。里外十三工委、办事处和游击队经整训后，以武工队形式再次前往里外十三地区开展工作。1944 年 9 月，昌宛房联合县撤销，建宛平县，赵家台村属宛平县六区。1945 年 8 月，侵华日军投降后，里外十三及大峪一带合并为七区。赵家台村随属。

1948 年 12 月，成立门头沟军事管制委员会。里十三村脱离宛平县，单独建制，属门头沟军事管制委员会管辖。

1949 年 1 月，北平市人民政府成立后，将门头沟军管范围划归北平市，定名门头沟区。赵家台村属门头沟区里十三小区管辖。3 月 19 日，门头沟区改称北平市第二十八区，赵家台属二十八区里十三乡。7月 1 日，北京市二十八区改称二十区。同月，撤销里十三、外十三 2 个小区，成立工作组。里十三、外十三两地区 32 个自然村（里十三有 13 个自然村）根据距离远近合并为 11 个自然村，归区直接领导。其中，里十三有鲁家滩村、北村、平原村、南辛房村、阳坡元村 5 个行政村，赵家台村属阳坡元村。8 月，里十三乡又改为区。

1949 年 10 月上旬，北京市第二十区里十三小区划为长辛店区（今属丰台区）。12 月下旬又划回，仍归二十区领导。

1950 年上半年，里十三赵家台与阳坡元分划 2 个行政村。至此，里十三有 6 个行政村。8 月，北京市第二十区改称北京市第十六区。赵家台属北京市第十六区里十三小区。

1952 年 9 月，宛平县全部及房山的 2 个区、良乡县的大灰厂划归北京市，与原北京市十六区合并，命名为北京市京西矿区。全矿区辖 7 区 1 镇，区下领村。赵家台村属石门营区。

1953 年 7 月，京西矿区划乡工作结束，共划 112 个乡。全矿区设 8 区 1 镇，小区下设乡，乡领村。赵家台村属石门营区阳坡元乡。

1956 年 4 月，京西矿区区划调整，全矿区划 41 个乡，赵家台村属石门营区南辛房乡。

1958年5月，设立门头沟区。9月，实行公社化，政社合一，乡改大队。全区划3个公社。赵家台村属门头沟区门头沟公社南辛房大队，称赵家台生产队。

1961年6月，全区3个公社调整为14个公社。赵家台村属门头沟区南辛房公社，称赵家台生产大队。年内，南辛房公社改名为潭柘寺公社。

1984年，改社建乡，潭柘寺公社改为潭柘寺乡，赵家台大队改为赵家台村。

1997年7月，撤乡建镇，潭柘寺乡改称潭柘寺镇。赵家台村为潭柘寺镇建制村至今。

第二章　自然　地理

赵家台村地处太行山脉北京西山潭柘寺小盆地、大清河流域，自然面貌有显著的山区特色，全部是低山区，出露的地层基本是沉积岩、火山岩。地势西北高、东南低，平均海拔 350 米。属暖温带半湿润半干旱季风气候，四季分明，春季干旱多风，夏季炎热多雨，秋季凉爽晴朗，冬季寒冷干燥。动物、植物、矿产资源繁多，尤其是叶蜡石矿产资源丰富，全国闻名。赵家台村常见灾情为旱灾、水灾、雹灾、风灾、震灾等自然灾害。

第一节　自然环境

地质

赵家台村地质条件得天独厚。村域主要分布下古生界寒武系、奥陶系岩层和上古生界二叠系、石炭系地层。岩层除储藏丰富的煤炭资源外，以砖红、灰绿、灰黄、褐黄色石英砂岩为主，底部为含砾粗砂岩，中部粉砂岩含铁质结核，上部夹紫红、粉红色细砂岩、黏土岩或页岩（经变质为叶蜡石化页岩）。黏土岩为耐火材料，叶蜡石化页岩是保温与绝缘材料，粉红色石英细砂岩是制砚材料。已探明地下矿藏有煤炭、叶蜡石、紫石等。叶蜡石开采居全国前列。

地貌

赵家台老村地处低山区，低山地貌形态差别较大，叶蜡石分布的地区坡陡峰峻，其他岩石分布的地区，坡度相对和缓。地势西北高，东南低，四周群山环绕，平均海拔 350 米。山坡为缓坡，多为黄土覆盖。登山眺望，村内景色丰富，山势雄伟，其山岭、植被、天象形成独具魅力的自然景观。赵家台新村地处潭柘寺镇南辛房村牛口峪小台上，地势较平坦，平均海拔 160 余米。

土壤植被

赵家台村土壤以山地淋溶褐土为主，有少量普通褐土。植被主要是低山荆条灌丛以及人工果林。村域山坡上丹参曾特别多，因被过度采挖，现几近绝迹。

气候

温度　赵家台村属暖温带半湿润半干旱季风气候，春季干旱多风，四季分明，昼夜温差大，年平均气温为 11℃左右。秋季南方暖湿气流逐渐衰退，北方冷高压南侵、气温逐渐下降，平均气温比夏季低 8℃ ~ 9℃。赵家台村南边山区 1 月最冷月平均气温 － 7.5℃ ~ － 12℃。年平均地面温度为 12.5℃。最高气温出现在 7 月，约 28℃。最低气温出现在 1 月，约 － 7.5℃。地面极端最高温度出现在 1983 年 6 月 14 日为 66.6℃；地面极端最低温度出现在 1978 年 2 月 15 日和 1984 年 1 月 28 日，均为 － 26.1℃。地面温度稳定达到 0℃的初日在 2 月 20 日至 25 日之间。终日在 11 月 10 日前，低于 0℃期为 11 月中旬至 2 月底。

无霜期　赵家台村无霜期 220 天左右。

日照　村域平均年日照时数约 2639 小时，日照百分率（实际日照时数与可照时数比值）为 59%。春夏秋冬四季日照时数分别为 726 小时、

673 小时、647 小时、594 小时。

降水　赵家台村降水受季风和地形影响比较明显，各季节分配不均，降水集中在夏季 6 月至 8 月，占全年降水量的 70% ~ 75%，其中 7 月、8 月降水量占夏季雨量的 80% 左右，占年降水量 60% 左右。冬春稀少，尤其是冬季降水量不及年降水量的 2%，而且降水年际变化大，降水不稳定。2021 年门头沟区总体降水量偏多，自 6 月 1 日入汛以后，全区平均降水量为 808.3 毫米，较常年 402.3 毫米的降水总量偏多九成，门头沟国家气象观测站累计降水量为 1050.3 毫米，为 1959 年建站以来最大降水量。赵家台老村街巷泉水涌出，十分罕见。

赵家台村域平均降雪初日，2021 年入汛后为 11 月 25 日至 12 月上旬，平均降雪终日为 3 月中下旬至 4 月中旬。年降雪日数为 15 天左右，其中 2 月降雪日最多。积雪厚度及积雪时间受地形影响大，阳坡积雪少，融雪早，阴坡积雪多，融雪也迟。赵家台村积雪始于 12 月中旬，终于 3 月上旬。年平均积雪日数为 15 天左右。进入 21 世纪，随着气候变暖，降水、降雪不规律变化的异常现象增多。

风　地处季风气候区，总体上偏北风多于偏南风。春夏为南风，秋冬为偏北风。白天多偏南风，夜间多偏北风。冬季，永定河谷盛行西北风。年平均风速 1.7 米 / 秒，最大风速为春季，5 月最大风速为 14.3 米 / 秒。最小风速为秋季，10 月最小风速为 12 米 / 秒。

风灾年均约发生 3 次，多在夏季和冬季。

季节　赵家台村四季分明，冬季最长，夏季次之，春秋两季短。按气温划分四季的标准，以 5 天滑动平均气温稳定 > 22℃期间为夏季，< 5℃期间为冬季，5℃ ~22℃为春、秋季。

春季从 3 月中旬至 5 月下旬，共 70 余天。春季大多受大陆气团控制，冷空气势力明显衰退，活动仍频繁；气温不稳定，日夜温差大。日照充足，干燥多风，少雨雪，蒸发量大；晚霜、低温等天气对蔬菜生产危害较大。

夏季从5月下旬至9月上旬,共90余天。受海洋气团影响,多偏南风,暖热温润。7月最热月气温20℃~24℃。夏季多受大陆暖低压和太平洋暖湿气团影响，盛行偏南风，空气湿润，高温、多雨，占年降雨量的75%左右，强对流天气造成暴雨、雷雨。

秋季从9月上旬至11月中旬，共70余天。秋季南方暖湿气流逐渐衰退，北方冷高压南侵，气温逐渐下降，平均气温比夏季低8℃~9℃，风速较大，降水明显减少，空气清新，天空晴朗。

冬季从11月中旬至翌年3月中旬，共120余天。受西伯利亚冷空气控制,多西北风,寒冷少雪。月平均气温-8℃~12℃。受蒙古高压控制,盛行干燥寒冷的西北风，时有寒潮大风天气，土壤冻结，干燥、少雪。

第二节　自然资源

动物

20世纪50年代以前，赵家台村中低山交界处有豹子、野猪出没，还有狼、山鸡、野兔、狐狸、鼠、黄鼠狼、刺猬、蛇、山羊、狍子等动物出没在有树林草丛的沟谷、野地、荒山。20世纪末，随着村内工业化发展(主要为采矿业)，树林草丛减少，大部分野生动物不再出现，只有少量野兔、山鸡等在村域出没。

鸟类有喜鹊、乌鸦、布谷鸟、苍鹭、野鸭、鹌鹑、杜鹃、北京雨燕、蓝翡翠、三宝鸟、云雀、家燕、金腰燕、斑鸠、野鸽子、太平鸟、黄鹂、蓝矶鸫、蓝点颏、红点颏、黄眉柳莺、北灰鹟、大鸨、红喉姬鹟、白眉姬鹟、锡嘴雀、燕雀、黄雀、朱雀、柳莺、啄木鸟、百灵、麻雀、金翅雀、画眉、鸦雀等。

虫类有蜻蜓、蜜蜂、蝴蝶、蚂蚱、蟋蟀、蚂蚁、螳螂、蝼蛄、蝈蝈、萤火虫、蝉、蝇、蚊、瓢虫等，以及蜈蚣、蜗牛、蜘蛛等。

植物

赵家台老村山场面积广阔，植物资源丰富，植被茂盛，林木覆盖率高，形成天然的绿色屏障。域内有山榆树、椴木树、青杠子树、山荆子树、大叶杨树、火叶杨、山葡萄等多种原始树种，具有植物学研究价值。有古松 10 株，均为北京市一级古树。村域沟边、道路边、地边人工栽培的树木有桃树、橡树、栗树、杨树、柳树、柏树、松树等。野生草本植物有三棱子草、马牙草、万子草、毛子草、小蓬草、黄蒿、艾蒿、油蒿、黄花、薄荷秧、臭草、马莲草、野河芹菜、白草、隐子草、铁杆蒿、菅草等。

20 世纪 60 年代，政府提倡绿化种植，村民在房前屋后植有柳树、榆树、杨树、槐树等；村集体则在荒地、沟边、路边等处植树，树种亦为杨树、柳树、槐树、榆树等。

20 世纪末，村民开始大规模种植绿化景观植物。人工绿化景观植物有白杨、桧柏、银杏、红叶李、白玉兰、柿子、山楂、国槐、五角枫、西府海棠、红叶小檗、小叶黄杨、沙地柏、棣棠、迎春、爬山虎、大花萱草、鸢尾、红花酢浆草、油松、樱花、紫薇、紫穗槐、荆条、山荞麦、马蔺、小叶扶芳藤、珍珠梅等。

赵家台村野菜品种有木兰芽、香椿芽、花椒芽、柳芽、头发菜、千穗谷、马勃、地梨、荆蘑、山韭菜、云野菜、苦苦菜、巧果、落落菜、黄花菜、山芹菜、山蒜、山茶叶、欧李等，此外还有蒲公英、茵陈、小黄柏（三棵针）、玄参、丹参、柴胡等十几种中药材。有核桃、柿子、李子（黄李子、秋李子）、栗子、梨（白梨、酸梨）、枣（大枣、肉枣）、杏（红杏、白杏）、海棠、红果、山樱桃、山葡萄、酸枣等果木树种。赵家台村遵循人与自然和谐共生的原则，利用山区的优美环境，与周边旅游资源相融合，满足都市人们回归自然、享受自然，休闲观光的需求，在赵家台老村建有农业观光园，开发成集采摘休闲、农业观光及住宿于一体的特色园区。

矿物

煤炭 潭柘寺地区煤炭资源丰富，属无烟煤。赵家台村域为潭柘寺地区重要的煤炭储存地之一。建于1973年的赵家台煤矿煤层厚度为5.37米~0.3米，平均厚度1.8米。

叶蜡石 产于北京、福建、浙江以及河北等地，矿藏稀少，一些地方因氧化程度及杂质含量高而停止开采。赵家台村域叶蜡石抗压强度高，质量优良，而且储量大。赵家台村一带叶蜡石储量280余万吨，可采储量130余万吨。

紫石 又称紫砚石，赵家台村域紫石储量丰富。2009年，赵家台村成立潭柘寺文化经济合作社，取得了良好的经济效益。

石灰岩 也称石灰石，赵家台村域储量丰富，可烧石灰。

第三节 自然灾害

旱灾

赵家台村旱灾多为春旱，干旱严重年份水位下降，河水断流，水井干枯，粮食减产，饮水困难。

1943年，大旱，粮食大幅减产。

1972年，春夏连旱，农作物减产。

1987年夏秋，出现“掐脖旱”，农作物减产。

1991年、1992年，夏旱，农作物减产。

1995年，春旱，5月中旬前基本无雨，推迟10余天播种。

水灾

明天启六年(1626)，大雨连旬，赵家台村灾情严重。

1917年7月，连日大雨，村域受灾。

1925年8月5日，京畿大水灾，殃及赵家台村。

1929年，洪水成灾。

1949年8月3日夜，暴雨导致山洪发，有房屋冲毁。

1950年8月，水灾，有泥石流发生。

1953年，普降大暴雨，耕地被冲。

1978年5月21日晚，普降大暴雨，耕地受灾。

1988年8月2日，降大暴雨，平均降水量120毫米。

1994年，发生洪灾。

2012年7月21日，北京市普降暴雨，发生水患，赵家台村受到洪水冲击，景区部分设施被毁。

雹灾

1959年7月至8月，赵家台村遭雹灾，粮食减产。

1977年7月，赵家台村一带降雹，粮田受灾。

1978年5月21日，赵家台村一带遭受重雹灾。

1991年，赵家台村一带遭受重雹灾。

2006年6月26日17时许，赵家台村遭冰雹袭击，持续20余分钟，冰雹直径在1厘米~5.5厘米，雨量达9.5毫米，畜禽、果树等受不同程度损害。

风灾

赵家台村风灾年均发生3余次，主要发生在夏季和冬季。

1950年5月3日夜，刮大风6 ~ 9级，赵家台村果树受灾。

1970年6月至7月，风、雹、水灾9次，农作物受灾。

1984年8月，刮起11级大风，最大风速29米/秒，果品受灾严重。

1986年1月3日，刮起12级大风，最大风速40米/秒，村内民房受损。

冻灾

1950年4月9日，突降雨夹雪，气温骤降至零度以下，赵家台村有羊、猪冻死。

2010年春，气温骤降，赵家台村部分花椒树冻死。

虫灾

中华人民共和国成立以前，赵家台村病虫灾害多为蝗灾。

1969年、1974年，发生核桃毛虫灾害。严重者树叶被吃光，树木枯死。

20世纪80年代，舞毒蛾、青杨天牛虫害较普遍。

20世纪90年代，松毛虫害、天牛虫害每年都有发生。

震灾

1976年7月28日凌晨3点42分，河北唐山丰南大地震。波及赵家台村，有较强震感，房屋摇晃，一些牲畜、物资等受到损失。

第三章　人　口

清代，赵家台村主要姓氏有孙、刘、李、纪、王、陈、谭等，其中孙姓、刘姓为大户。起初赵家台村由为潭柘寺服务的人员居住，后有婚嫁者及迁居者前来。1986 年人口达到 462 人，为赵家台村人口最多的年份，后人口逐渐下降。实施计划生育期间，赵家台村认真做好计划生育的管理与服务，多次被评为计划生育先进村。

第一节　姓氏源流

明代成村以来，赵家台村传统家庭观念讲究人丁兴旺，家庭人口多、规模大，习惯于三世同堂、四世同堂居住，晚辈婚后不分家居住，被视为孝道。赵家台村主要姓氏有孙、刘、李、纪、王、陈、谭等。

成村之初，赵家台村由为潭柘寺服务的人员居住，来自何地不详。后有移民或婚嫁者等到赵家台村落户，自由迁居者也不鲜见。村中孙姓人家是从河北省怀来县迁到赵家台村的。

孙姓在赵家台村是大户。1963 年，赵家台村有 81 户，其中孙姓有 54 户，占赵家台村人口的 67%。孙家曾经有族谱，“文化大革命”期间被烧毁。

刘姓在赵家台是第二大户。刘家祖上清朝末年到赵家台村，已有十几辈人。

第二节 人口数量

1943 年，赵家台村有 80 多户，300 余人，由于侵华日军在赵家台村烧杀掠夺，房屋烧毁，人们无法维持生活，有 37 户 120 余人被迫背井离乡外出逃荒。因为战乱，赵家台村人口锐减。

中华人民共和国成立后，逃荒人回村里的有 12 户，其中人口全的 3 户。中华人民共和国成立初期，赵家台村民不足 60 户。随着人民生活水平的提高，赵家台人口逐渐增多。1957 年，赵家台村民有 71 户，1963 年，赵家台村民有 81 户。1972 年，人口呈上升趋势。1986 年全村达 122 户，462 人。计划生育政策实施后，人口呈下降趋势。进入 21 世纪，全村大致为 140 户，400 人左右。

1957 年至 2021 年部分年份赵家台村户数人口统计表

表 3-1

年份	户数（户）	人口（人）	年份	户数（户）	人口（人）
1957	71	—	1984	112	452
1963	81	—	1985	115	449
1973	96	463	1986	112	462
1982	106	454	1987	123	459
1983	109	456	1990	120	438

续表 3-1

年份	户数（户）	人口（人）	年份	户数（户）	人口（人）
1991	128	—	2010	142	394
1996	135	386	2011	146	394
1999	145	385	2012	147	394
2004	148	412	2013	146	396
2005	147	412	2014	146	398
2007	149	402	2015	147	398
2008	146	412	2020	225	410
2009	142	394	2021	221	406

说明：表内“—”代表无统计数据

第三节　人口普查

2010 年 10 月，赵家台村按照“全国统一领导、部门分工协作、地方分级负责、各方共同参与”成立第六次全国人口普查领导小组，负责人口普查的组织领导工作。人口普查员按照上级有关政策和要求，参照《全国人口普查条例》、普查表和工作细则，制订工作计划。10 月 17 日，普查员在村中张贴宣传画、发放人口普查小册子，宣传人口普查的重要性。11 月 1 日，赵家台村人口普查员开展入户调查工作。赵家台村是一个整体搬迁村，老村居住的是外来人口，工作难度较大。普查员克服各种困难，在村干部的协助下，通力合作，完成户口整顿摸底及普查工作。通过普查，2010 年赵家台村有 142 户、394 人。

2020年10月，第七次全国人口普查工作正式启动，赵家台村人口普查小分队从张贴宣传海报开始，4名普查员，逐门逐户对赵家台新村、老村的建筑物全面清查核实，为正式登记工作打下基础，圆满完成村第七次人口普查。通过普查，2020年赵家台村有225户、410人。

第四节　生育服务

管理机制

计划生育工作开展后，赵家台村妇联负责计划生育的宣传、管理工作，村妇联主任兼计划生育专干。赵家台村妇女主任兼计生专干先后有安永芝、纪桂珍、孙桂玲等人。妇女主任兼任计划生育专干主要职责是组织计划生育宣传员具体开展计生工作。

宣传服务

旧时，赵家台村生育没有计划，多生但是存活率低。村民孙永林、李淑荣夫妇先后生育8个儿子和5个女儿，但是存活下来的仅有4个儿子和1个女儿。

20世纪70年代中期开始，赵家台村实施计划生育基本国策，根据国家相关法律法规开展计划生育工作。针对一些村民有多子多孙多福、养儿防老、重男轻女等传统观念，大力宣传男女平等、生儿生女都一样等思想和优生优育知识，每年为已婚妇女免费健康体检，对独生子女户进行奖励，村民的传统生育观念逐渐转变，育龄夫妇计划生育、科学生育、优生优育观念逐步形成。90年代后，赵家台村成立妇女之家，开展计生服务、宣传、知识普及、情况交流等活动。

中共十八大以来，赵家台村积极宣传推动党中央根据全国人口发展变化形势，改革加强计划生育服务管理的战略部署，持续推进计划生育工作。

计生奖励

1995 年，赵家台村集体开始出资先后为妇女缴纳妇女安康保险、独生子女父母养老保险。

2005 年，赵家台村对 37 户独生子女家庭奖励 2800 元。

2006 年，赵家台村按国家政策，3550 元独生子女费全部发放到独生子女家中。村集体对独生子女补助 2800 元。

2007 年，对 37 户独生子女家庭奖励 3000 元。

图 3-1　2010 年，赵家台计生人员发放独生子女费（2010 年 12 月 27 日摄）

2008 年，赵家台村有独生子女家庭 44 户。62 名独生子女父母奖励费 3720 元发放到位。另外，村集体出资 3000 元对 37 户独生子女家庭进行奖励，赵家台村独生子女家庭享受国家、村集体的双份奖励。年内，60 岁以上享受奖励扶助人员有刘正文 1 人。至此，村里有 2 名人员享受国家奖励扶助政策。

2009 年至 2021 年，出资 4200 元为 34 户独生子女家庭免费参加新型农村合作医疗；对人户同在的农业户口独生子女父母实行提前 5 年享受村里 60 岁以上老人养老金待遇。

2007年赵家台村户籍独生子女家庭户情况统计表

表3-2　　单位：人

项目		应领取独生子女父母光荣证的家庭户数			已领取独生子女父母光荣证的家庭户数			现领取独生子女父母奖励费的家庭户数		
		合计	男孩家庭	女孩家庭	合计	男孩家庭	女孩家庭	合计	男孩家庭	女孩家庭
非农业	15岁～49岁	11	3	8	9	3	6	9	3	6
	50岁及以上	2	1	1	2	1	1	—	—	—
农业	15岁～49岁	37	28	9	35	28	7	24	17	7
	50岁及以上	1	1	0	1	1	0	—	—	—
合计	15岁～49岁	48	31	17	44	31	13	33	20	13
	50岁及以上	3	2	1	3	2	1	—	—	—

说明：表内“—”代表无统计数据

第四章　乡村建设

赵家台老村村东有商贸古道，明清以来村民出行走山间小路。1958年修建乡村土路。20世纪70年代以前村内有2口水井供人、畜用水。80年代，村内安装自来水。2000年，打机井自来水入户。1964年赵家台村通电，2016年实施煤改电。中华人民共和国成立前，赵家台村来往书信不多。70年代中期，村内设邮箱，急事发送电报。1958年，建有线广播网，村民能收听广播。60年代初，村内开始放映电影。1987年装程控电话。90年代后大部分家庭购置彩电，电脑逐渐普及。1958年起村中设信用站，2015年中国邮政储蓄银行在赵家台落户。2007年，赵家台村整体搬迁，村民全部搬进别墅式住宅楼，生活条件发生了天翻地覆的变化。

第一节　新村建设

赵家台老村地理位置偏僻，生存条件较差。由于地质结构的原因，造成全村整体滑坡下沉，地表断裂，部分房屋倒塌，属泥石流滑坡险村，雨季汛期居住十分危险。1998年上半年，赵家台村“两委”班子为改善村民居住环境，遵循可持续发展战略，进行全村整体规划，经村民代表大会讨论通过决定向上级政府请示，实施全村整体搬迁。北京市、门头沟区领导多次到赵家台村查看险情，请有关专家进行论证。7月2日，门头沟区政府在潭柘寺镇政府召开赵家台村险村搬迁现场办公会，对赵家台新村选址、定点、水源等问题进行实地勘察，请有关专家进行科学测定。随后，潭柘寺镇党委、镇政府召开专门会议对此反复进行研究、论证，最终选定门潭公路东侧、南辛房村牛口峪小台为赵家台村新址。赵家台新村征占土地69.375亩，占地面积46250.7平方米。

2000年3月，赵家台新村开始动工建设。赵家台村“两委”班子和广大村民克服重重困难，按照“精心布局、合理规划”的原则着手新村建设。参与新村建设的村干部有孙继青、刘正宇、刘彦生、王洪、孙小君、孙占东等人。赵家台村民在新村建设中起早贪黑，付出勤劳和汗水。2000年，赵家台新村首建20栋二层别墅式住宅楼。2002年建20栋二层别墅式住宅楼，同时为60岁以上老人建成两座老年公寓，提供给60岁以上老人无偿居住。2003年，新村建成19栋。2006年7月，村委会投资20万元给老年公寓楼顶安装隔热设施。2007年，最后一批18栋二层别墅主体工程竣工。赵家台新村经2000年、2002年、2003年、2007年4次集中建设，投资2000余万元，前后历时8年时间，建成拥有97户二层别墅住宅楼和2栋三层老年公寓楼的旅游接待村，新村建

图4-1 赵家台新村（2017年12月8日摄）

筑总面积3万余平方米。2007年，村民全部迁入新居。至此，老村整体搬迁工程完成，赵家台村成为门头沟区第一个村民住上别墅的村。村民居住的二层别墅住宅楼兼具东、西方建筑的特点，中式楼顶、西式结构、风格独特、设计新颖，大户型建筑面积为187平方米（2个客厅、5个卧室、2个水冲式卫生间、1个厨房）；小户型建筑面积150平方米（2个客厅、3个卧室、2个水冲式卫生间、1个厨房）；老年公寓楼每户建筑面积50平方米(1个客厅、1个卧室、1个水冲式卫生间、1个厨房）。

图4-2　赵家台新村街道（2021年8月23日摄）

2000年至2021年，赵家台新村逐步完善各项配套设施建设，先后建有健身场所、娱乐室、活动中心、篮球场等。为节约能源，集体投资150余万元对50余栋别墅和老年公寓进行“墙体保温改造工程”，采取村集体免费统一供暖的方式，为每户村民节省取暖支出2000余元，室内温度比往年提高3℃左右，减轻燃煤负担，解决取暖安全和环境

图4-3　新村健身广场（2019年5月3日摄）

卫生等问题。新村基础设施完善，村内路面全部硬化，安装太阳能路灯50余盏，大街小巷进行绿化；投资修建健身场3处、篮球场1处、休闲长廊3处，购置健身器材20余套。设立医务室、计划生育工作室、农民书屋、活动娱乐室、电影厅、电脑学习室等，方便村民看病及计划生育咨询，村民不出村就能满足休闲健身需求。赵家台新村建成后，村民生活水平显著提高。

第二节　基础设施

道路

旧时，从赵家台老村东顺着坡路向上攀登到山尖大岭口，有一条保存完好的古道。由此西北方向可达小店子、白道子、王平口，东南可达草甸子、南辛房。中华人民共和国成立前，没有公路通往赵家台老村，只有一条沟。人们出行靠沿沟步行或骑毛驴。从南辛房村到赵家台村有9公里，步行需要一个半小时。到了雨季，土路被雨水浸湿，泥土经常把鞋子粘住，走一脚，陷一脚，怎么走都走不动。有些人干脆把鞋提在手上，打赤脚在泥里前行。1956年6月，门潭公路开始动工修建。1957年，门潭公路通车，赵家台村民出行变得方便。1958年，修建从南辛房村到赵家台的乡村土路，村民出行条件得到改善。1993年，赵家台村投资50余万元，拓宽从煤矿到赵家台村的道路。2000年，赵家台新村开始建设，同步修建新村道路。新村街道长450米、宽10米，宽敞干净。2007年，完成休闲广场和休闲步道的路面硬化。2012年，修建通往老村道路，同时在老村东侧修建长约1500米水泥路，并加大对道路两侧绿化，修建人行步道2000米，修建浆砌石1000立方米。

供水

图 4-4　村蓄水池（2021 年 9 月 14 日摄）

赵家台村位于高山上，山泉、水井是人畜饮水的水源，随着工业化发展，泉眼被破坏。20 世纪 70 年代以前，村民挑水吃。20 世纪 80 年代后，接上自来水。2000 年，新村开工建设，政府补贴资金 30 万元，在新村打一口深度为 658 米的水井。家家户户自来水入户。随着村民不断迁入，用水量增加，出现缺水问题。安排水车拉水，供村民饮水。为解决各户提水工具不统一、存在卫生隐患、老年人提水费力等问题，赵家台村委会向每户发放水桶 2 个，统一村民的取水容器，方便村民提取用水。2015 年 5 月，经村内党员、村民代表开会决定，村集体出资打 800 余米深水井 1 眼，解决村民缺水问题。各户统一安装智能水表，鼓励村民节约用水。2016 年，村委会办公楼及老年公寓安装 2 台净化饮水机。

2007 年，赵家台村根据潭柘寺镇政府下发《关于北京市农民用水协会及农村管水员队伍建设实施方案的通知》精神，把农村水务建设与社会主义新农村建设紧密结合，坚持公平、公正、公开、自愿的原则，通过公开报名、公平竞争、考试公示，选出村水管员。冬季天气寒冷，常有村民水管被冻坏。水管员印发防冻知识宣传手册，为每家每户发放。通过宣传，村民们家内不再有水管冻裂现象发生。村水管员因为工作认真负责，多次被北京市水务局、北京市农村工作委员会评为优秀农村水管员。

供电

1964年，潭柘寺公社建电力网，赵家台村解决照明、动力等问题。家家户户安上电灯，不少人家还买交流电收音机、扩大机。1973年，赵家台村有电动机12台，其中排灌用2台，村总用电量18146千瓦时。2006年，赵家台村安装太阳能电灯37盏。2016年，赵家台村实施煤改电。

第三节　邮电通信　广播影视

邮电通信

清代，赵家台村远行在外的人不多，村民与外界很少有书信往来。20世纪40年代后，书信来往增多。

中华人民共和国成立初期，村公所与上级政府间的公务函件往来以及村民私人的书信往来渐多，村领导常派儿童团团员到区政府取送信件。儿童入学后，村公所编制老年值班表，由全村男性老人轮流值班取送信件。20世纪50年代，全村绝大多数人不会写信，需写信时则请村里有文化的人代笔。20世纪60年代后，随着村民文化水平的提高，请人代写书信之事渐少。1975年，大峪邮政所成立，在赵家台村设立邮箱，邮政所定时派人到村里送取信件，初期邮差骑自行车，后来骑摩托到村里。20世纪60—70年代，村民与外地亲友传递消息，经常使用电报，至21世纪电信部门取消电报业务。20世纪80年代、90年代，赵家台村有村邮站，邮局把报纸送到村邮站，由工作人员负责收发信件，送到各户。2000年，赵家台由老村搬至新村后，每天有邮递员递送信件、报纸到村里指定地点，村民自行取送信件、报纸。2010年，村民使用电子邮件传递信息，邮寄信件越来越少。2015年后，邮寄信件几近消失。

20世纪50年代末，赵家台村装有一部可以直通乡里的手摇干电池电话，放在村办公室里，谁的电话来了，村里大喇叭一叫，就来接电话。1987年，门头沟区电信局在赵家台村安装程控电话。部分村民家里安装程控电话。90年代中期，手提电话还不太普及，寻呼机（BP机）曾在村民中使用过三四年。90年代末期，一种称为手机的移动电话设备开始在村民手中出现，这种设备在早期又叫“大哥大”。它是可以在较广范围内使用的直接通话设备，可以随身携带。从老村搬至新村后家家户户都安装了电话。村域附近建立中国移动和中国电信2个信号发射塔，提高了山区移动电话的接听质量。此时，约50%的村民拥有手机。2021年，全村的青年人每人一部手机，部分中小学生和老年人也配备了手机，便于与家长联系。通信的进步反映了人民生活水平的提高，赵家台村民享受着通信进步带来的生活方式的转变。

电脑网络

20世纪90年代末，赵家台村村民家为方便孩子学习购买电脑，当时上网较少。2003年，赵家台村村委会购置电脑，用于办公。电脑逐步在村中普及。同时，接入了互联网，村民获取信息方便快捷。2015年，移动互联网兴起，用手机就可以上网，大多数村民用微信与外界交流。

广播影视

中华人民共和国成立前，赵家台村无广播，村公所遇到开会、找人等事，由片长挨家挨户通知村民。后来村公所出资购买了由薄铁皮做成的一头大一头小的喊话筒（广播筒），开会前，会议召集者一边走一边用广播筒对着全村喊话，通知与会者到指定地点开会。中华人民共和国成立初期，赵家台村搭起高架广播台，用硬纸壳或铁片制成1米左右的广播喇叭筒，安装在村中地势较高的木头杆子上，人工喊话广播。1958年，门头沟区有线广播站开通。公社建立有线广播网，公社广播站每天早、中、晚定时播放门头沟区和潭柘寺公社的新闻。20世纪80年代初期，赵家台大队购置高功率扩音机，连接村里的大喇叭，并给每户家庭安装上了小喇叭，开始随着上级广播站定时转播中央和北京人民广播电台的节目。2000 年，赵家台村搬迁至新村后，更换了先进的扩音设备，广播音量更高，效果更好。大队开始用广播通知开会、找人。2019 年，建立红色广播站。

20 世纪 50 年代，少数村民使用耳机子（矿石收音）收听无线广播。全村有收音机（包括电子管、三极管、矿石）20 余台。 60 年代初期，少数村民购买电子管（交流电）收音机，用于收听新闻、歌曲、戏曲、相声、评书等。60 年代中期，部分村民购买半导体收音机。90 年代初，全村家家户户都有收音机。

20 世纪 60 年代，门头沟区电影公司到村里放映电影，村里派人赶牲口把放映机驮到山上来，全村几百人一起看，每两月一次。后来，由潭柘寺公社放映员到村里放电影，每月 1 ～ 2 次。附近驻军也到村里给大家放电影。为了顺利放映，放映队自带发电机，停电时就自发电继续放映。村民们靠这种方式看电影持续了七八年。早期是单机放映，后来改为双机放映，看起来更连贯、流畅。70 年代、80 年代村民比较喜欢的电影有《红色娘子军》《沙家浜》《海港》《龙江颂》《白毛女》《奇袭白虎团》《艳阳天》《杜鹃山》《侦察兵》《南征北战》《渡江侦察记》《上甘岭》《创业》《平原游击队》《向阳院的故事》《反击》《山花》《沸腾的群山》《金光大道》《闪闪的红星》《地道战》《瓦尔特保卫萨拉热窝》《苦菜花》《黑三角》等。90 年代，电影放映减少。

20 世纪 80 年代，少数村民购买黑白电视机。90 年代后，绝大部分家庭购置彩电，电视机屏幕也越来越大。部分村民家里购置卡带录音机、摄像机、VCD 影碟机、卡拉 OK 等设备，还有部分村民拥有数码相机、数字摄像机、MP3、MP4、电子游戏机等。2000 年，搬至新村后，村委会投资给全村装上有线电视网络，能收看到几十个频道。2008 年 7 月，歌华有线门头沟公司向用户发放数字电视机顶盒，数字电视进入赵家台村家家户户。进入 21 世纪，赵家台村每个家庭都购买了大尺寸等离子彩电和液晶彩电。

第四节　金融网点

1958 年，门头沟区农村信用社在赵家台村设信用站，又称代办点。

2015 年 3 月 18 日，中国邮政储蓄银行落户赵家台新村。赵家台村腰鼓队 30 余名妇女统一着装，身挂腰鼓、手舞鼓槌进行表演，庆祝中国邮政储蓄银行潭柘寺营业所在赵家台村开业。邮政储蓄银行开在赵家台村大门口，方便百姓办理金融业务。

图 4-5　2015 年，中国邮政储蓄银行落户赵家台村（2021 年 8 月 31 日摄）

2019 年，中国建设银行、北京农商银行分别在赵家台村设立普惠金融服务点。

第五节 环境卫生

日常保洁

赵家台村早在20世纪50年代举办民校时，就向村民进行爱护环境卫生的宣传教育，在地区卫生检查中，赵家台村多次获得优秀成绩。2007年全体村民搬进新村以后，村“两委”更是逐步建立、完善并严格坚持《赵家台“门前三包”制度》等一系列日常卫生保洁规章制度，使村民做到垃圾不乱倒，杂物不乱扔等。村“两委”还给村务监督委员会另加了一项任务——监管村里环境卫生建设情况。2010年以后，村“两委”注重环境卫生基本设施建设，村中购置垃圾运输车、封闭

图 4-6 村民卫生大扫除（2020 年 4 月 19 日摄）

图 4-7 特色烟灰缸（2021 年 5 月 13 日摄）

式垃圾桶等成套先进的清洁卫生设备。2019 年，村里在每条街道都配置上特色烟灰缸，引导村民和游客“烟头不落地”，成为赵家台村环境卫生的一项创举和特色，被北京市主流媒体宣传报道。村“两委”强化环境卫生队伍建设，建有由 10 余名人员组成的卫生保洁员队伍。这支队伍有专人管理，有严格责任制，要求他们及时清运垃圾、清扫街道，捡拾绿地中杂物，擦拭橱窗、健身器材、楼梯扶手等公共设施，使整个村容村貌保持全天候的整洁卫生。

垃圾分类

2016 年，赵家台村就被评为“北京市生活垃圾处理示范村”。2019 年以后赵家台村“两委”按区镇政府的统一部署，进一步严肃认真地抓好垃圾分类处理。村“两委”更是经常利用发放宣传材料、悬挂横幅、敲门入户等方式，反复宣传垃圾分类的好处，要求党团员干部、村民代表起带头表率作用；他们认真对村民进行垃圾分类培训，2019 年 9 月 5 日，请中华环境保护基金会来村进行垃圾分类培训，共有 110 名村民参加培训（含其他一些村的村民）；他们实行严格的垃圾分类奖惩制度，制定出《赵家台村垃圾分类约束奖励制度》，把每一户垃圾分类的情况做好登记，一月一次记分评比，并把评比情况上墙公布，对优胜者发放洗衣粉、肥皂等

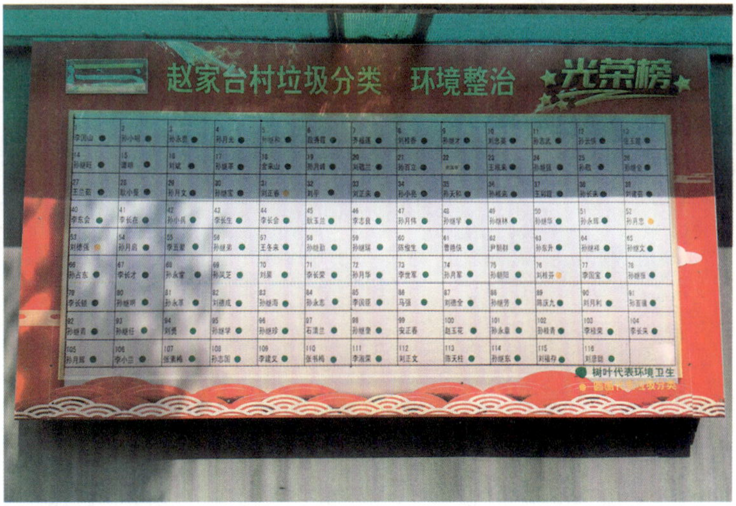

图 4-8　垃圾分类评比墙（2021 年 8 月 31 日摄）

物质奖励。在严格教育管理下，村民自觉在家中把垃圾分类装进村里统一发放的垃圾桶内（全村共发 200 余只），经村中专设的垃圾分类检测员检测合格后，由村中的垃圾车统一收走运出，大街上的公共垃圾桶统一撤除。2020 年赵家台村被评为“北京市垃圾分类示范村”。2021 年，党支部书记刘忠英被评为“北京市生活垃圾分类达人”，同年 3 月 17 日，赵家台村垃圾分类的做法被北京主流媒体宣传报道。报道的题目是《做好家中源头分类 • 赵家台村被评为北京市生活垃圾分类示范村》，对赵家台村垃圾分类的模式、制度，重在提高认识的理念，广泛宣传、全面培训的做法等进行详细深入的报道推介。

第五章　党群组织

1943年,上级党组织在赵家台村发展了村里第一个中国共产党党员,1944年,赵家台村成立党小组。1946年,成立地下党支部,孙天庆任第一任党支部书记,现届党支部于2021年1月5日组建。2021年,全村有党员57名。这支党员队伍在赵家台村各个时期都发挥着先锋模范和骨干带头作用,成为一支合格的党员队伍。

抗日战争、解放战争年代,赵家台村党组织带领全体党员、村民与来犯的土匪、侵华日军、国民党反动派进行坚决斗争,得到“铁打的赵家台”之美誉。中华人民共和国成立以后,党组织带领全村党员和村民,积极投身于合作化、人民公社、全面建设社会主义等各个时期的工作,取得很大成绩。改革开放以后,党支部围绕社会主义新农村建设这个总任务、总目标,开创性抓好党的思想建设、组织建设、民主政治建设、作风建设、党风廉政与纪律建设、社会主义精神文明建设,作出一系列事关赵家台村前途命运的重要决策,取得一系列显著成效,得到上级充分肯定,被老百姓衷心拥护、爱戴。

第一节 党支部

组织沿革

赵家台老村地处山区，20 世纪 30 年代，中共地区党组织在赵家台村活动较少，村内没有建立起党组织。1941 年以后，中共宛平县地区党组织强化党的建设，扩大党的影响，委派地下党员到赵家台村开展工作，通过宣传抗战、减租减息等方式引导赵家台村走上革命道路。1943 年，经党组织培养教育，刘廷顺入党，成为赵家台村第一个中国共产党党员。1944 年刘福堂等人入党，赵家台村成立党小组。1946 年，赵家台村党员发展至 10 余名，成立地下党支部，由孙天庆担任第一任党支部书记。中华人民共和国成立以后，村党支部由地下走向公开，至 2021 年，赵家台村党支部历经 75 年历史。

1946 年至 2021 年赵家台村历任党支部书记一览表

表 5–1

姓　名	任职时间
孙天庆	1946 年
刘福堂	1947—1950 年
王春明	1951—1953 年
孙天照	1954—1957 年
孙小群	1958—1964 年
王春明	1965 年
孙永芳	1966—1968 年

续表 5-1

姓　名	任职时间
孙永杰	1969—1976 年
孙小群	1977—1978 年
孙永坤	1979—1980 年
刘正强	1981 年
安永芝（女）	1982—1995 年
刘彦生	1996 年 1—10 月
孙继青	1996 年 11 月—2012 年
刘忠英	2013 年—

曾担任赵家台村党支部书记的孙小群、孙永杰、安永芝、孙继青、刘忠英等人，都是由上级委派或由党员大会民主选举的，连续任职多年，最多的连续任职 16 年。2000 年以后，在每年党员和村民代表以无记名投票方式民主评议党支部领导班子和领导干部时，投“优秀”和“好”的票数都占投票总数的 98% ～ 100%。

重要决策

赵家台村党支部在抗日战争、解放战争年代，为推翻“三座大山”、和人民的解放事业作出了贡献，得到“铁打的赵家台”之美誉。中华人民共和国成立以后，在社会主义改造和社会主义建设事业中努力奋斗，取得可喜成绩。改革开放以后，围绕社会主义新农村建设，作出老村整体搬迁、发展民俗旅游业等系列事关赵家台村前途命运的重要决策，取得显著成效，使社会主义新农村建设全面展开、稳步推进。

1983年至2021年赵家台村党支部重要决策一览表

表5–2

年份	内容	作用
1983	建立村叶蜡石粉末制品厂	实施叶蜡石产品深加工，确立以矿产业为主导产业
1984	建立赵家台村村民委员会	深化管理体制改革
1990	把村中300余亩承包土地流转为集体经营	深化改革，成为全镇第一个土地由集体适度规模经营的村
2000	实施老村整体搬迁，投资2000万元建设赵家台新村	实施险村搬迁，推进社会主义新农村建设，成为全区第一个农民住上别墅式楼房的村
2000	建立赵家台村福利保障部	统一落实管理村福利事业，在全区有唯一性、创新性
2004	发展民俗旅游业，成立村民俗旅游协会，成为远近闻名的市级民俗旅游村	实施主导产业的转型发展，确立新的主导产业
2006	关闭煤窑，建设核桃观光园区	主导产业转型发展重大举措
2006	投资数十万元，启动老年公寓楼顶隔热工程	重大民生工程
2007	实施新村休闲广场、休闲步道等街巷绿化、美化、硬化、亮化工程	新农村建设重大项目
2007	文化部全国妇联在村创建“全国美德在农村活动示范点”	重大精神文明建设
2008	成立潭柘紫石文化发展有限公司，开发紫石系列工艺品	开发旅游商品，发展文化创意产业
2008	创办《赵家台村报》	成为全区少有的有村报的村庄之一
2008	建立赵家台村“温馨家园”	发展残疾人事业，在全区农村有唯一性

续表 5-2

年份	内容	作用
2008	实施村民楼外墙保温工程	重大利民工程
2012	建立中国楹联门头沟创作基地	重大文化建设
2012	修通从新村至老村的水泥公路及人行步道	改变成村以来交通闭塞状况
2012	发展村民阳台、庭院芽菜种植	成为全区发展阳台庭院经济的样板
2014	创建集体旅游饭店和兴龙致业旅游服务中心	强化旅游统一服务与管理
2014	更换全村老化暖气管道	重大民生项目
2014	成立赵家台村“红色议事会”	重大党建举措
2015	修建村西大墙下公园，实施煤改电工程	重大民生工程
2015	吸引中国邮政储蓄银行潭柘寺营业所落户赵家台村	重大社区化管理举措
2016	改造旅游厕所，统一安装水表	农村社区化管理举措，强化旅游基础设施建设
2017	统一制作木质大门楹联牌和党员户“家风家训门牌”	特色文化建设，在全区农村有唯一性
2020	创立村老年幸福驿站	新便民举措
2020	积极参与“创城”，全民抗击新冠，搞好垃圾分类	重大工作
2021	翻建古地道	保护文物，发展旅游业
2021	实施天然气入户工程	重大民生工程

第二节　党的基本建设

思想建设

党员学习教育制度　抗日战争、解放战争年代，根据斗争需要，赵家台村党员严格实行垂直领导、单线联系，党员身份相互保密，因而不便制定与执行系统规范的集体学习教育制度。中华人民共和国成立以后，特别是改革开放以后，随着党的建设不断强化、制度化和规范化，党员学习教育制度也不断建立、健全与完善。

中华人民共和国成立以后，党组织建设不断加强。20 世纪 50 年代至 60 年代初期，赵家台村党支部建立并坚持“三会一课”（党员大会、党支部委员会、党小组会，党课）制度。2002 年 5 月，党支部根据区镇党组织的统一要求，制定实施《赵家台村党建工作制度》，对“三会一课”制度进一步进行健全完善。在“三会”上，规定党员大会每季度至少召开 1 次，党支部委员会会议一般每月开 2 次，遇到必要时随时召开，党小组会一般每月召开 1 ~ 2 次。在党课上，经常邀请镇包村干部、区镇理论工作者及北京市著名专家学者到村讲党课，或听录音录像党课，每月至少组织党员听党课 1 次。2014 年 3 月 26 日，组织党员收听原北京市委书记郭金龙在群众路线教育中为全市党员干部讲的党课，党课题目是《坚持群众路线，永不脱离群众》。2019 年 5 月 24 日，邀请周恩来总理生前秘书纪东少将到村讲党课，授课题目为《弘扬周总理精神风范，以初心和使命引领未来》。同年 11 月 19 日，请《前线》编辑部主任到村宣讲党的十九届四中全会精神。赵家台村党支部成员坚持带头讲党课，党支部书记刘忠英坚持每年至少为党员讲一次党课。2017 年至 2022 年，党支部书记刘忠英党课内容有《学习贯彻党的十九大精神，推动社会主义新农村建设》《不忘初心、牢记使命，一心为民谋福利》《传承红色基因，践行两山理论、推进绿色发展》《学习任仲平〈百年辉煌、砥砺初心向复兴——写在中国共产党成立100年之际〉一文有感》等。

2000年，村党支部进一步建立健全党员学习日制度，规定全村党员每月至少要集中学习1次，学习日时间相对固定（一般为每月10日）。坚持有事请假，会前点名，做好学习记录，提高学习效果等学习纪律与制度。必要时延长学习时间，或集中使用学习时间。2014年，在党的群众路线学习教育活动中，集中学习17次。2016年，在“两学一做”学习教育中，集中学习14次。

改革开放以前，村内就建有党员干部“轮训”、参加学习班等形式的培训制度。2000年以后，培训制度进一步健全与完善。主要是组织党员干部及时参加村镇举办的党员培训班，党支部书记坚持每年参加区里的统一培训。2000年，建立赵家台村党校，使党员、入党积极分子的培训更加制度化、经常化、规范化，全村党员干部集中培训每年至少2次，每次党员培训包括听辅导课、讨论、参观、撰写书面收获体会等内容。

图5-1　2021年，赵家台村党支部党史学习教育专题组织生活会（2021年7月24日摄）

2018年开始，制定每月一次的党员“主题党日”活动制度，主要用于党员集中学习、听党课、通报村内大事或开展各项党员志愿服务活动等。2019 年、2020 年、2021 年，每年主题党日活动都达到 12 次。

党员学习教育内容与活动　抗日战争、解放战争年代学习《党员八项标准》，又称“党八条”，学习毛泽东的《论持久战》等著作和其他党内文件，对党员进行革命理想教育，党的纪律教育，民族气节教育，对敌斗争策略教育等。20 世纪 50 年代，学习《中国共产党章程》、毛泽东著作、中国共产党第八次全国代表大会文件、党在社会主义过渡时期的总路线等。60 年代的社会主义教育运动中，学习中共中央《农村社会主义教育运动中目前提出的一些问题》即“二十三条”。“文化大革命”期间学习毛泽东的“老三篇”等著作及马恩列斯的无产阶级革命和无产阶级专政下继续革命理论。改革开放以后，围绕学习、宣传、践行中国特色社会主义理论和党的改革开放路线、方针、政策，赵家台村的党员教育活动更加持续、广泛、深入，特别是积极参加全党性学习教育实践活动。1999 年至 2021 年，先后组织党员参与全党开展的‘三讲’（讲学习、讲政治、讲正气）学习教育”‘三个代表’（代表中国先进生产力的发展要求、代表中国先进文化的前进方向、代表中国最广大人民的根本利益）重要思想学习教育”“实践‘三个代表’，优化发展环境主题教育”“保持共产党员先进性学习教育”“学习实践科学发展观教育”“创先争优主题教育”“密切联系群众学习实践”‘两学一做’（学党章党规、学系列讲话，做合格党员）学习教育”“‘不忘初心、牢记使命’主题教育”“中国共产党党史学习教育”等。

对历次全党性学习教育，党支部都高度重视，精心组织。成立由党支部书记任组长的学习教育领导小组，制定切实可行的学习教育方案，坚决按上级统一规定的教育流程办事，确保完成指定学习任务。一般要求有写作能力的党员要写 2000 字以上读书笔记，“两委”干部写 3000 字以上。特别坚持找准工作差距，制定好整改措施，边学边改边办实事，使教育活动不走过场，不应付差事，不流于形式，开展得有特色、有实效、受好评。2005 年，在保持共产党员先进性教育学习教育中，党员平均写读书笔记 2000 余字，最高的写到 1 万余字。同年，组队参加全镇保持共产党员先进性学习教育知识比赛，获二等奖。在学习教育中，赵家台村党支部被评为潭柘寺镇“保持共产党员先进性学习教育活动先进党支部”，党支部书记孙继青被门头沟区教育活动领导小组评为“优秀党员”“农村党支部书记标兵”，北京市委巡视组对赵家台村的学习教育活动给予高度评价。2009 年，在镇学习实践科学发展观学习教育活动总结大会上，赵家台村党支部书记作典型发言，介绍在活动中的先进做法及成效，得到与会者的好评和称赞。2010 年，时任区委书记刘云广到村考察“创先争优主题教育”情况，给予很高评价，并把一些先进做法推广至全区。2017 年，在“两学一做”学习教育活动中，赵家台村党支部精心编织“四网”，即责任网、教育网、先锋网、无缝网。“责任网”意在实行教育活动责任制，强化其领导与组织。“教育网”意在强化学习，完成指定学习任务。“先锋网”意在强化党员党性，发挥先锋模范作用。“无缝网”意在为群众办实事、好事，不留缝隙与死角，使教育活动取得全面、实在的成效。2018 年又把“四网”完善为“责任网、宣传网、先锋网、长效网”。2019 年 12 月 27 日，市区巡回指导组到赵家台村考察“不忘初心、牢记使命”主题教育开展情况，对其征集“点亮群众微心愿”特色做法给予肯定。2021 年，在中国共产党党史学习教育中，村党支部开创性开展为年老多病、行动不便党员“入户讲党课”活动，深受欢迎。同时，村党支部还根据农村党员的特点，创造了学习百年党史的“穿串儿”学习法，使党员易懂、易记，学习效果明显。

党员学习教育形式　抗日战争、解放战争年代，党员学习教育形式比较简单，主要是以秘密形式，在隐蔽地点，由党组织负责人传达上级精神，组织学习党的文件等。中华人民共和国成立、党的组织公开以后，赵家台村党员学习教育形式不断广泛化、多样化、现代化。1957 年，针对部分党员群众对合作化道路的疑虑和动摇，党支部除用开大会学习、宣讲等传统方法说服教育以外，还在党员群众中开展为时 3 个月的大讨论、大辩论，以辨明是非，分清合作化道路的主流和支流，让群众自己教育自己，自己说服自己，推动合作化运动的健康发展。进入改革开放新时代以后，赵家台村党支部在党员干部群众教育方式上不断创新和与时俱进。2008 年，开通党员“远程教育电教”系统，创办《赵家台村报》，并为每户村民免费订阅一份《京郊日报》。2016 年，提出实行“三有”立体化学习教育模式，即有文字（宣传刊物）、有声音（时事播报）、有影像（线上学习）。同年，开辟互联网“党员微信学习群”。解决一些老党员不会使用智能手机，网上学习有困难的问题。2017 年，村党支部多次组织老党员参加“学习强国”学习平台培训，手把手教他们网上学习方法。同时制定出《赵家台村党员网上学习奖励细则》，建立起网上学习奖励机制，把学习情况分为 3 个档次，每月评检一次，给予不同的物质奖励，还经常开展网上学习有奖竞答活动。2019 年 4 月 21 日举办的网上学习有奖竞答活动，形成竞争中学习，学习中竞争的氛围，也使党员进一步掌握网上学习方法。这些都把“三有”“三+”学习模式落到实处，使党员学习教育形式多样、丰富多彩、特色鲜明、生动有效。同年，又提出“三+”学习教育模式，即“传

图 5-2　村红色广播站（2021 年 10 月 19 日摄）

统+现代，线上+线下，图文+声音”。为此，党支部在坚持“三会一课”“党员学习日”等传统学习教育方式的基础上，还注重利用文艺演出、讲演比赛、知识大赛、外出参观、实地教育等多种方式进行学习，特别注重发挥电视、电脑、手机、报刊等现代媒体的作用。同年，建立村红色广播站，拓展党员学习教育形式，收到良好效果。

2002 年至 2021 年部分年份赵家台村党员学习教育情况一览表

表 5–3

时　间	形　式	内　容	奖　项
2002 年	实地教育	庆建党 81 周年，到西柏坡参观	
2004 年 6 月	瞻仰参观	到“卢沟桥革命纪念馆”参观	
2004 年 8 月	演讲比赛	实践“三个代表”重要思想，加快建设现代化演讲比赛	三等奖
2004 年	知识竞赛	党的十六大精神，两个条例知识大赛	优秀奖
2006 年	瞻仰参观	瞻仰毛主席纪念堂，参观北京城市规划展览馆	
2006 年 6 月	观看展览	参观抗日战争纪念馆	
2006 年	知识竞赛	保持共产党员先进性教育知识竞赛	二等奖
2011 年 6 月	观看展览	到山东枣庄地区进行革命传统教育；参观台儿庄大战纪念馆	
2012 年	典范激励	到山西参观刘胡兰纪念馆	
2013 年 3 月 18 日	电教	党的十八大精神录像讲座	

续表 5-3

时　间	形　式	内　容	奖　项
2014 年 7 月	典范激励	参观河南红旗渠	
2014 年	集中学习	党的群众路线教育学习	
2016 年 5 月	网上学习	网上学习有奖竞答	
2017 年 10 月 30 日	观展	到北京展览馆观看“砥砺奋进五年”展览	
2018 年 6 月 21—22 日	实地教育	迎接建党 97 周年，参观顺义焦庄户地道、平谷鱼子山抗日展馆	
2018 年 6 月 29 日	文艺演唱	“不忘初心跟党走，奋勇建功新潭柘”庆“七一”大合唱	
2019 年 6 月	实地教育	到西柏坡进行“不忘初心　牢记使命”主题教育	
2019 年 7 月	线上学习	“学习强国”学习平台培训	
2020 年	微信学习群	网播“以红色门头沟党建引领绿水青山”录像	
2021 年 7 月	实地教育	到房山参观“红色背篓”红色纪念馆	
2021 年	电教	看“发扬党的优良传统，一心为民”录像	

组织建设

班子建设　赵家台村党支部从始建直到改革开放以前，历届党支部班子和党支部书记主要靠上级党组织任命或调派。改革开放以后，党支部班子建设逐步走向正规化、法治化、民主化轨道。2004 年，赵家台村党支部换届首次采取“两推一选”（党员推荐、群众推荐，党员大会选举）的办法产生党支部班子和党支部书记。2010 年，赵家台村被纳入全镇 9 个由党员大会直接差额选举党支部班子和党支部书记的村庄之一。自此，由党员大会直接选举党支部班子和党支部书记，在赵家台村一直延续至今，而且做到选举程序规范、合法，一次成功。2017 年、2019 年，赵家台村被评为“潭柘寺镇‘两委’换届选举工作先进单位”。在依法规范的换届选举下，先后有多名党支部书记高票当选，连选连任。2013 年，刘忠英高票当选为党支部书记。2015 年，在由 52 名党员到会的换届选举中，刘忠英再次以 51 票高票当选，连选连任。

不论是上级委派还是党员民主选举党支部班子和党支部书记，村党支部都坚持严格的选拔干部标准，确保建设一个好班子，选出一个好书记。抗日战争、解放战争年代，坚持“政治立场坚定，与党一心；坚决完成任务，执行党的决议；成为民主的模范，关心群众利益”。中华人民共和国成立之初，坚持“德才兼备”。20 世纪 60 年代至 70 年代，坚持“德才兼备”“又红又专”。改革开放以后坚持“德才兼备，以德为主”“革命化、年轻化、知识化、专业化”“党务村务全精通，党支部书记、村委会主任一肩担”，从而使一个又一个德才兼备的优秀党员进入党支部班子，走上党支部书记的岗位，党支部班子的整体人员结构也不断优化，综合素质不断提升。2003 年，支部班子 3 名成员平均 46 岁，大专以上学历 2 人。2005 年，党支部班子 3 人，均为大专学历，平均年龄 35 岁。2007 年，党支部班子成员均为高中以上学历，平均年龄 40 岁以下。2008 年，班子成员均为大专学历，平均年龄 39 岁。2009 年，班子成员均为大专学历，平均年龄 37 岁。2011 年，支部班子 3 名成员均为大专以上学历，平均年龄 38 岁，为当年全镇最年轻、文化程度最高的村级党组织领导班子。2021 年，现届党支部 3 名成员中，最高年龄 58 岁，最小年龄 35 岁，平均年龄 46 岁，均为大专学历。在班子成员连续任职，年龄不断增长情况下，依然保持着优良的文化、年龄、性别结构。

创建先进支部　中华人民共和国成立以后，随着党组织的公开化，中国共产党在组织建设上不断推进和强化先进党支部创建评选工作，赵家台村党支部也积极投入“优秀党支部”“先进基层党组织”等荣誉称号的创建工作中来，并取得创建成果。2004 年，中共门头沟区委开始在全区开展“农村五个好（领导班子好、党员队伍好、发展经济路子好、经营体制好、管理体制好）党支部”“先进农村基层党组织”创建活动（亦称“三级联创”）。赵家台村党支部更是本着“不图虚名，只求实绩”“不走过场，真抓实创”“党支部班子好不好，群众说了算，实践当中看”的精神，积极参与创建。同年，赵家台村党支部成立创建“五个好”先进党支部领导小组，党支部书记孙继青任组长。村党支部制定《赵家台村创建“五个好”党支部实施方案》，明确任务、目标、举措，并坚决贯彻落实。2004 年至 2005 年，连续获北京市“创建‘五个好’工作先进村党组织”称号。2010 年 12 月 31 日，区委组织部领导到村检查“五个好党支部”创建工作，给出“真创实干，班子好、产业好、民生好”的评价。1998 年至 2021 年的 23 年中，赵家台村 28 次被评为市区镇级先进党支部或先进基层党组织。

1998 年至 2021 年部分年份赵家台村党组织获荣誉称号一览表

表 5–4

年份	先进称号
1998	潭柘寺镇先进党支部
1999	潭柘寺镇先进党支部
	门头沟区“五好”村党支部
2000	潭柘寺镇先进党支部
2002	潭柘寺镇先进党支部
2003	北京市创建“五个好”先进村党组织
2004	北京市创建“五个好”先进村党组织
2005	北京市创建“五个好”先进村党组织
	门头沟区“五个好”村党组织
2006	北京市“五个好”村党组织
	门头沟区先进党支部
	潭柘寺镇“五个好”农村党组织
2007	北京市“五个好”村党组织
	门头沟区先进基层党组织
2008	北京市“五个好”村党组织
	门头沟区先进基层党组织
2009	门头沟区新农村建设先进党支部
2010	门头沟区先进基层党组织
2011	门头沟区先进基层党组织
2012	北京市“五个好”村党组织
	门头沟区先进基层党组织
	潭柘寺镇先进基层党组织
2013	北京市基层党组织建设示范村
	潭柘寺镇先进基层党组织
2014	北京市“五个好”村党组织
2017	潭柘寺镇先进基层党组织
2020	门头沟区先进基层党组织
2021	门头沟区先进基层党组织

党员发展　在抗日战争时期，根据上级党组织的统一要求，村党支部“以参加武装斗争及各项抗日工作的表现”为标准发展党员。解放战

争时期，采取“积极慎重发展”的方针，选择那些斗争坚决可靠的人入党，坚持“单线联系，秘密发展，个别履行入党手续”的原则。1943 年，通过地区地下党组织的培养、介绍，刘廷顺入党，成为赵家台村第一名中国共产党党员。随后孙天庆、刘福堂入党，成为赵家台村第一批中共党员。从此，赵家台村党员队伍不断发展壮大。1945 年，赵家台村党组织重视培养物色党员发展对象。20 世纪 50 年代至 70 年代，采取“坚持阶级成分，提高质量，认真审查，积极分子先培养后发展”的方针、“重阶级出身，重政治表现”的方针。一般每年发展党员 1 ~ 2 名。80 年代，采取“坚持标准，提高质量，改善结构，慎重发展”方针。赵家台村党支部一贯注重入党积极分子的选拔与培养。90 年代，继续坚持“坚持标准，保证质量，改善结构，慎重发展”的方针，并强调“注重发展 35 岁以下、高中以上、生产一线的青年入党，注重发展妇女、少数民族人员入党”“在高知识群体和各类人才中发展党员，在党的力量比较薄弱的地方发展党员”等方针。2000 年以后，全区开始推行党员发展公示制、票决制。2002 年，赵家台村党支部制定《赵家台村入党积极分子培训及培养制度》。同年 6 月 25 日，制定出台《赵家台村党支部关于实行发展党员公示制、票决制的实施意见》，明确公示内容、公示时间、公示形式、公示结果处理等。赵家台村发展党员或预备党员转正，都必须按照“事前公示”“党员大会无记名投票表决”等流程进行。2006 年 6 月 8 日，赵家台村与会 35 名党员对 9 名预备党员转正进行票决，其中赞成票 29 ~ 34 张，不赞成票 1 ~ 2 张，弃权票 1 ~ 5 张，说明赵家台村党员发展票决制真正发扬党内民主，尊重党员的民主权利，表达党员的真实意愿。2015 年，该村发展少数民族党员 2 名，党员队伍中，最大年龄 92 岁，最小年龄 25 岁，平均年龄 58 岁。据 2016 年对 60 余名党员的统计：50 年代至 60 年代入党的 4 名；70 年代至 90 年代入党的 44 名；1970 年至 1990 年，平均每年发展党员 1 人；2000 年以前，每年 2 ~ 3 名；2019 年，该村女党员占党员总数的37%，高于全区35%的比例；2020年以后，随着一些老党员的离世，优秀青壮年入党人数的增加，战斗在一线的党员进一步增多，党员队伍的年龄结构、文化结构等进一步优化。

1995年开始，门头沟区委在全区推动“两新”组织（新经济组织、新社会组织）党组织建立和党员发展工作，以适应新形势下党的建设的需要，全面加强党的领导，清除党建工作的盲区和死角。2009年，村党支部及时在新成立的潭柘紫石文化开发有限公司建立起党支部，由时任村党支部书记刘忠英兼任党支部书记。此后，潭柘紫石党支部总是与村党支部一并开展党的各项活动，特别是不断在保证质量的基础上扩大党员队伍。2014年，在该党组织中预备党员转正2名，发展预备党员2名，确定为入党积极分子1名。2015年，发展新党员1名，确定为入党积极分子1名。2016年，确定为发展对象1名。2017年，预备党员转正1名。

1984年至2021年，赵家台村先后有100余人次的中共党员获“北京市劳动模范”“北京市三八红旗手”“北京市三八红旗手标兵”“北京三八劳动能手”“北京先进村委会主任”“门头沟区护林防火先进个人”“北京市孝星”“优秀农村水管员”“门头沟区优秀创业青年”“门头沟区三八红旗手”“门头沟区两个文明建设百颗星”等称号，其中30余人次获市区镇“优秀党员”称号。证明赵家台村党员队伍，是一支经得住考验的、合格的党员队伍，党支部也确实做到高质量发展党员。2000年以后，该村党员队伍的年龄结构、文化结构、性别结构、职业结构等都与全区基本相当，不少年份还优于全区。

1943年至2020年部分年份赵家台村党员数量统计表

表5-5　　　　单位：名

年份	数量	年份	数量
1943	1	1992	17
1944	3	1993	17
1945	5	1996	24
1946	8	2004	31
1948	9	2005	31
1958	11	2007	53
1960	12	2008	54
1961	13	2009	54
1965	14	2011	54
1971	12	2012	55
1972	19	2014	63
1981	20	2015	63
1984	21	2016	62
1985	22	2017	61
1987	22	2018	58
1990	18	2019	53
1991	17	2020	57

说明：党组织关系变动、党员病亡等亦影响党员数量

2000 年至 2019 年部分年份赵家台村党员队伍结构一览表

表 5-6　　单位：名

年份	党员人数	初中以上文化水平党员比例	50 岁以下党员比例	女党员比例
2000	23	70%	40%	—
2002	28	61%	41%	18%
2004	31	71%	35%	16%
2008	54	75%	—	27%
2009	54	75%	—	27%
2011	54	75%	—	31%
2012	55	75%	—	32%
2014	63	77%	23%	36%
2015	63	77%	23%	35%
2016	62	80%	23%	34%
2017	61	81%	25%	35%
2019	53	82%	25%	37%

说明：表内“—”代表无统计数据

1970年至2021年部分年份赵家台村递交入党申请书情况一览表

表5-7

单位：人

年 份	人数	年 份	人数
1970	7	2014	33
1985	10	2015	33
2004	27	2016	29
2008	30	2017	29
2009	30	2018	28
2010	30	2019	28
2011	32	2020	25
2012	32	2021	25
2013	32		

说明：申请人被确定为入党积极分子以后，会使申请者队伍人员发生变化

党员日常管理　交纳党费。在抗日战争、解放战争年代，赵家台村党员一律按时秘密交纳党费，并把此当成自己的义务、光荣和对党的忠诚，当成一件神圣、庄严的大事。中华人民共和国成立以后，全村党员更是积极、主动、及时、足额交纳党费，党组织则依规搞好党费的收缴、使用、管理工作，党员交纳党费数额由2008年的每年1551元增加至2019年的2065元。

党员关爱。改革开放以后，赵家台村党支部落实上级党组织关于为中华人民共和国成立以前入党的老党员每月发放补助费的有关政策，积极办理有关手续，使补助费及时发到中华人民共和国成立前入党的老党

员手中。该项补助金额由每月几十元增加至数百元。2005年开始，落实区委《关于建立困难党员救助专项资金的意见》精神，每年“七一”和春节都协助区镇有关部门或村内单独对困难党员实行资金救助，2015年7月1日、2016年7月1日，协助区镇有关领导各慰问困难党员1户。2017年7月1日，慰问困难党员和老党员4名，2021年春节，慰问困难党员、老党员10余名。全村其他党员除享受村内一切福利和惠民政策外，村党组织也制定出关心党员生活的各种举措，使党员充分享受到党组织的关怀和温暖，及时解决工作、生活上的实际困难。

流动党员管理。2000年以后，赵家台村有部分流动党员，村党支部制定《赵家台村流动党员管理制度》，规定：采取及时发送通知的方式，让他们如期回村参加村内的各项党组织活动，尤其参加党支部换届选举等重大活动，并搞好流动党员参加活动情况记录，以示督促；采取微信通报等方式，让他们及时了解村内大事，并充分地发表意见、建议；采取定期递交思想工作汇报等方式，增强他们的党性观念，使全村每一个党员不落伍、不掉队，在各自岗位发挥先锋模范作用。对无故多次不参加组织活动的流动党员，则按《中国共产党章程》的有关规定严肃处理。

申报、用好服务经费。2016年开始，做好由上级统一拨发的党组织服务群众经费的申报及使用工作，每年申请15万余元，用于造福村民的民生工程和社会主义精神文明建设诸事项。2015年，赵家台村用这笔经费安装饮水机系统4.5万元，为村民购买芽菜用品5000余元，为舞蹈队购买音响设备3.3万元，“七一”活动经费3.1万元等。

在职党员回村报到。2018年开始，赵家台村党支部开展在职党员回村报到工作（又称“吹哨”行动）。同年5月14日，村内举行“党旗飘扬赵家台，志愿服务暖人心”——在职党员回村报到启动仪式，共有27名居住地在村内，但在镇机关、村外企业等处工作的党员回村报到。此后，回村报到党员每年都及时参加或独立开展村内党的活动。

2018年7月8日，回村报到党员在村内开展“创建文明城，党员当先锋”大扫除活动。2019年12月29日，开展“爱护环境我点赞，整洁优美迎新年”卫生大扫除活动。2021年4月24日，开展抗击新冠肺炎预防接种宣传动员和卫生大扫除活动。

图5-3 “党旗飘扬赵家台，志愿服务暖人心”——在职党员回村报到启动仪式（2018年5月14日摄）

赵家台村党的组织建设得到上级党组织的充分肯定，2012年7月1日，区委党建巡视组到村检查党建工作，给予很高评价。2013年、2014年，赵家台村连续获得区委“基层党组织建设示范村”称号，并多次得到门头沟区“基层党组织建设示范村”资金奖励。

民主政治建设

坚持集体决策制　1946年，赵家台村党组织成立之后，坚持、执行党的民主集中制原则。改革开放以后，每当遇到“三重大”事项（重大事项、重大工程、重大开支），党支部先后制定出台《赵家台村党支部重大事项决策程序》《赵家台村党支部和村民委员会联席会议制度》等制度规范，坚决执行“四议两公开”“集体决策大事”等制度与原则，按照由领导班子集体决策，交党员大会、村民代表大会审议通过，报上级党组织或有关职能部门审批等程序进行，严防搞家长制、一言堂、个人说了算。赵家台村整体搬迁，土地回归集体经营等大事均由集体决策，并详细如实记载，有案可查。

尊重保障党员的民主权利　三务（党务、村务、财务）公开制度。2003年，赵家台村在实行“三务公开民主活动日”制度的基础上，制定《赵家台村三务公开规定》，规定公开时间、公开内容、公开形式、公开地点等。从此，在每年2次的民主活动日上，村“两委”都要向党员、村民代表作“三务”公开报告，提请审议通过。2008年，村“两委”正式编辑印制村报——《赵家台村报》，拓宽向党员、村民实行“三务”公开的渠道。2018年5月，村“两委”在村委会大楼院内建起红色党建宣传墙，墙上专门设有“三务”公开专栏，遇有大事随时公开。同年，开通本村的微信公众号，对村内大事随时进行网上公开。2019年7月，村“两委”建立起“红色广播站”，每天用广播形式向党员、村民公开村中大事。2007年，赵家台村被评为“北京市村务公开民主管理示范村”。

向党员通报村内大事制度　党支部利用专门召开党员会议、设立党建微信群、“主题党日”、“三会一课”等时机，及时向党员通报全村大事，使广大党员能够及时了解村“两委”一些重大事项，并随时提出意见、建议。2019年，党支部向党员通报村内大事10余次。2021年10月21日，在党员主题党日上向党员通报冬季取暖、党组织服务群众经费使用、修订村规民约等大事，得到全体党员一致通过。通过“三务”公开、向党员通报村内大事等制度，保障党员充分行使知情权、决策权等民主权利。

强化党内民主监督　1946年，赵家台村党组织成立之后不断强化党内民主监督。改革开放以后，党内民主监督工作更加制度化、规范化。1985年以后，实行民主评议党员干部制度。1990年以后，实行一年一度的民主评议党员制度和召开党支部专题组织生活会制度，而且有严格的规范、程序和要求。要求班子成员在专题组织生活会前要征求意见、相互谈话、撰写发言材料，要求在会上要严肃认真地进行批评与自我批评，做到触动思想，增进团结；要求会后要撰写整改材料，认真整改。要求党员在民主评议会上要认真进行自我评议、相互评议，对评议结果要依规作出组织处理，决不能搞形式主义、走过场，切实把党支部班子成员和党员置于党内自我监督、互相监督、组织监督之下。

作风建设

整党整风　1948年，赵家台村积极参加新解放区党组织整顿工作，完成党员重新登记、审查、恢复组织关系等各项任务。1960年，开展以纠正干部“五风”，克服平均主义为内容的“整风整社”活动。1963年，开展以“清工分、清账目、清仓库、清财物”为内容的“四清”运动。1969年，赵家台村按全党统一部署，开展整党工作。成立由党支部班子3人组成的村整党领导小组，完成学习文件、整顿组织等各项任务。1985年，赵家台村落实《中共中央关于整党的决定》精神，分学习文件、对照检查、整改、党员登记4个阶段进行整党工作，后又开展“党员登记”等工作。通过整党增强党员党性，弘扬传承党的光荣传统和优良作风。

联系群众　畅通密切联系群众的渠道。早在20世纪50年代和60年代，村里就设有意见箱，欢迎党员和村民随时提出意见、建议，并对意见、建议严肃认真地分析、采纳、办理。2007年，村“两委”建立起“双线联系制”，即党支部委员联系党员，党员联系群众；村委会委员联系村民代表，村民代表联系村民，构建起干部密切联系群众的网络化渠道。“双线联系”制的重要任务就是了解群众心愿，征求群众意见、建议，倾听群众呼声，并及时如实向村“两委”反馈。2014年，村党支部创新性地成立“红色议事会”，由村“两委”主要干部和德高望重的老党员、老干部10人组成。主要职责是宣传党的方针、政策，征集、反映党员、村民的呼声，讨论审议村“两委”的重大决策，对村内工作提出意见、建议等6项。工作流程有议题收集、议题审定、会前准备、召开会议、会议表决、决议公示、决议执行7步。2015年，建立村干部每月2天的入村串户制度，面对面倾听群众的意见建议。2016年，村党支部在全镇首建党员群众“建言献策奖励基金”，对党员、群众提出的好意见、好建议进行奖励、鼓励。2020 年，党支部开展的入村到户、访谈会等各种联系群众活动达 20 余次。通过这些渠道，端正干部作风，密切干群关系，打开群众言路，直接听到群众的真实需求、疾苦和呼声。

为群众办实事　2014 年，在党的群众路线教育实践活动中，村党支部开展“为民办实事活动”，下发征求意见表 61 份，征求意见 17 条，使群众反映的真实、合理问题全部得以解决。2016 年，在“两学一做”学习教育中，开展“为村民解难事”活动，共征集到群众意愿 30 余件，全部得到解决与满足。2019 年，在“不忘初心、牢记使命”主题教育中，村内开展“帮助困难群众圆梦‘微心愿’”活动，共征集“微心愿”99 条，村里采取强化环境整治，加大知识培训，请来医疗专家义诊，强化便民服务等多条举措加以解决。2020 年，开展解决群众困难“最后一公里”的接诉即办活动，共接到诉求 105 件，解决率和满意率均达 99.28%。在解决这些诉求中，党支部委员、村委委员刘斌坚持亲力亲为，不推不拖、积极热情、快速高效，被评为门头沟区 2019 年度至 2020 年度全区 16 个“接诉即办”的先进个人之一，他的先进事迹亦被《京西时报》宣传报道。同时，村“两委”还经常携手区内外社会力量开展便民服务活动。2019 年，携手北京居家养老服务一晟技术培训有限公司到村共建老年幸福驿站，更好地搞好老年饭桌。携手区民政社区服务中心，经常到村进行理发、修家电、配钥匙等便民服务。2022 年 1 月 27 日，该服务中心为 60 岁老人理发 20 余人，老人高兴地说：“又在家门口，理得又称心。”村“两委”还经常携手驻区部队到老年公寓进行便民服务，同样深受欢迎。

党风廉政建设

廉政制度　赵家台村党支部从建立之日起就建有严格的组织纪律。改革开放以后，赵家台村党支部围绕着村内党务、村务大事，制定并不断完善规章制度，仅 2002 年以后，就先后制定出《赵家台村财务管理制度》《赵家台公务公车使用制度》《赵家台村工程管理制度》《赵家台党支部议事规则》等，切实把党的各项活动都纳入制度化轨道，把权力关进制度的笼子里。特别是赵家台村党支部实行严格的勤政廉政建设责任制，党支部书记当好廉政建设的第一责任人，不仅带头搞好廉洁自律，还注重督促其他班子成员的清正廉洁。村党支部每年都进行严肃认真的廉政自查，并坚持每年都向全体党员、村民作廉政勤政述职报告，都向上级提交执行党风廉政建设责任制的自查报告。2014 年、2015 年，市、区、镇领导先后到村检查党风廉政建设责任制的建立、完善、执行情况，均获好评。

廉政教育　改革开放后，特别是 2000 年后，赵家台村党支部注重利用会前学法、听专题报告等多种形式，深化廉政学习教育。2011 年，村干部到北京反腐倡廉警示基地观看警示教育片。2012 年，“两委”干部观看预防工程领域职务犯罪巡回展览。2014 年 4 月，村“两委”参加镇“依法履职，预防犯罪”培训。2015 年，党支部组织党员学习《让每一名党员干部都受到严格纪律教育》材料，观看电教纪录片——《红色家书》。2016 年，组织党员干部观看《小官巨腐》《筑梦中国》录像片。2018 年，组织党员干部看《北京正风肃纪》教育片。2019 年，组织党员干部到西柏坡进行“不忘初心、牢记使命”主题教育。同年，还组织党员干部看《陈海涛为首的黑社会性质组织犯罪团伙覆灭记》录像片，进行扫黑除恶宣传教育和专项整治。2020 年，进行“弘扬‘四个一’光荣传统，践行门头沟精神”教育。请老村民、老党员刘福存、孙志为“两委”干部讲村史、村党史，对干部进行“弘扬革命光荣传统，全心全意为村民谋利益”教育。2021 年，在党史学习教育中学习习近平总书记关于“发扬党的优良传统、一心为民”的论述，进行“不忘初心，立党为公，一生为党奋斗”教育。

廉政监督　2004 年，在党员干部中实行“一卡（党员胸卡）、一册（党员手册）、一牌（党员门牌）”制度，提醒党员时刻牢记自己的党员身份，也随时随地接受群众监督。2011 年，经村民代表投票选举，产生赵家台村村务监督委员会，村务监督委员会的职责是代表广大党员和村民督促党员干部廉洁奉公、勤政为民。2012 年，村党支部严格执行新修订的《中国共产党党内监督条例》，使赵家台村的廉政勤政监督更加制度化，规范化。

廉政实践　2003 年开始，在党员中逐步实行党员责任区、党员责任岗等制度，意在搭建党员发挥先锋模范作用、践行廉政、勤政的平台。2008 年奥运之年，村中设立党组织责任区 5 个、党员责任岗 6 种。2010 年以后，在全村共设 26 个党员责任区，每个责任区由 2 名党员负责，主要任务是宣传党的方针政策，了解村民的困难与需求，维护区内环境卫生和社会治安等。党支部定期对责任区任务完成情况进行督查，并作为民主评议党员、党员评优的重要内容，全村共有 52 名党员认领了岗位。与此同时，村里还成立起党员志愿服务队，一共有 35 名党员参加，经常开展活动，进行环境卫生整治、帮助困难家庭办实事等。

2015 年至 2020 年，村党支部组织党员积极参加“共产党员献爱心”“博爱在京城”“春风送暖”以及抗灾抗疫募捐活动。共捐款 10 余次，3 万余元。

2007 年开始，“两委”干部实行任期承诺制，党员与党组织实行双向承诺制。为保证这些承诺的兑现，党支部采取了系列切实可行的举措，主要有：签订承诺书，交上级党组织审核备案，由上级党组织和本村党员村民监督执行，年底作承诺事项完成情况报告，凡完不成的项目必须讲明原因，并限期完成，保证其不放空炮。做好践行承诺的日常督促，2016 年，该村在“七一”期间开展党员统一填写党员集体“政治生日”纪念卡活动，在卡中郑重填上和重温自己的承诺。村党支部对党员实行分类积分管理，制定有管理细则，明确分类类别、积分标准、奖惩办法，每年一次评定。以此促使党员干部完成和践行自己的承诺，坚持勤政廉政，敢于善于作为。

查处案件　改革开放以后，赵家台村党支部坚持从严治党，按照“有法必依、执法必严、违法必究”的原则，协助上级有关部门，坚决查处违反党纪国法的案件。该村曾有个别党员因违反党纪国法被查处，或在党员排查中被暂缓进行党员登记。党支部注重运用这些案例对党员干部进行警示教育，打造“不敢腐、不能腐、不想腐”的反腐氛围，维护基层党组织和党员队伍的清正廉洁、立党为公。

第三节　社会主义精神文明建设

精神文明创建

创建文明家庭　20 世纪 80 年代开始，赵家台村开展各种文明家庭创建活动。创建“五好家庭”，先后有数十户家庭入选，其中 1984 年、2005 年，分别有 3 户村民家庭被评为区级、镇级“五好家庭”。创建“和谐家庭”，2006 年以来，先后有 10 户村民家庭被评为镇级“和谐家庭”，创建“学习型家庭”“平安家庭”“最美家庭”，2008 年至 2014 年，赵家台村村民家庭被评为市级“平安家庭”1 户、区级“学习型家庭”“最美家庭”各 1 户。2013

图 5-4　赵家台村民家庭被评为和谐家庭（2019 年 7 月 28 日摄）

年 4 月 25 日，全区 70 名余名最美家庭及所在村妇联主任，到赵家台村召开创建最美家庭推进会，学习推广赵家台村创建文明家庭的先进经验、做法。

创建精神文明村　2000 年以后，赵家台村不断加大创建区级、首都级、全国级社会主义精神文明村的力度。2002 年起，赵家台村连续被评为区级、首都级精神文明村。2003 年被评为区级精神文明示范村。2012 年，被评为首都精神文明示范村。2020 年，被评为“第六届全国文明村镇”。与此同时，还不断涌现出精神文明创建先进个人，1984 年，2 户家庭获潭柘寺镇“五好文明家庭”称号。2000 年，1 人获“门头沟区两个文明建设百颗星”称号。2004 年，1 人获门头沟区“创建首都文明区标兵”称号。2005 年，一户家庭获门头沟区“五好文明家庭”称号。2008 年，有 2 人获门头沟区“社区（村）文明之星”称号。

参与创建全国文明城区　2018 年，赵家台村积极参与全区创建全国文明城区工作。村里成立创建领导机构和工作机构，把创建工作当成全村重点工作之一来抓，利用入户宣传、会议宣讲及图窗、广播、村报等多种形式进行宣传发动。2018 年 7 月 20 日，举办“创城”讲座。同年 7 月 29 日，下发致村民的一封信和“创城”倡议书。2019年9月16日，发动志愿服务队入户发放创建全国文明城区宣传手册 110 余份，使创城工作人人皆知、户户参与。

图 5-5　赵家台村村民大扫除（2021 年 8 月 21 日摄）

根据区镇统一部署开展一系列创建活动，2018 年至 2021 年，群众性清洁卫生活动接连不断，新冠疫情防控工作不断加大力度，垃圾分类工作成为全市典型，“创城一句话承诺”等特色活动生动有效，节约用水等工作成效显著。2018 年 12 月 12 日，《京西时报》以《赵家台村精细化“创城”妙招频出》标题文章对赵家台村“创城”工作进行宣传报道。2021 年 10 月 23 日，区委书记金晖、代区长喻华锋到赵家台村视察创城工作，得到肯定。截至 2021 年，“两委”接待区有关部门和人员到村进行创建全国文明城区工作检查，对检查中提出的问题进行认真整改。

开展城乡共建　2005 年，赵家台村“两委”积极与区内外城镇的社区、单位携手结对，发挥城乡优势互补、资源共享的作用，开展城乡携手共建社会主义精神文明活动。2005 年 1 月，与毛主席纪念堂管理局结对。毛主席纪念堂管理局经常组织人员到村参观，进行爱国主义活动，赠送家具、地毯、建材等物。2007 年，与区供电局结对。2008 年，与该村结对的区供电局与村携手参加“潭柘歌星大赛”，夺得好成绩，并到村开展“优质服务百姓攻坚，情系万家电暖京城”活动。2008 年，与驻京爱国卫生单位——中国石油天然气集团和北京科学院结对。2009 年，与东城区东直门街道办事处结对，2015 年 4 月，与石景山区运输管理分局结对。东直门街道办事处、石景山区运输管理分局在村内开辟绿化基地，经常前来植树、护理树木。双方开展携手共建社会主义新农村和社会主义精神文明活动。

精神文明教育

活动引领　改革开放以前，赵家台村经常开展“五讲（讲文明、讲礼貌、讲卫生、讲秩序、讲道德）、四美（心灵美、语言美、行为美、环境美）、三热爱，（热爱祖国、热爱社会主义、热爱中国共产党）”教育活动。改革开放以后，赵家台村的各项精神文明教育活动更加深入、广泛。

正面学习　1996年,村党支部学习修改后的《首都市民文明公约》《首都市民文明守则》。2001年，学习中央文明委下发的《公民道德整改实施纲要》。2006年，学习党中央提出的社会主义荣辱观。2003年，组队参加全镇“实践‘三个代表’，做健康文明北京人”知识竞赛，获优秀奖。2004年参与全镇“公民道德宣传日”活动。2006年1月，接待首都文明办领导到村考察创建首都文明村情况。2008年，配合迎接北京奥运会，多次对民俗旅游户进行接待礼仪等各种文明礼仪培训。2008年，进行“迎讲树”（迎奥运、讲文明、树新风）教育。2009年6月19日，开展“讲文明话、做文明事、当文明人”系列活动。2010年，进行社会主义核心价值观和北京精神学习教育。2019年至2021年,连续开展“共建我家园，文明天天见”“礼让人人赞、文明天天见”“垃圾随手捡、文明天天见”“创城作贡献，文明天天见”“战役筑防线，文明天天见”等系列活动。2020年，学习《北京市文明行为促进条例》。2021年12月13日，开展“勿忘国耻·铭记历史”国家公祭日纪念活动。上午10点钟，党员干部为南京大屠杀死难者默哀一分钟，随后观看南京大屠杀纪录片，并重温入党誓词。

图5-6　赵家台村党支部“勿忘国耻、铭记历史”国家公祭日主题党日活动（2012年12月13日摄）

环境熏陶　赵家台村迁入新村以后，不断打造以社会主义文明道德为核心内容的环境氛围，赵家台村是全区唯一每户有永久性凹刻、木质大门楹联牌，每个党员户都确立、上墙并践行家风家训的村。

典型带动 20世纪80年代起，赵家台村通过文明创建与教育，不断推出精神文明建设的先进家庭及个人，其中2010年至2012年，全村有4名村民当选为“北京市孝星”，对全村精神文明建设起到推动、带动作用。

第六章　村政　村务

1946 年，赵家台村在成立党组织的同时，也成立起红色村政权，第一任村长是刘福堂。以后赵家台村政权经历过生产大队、革命委员会、村民委员会的变迁，历经 12 届村民委员会。2021 年，组建赵家台村第十二届村民委员会。

赵家台村坚持维护、服从村党支部的统一领导。多年以来，特别是改革开放以来，围绕社会主义新农村建设这个总目标、总任务，充分发挥其职能作用，努力发展经济，抓好村政基础设施建设，实施依法治村、科技兴村战略，推进城镇化农村的社区化管理，确保村内和谐稳定，扩大保证村民就业及福利事业等，取得一系列工作成就，推动社会主义新农村建设不断深入、健康发展，获得众多市、区、镇级村务工作先进荣誉称号。

第一节　组织管理

1939 年至 1946 年，赵家台村实行“保甲制”，全村户设户长，十户为一甲，设甲长；十甲为一保，设保长。保长和甲长的办公地点一般都设在自己家中，村内没有公所。

1946年，随着中共党组织的建立，赵家台村建立起由刘福堂任第一任村长、孙天奉任副村长的红色村政权。1958年，人民公社成立以后，村改生产大队，内设大队管理委员会，下设2个生产队，孙小群任第一任大队长。先后担任大队长的还有陈天柱、孙永恒、刘彦生、李长荣等。“文化大革命”期间，大队管理委员会被解散，改建革命委员会，村民孙永芳、刘彦生先后任革命委员会主任，“文化大革命”结束后又恢复为生产大队。1984年，人民公社改乡，生产大队改为村民委员会。1986年，孙小群任村民委员会主任。1989年赵家台村村民委员会换届选举，李长荣任第一届村民委员会主任。2021年3月13日，组建第十二届村民委员会至今。

1989年11月，为推进党政分开、政企分开，进一步适应发展社会主义市场经济的需要，村里成立经济合作社，李长荣为第一任社长。经济合作社的主要职责是以自主经营、独立核算、自负盈亏的方式经营村域集体经济。从此，赵家台村形成由党支部统一领导下的党支部、村委会、经济合作社各负其责又相互配合的党务、村务管理体系，亦称“三驾马车”。2010年，赵家台村实施集体经济产权制度改革，成立股份经济合作社，对集体资产实行股份制管理。

2011年，赵家台村按照上级关于建立村务监督委员会的精神，选举产生村务监督委员会，由刘斌任主任，以后随村民委员会换届而换届。其主要职责是监督、督促“两委”班子立党为公、执政为民，实行民主管理，依法正确决策，维护村集体和村民的根本利益。主要任务有督促村务公开；利用列席“两委”班子重要会议等方式参与村务管理；利用每月20日检查审核村集体每月收入单据等方式，监督促使“两委”干部正确、合法理财，为民理财，并随时对村“两委”其他工作进行质询、监督等。2013年，村务监督委员会列席村内“两委”重要会议18次。

20 世纪 70 年代，先后有 5 批城市知识青年到赵家台村插队务农。村委会为他们配备集体宿舍和专门食堂，知青每天与村民一起下田劳动，挣工分，参加村内一切活动。表现与能力突出的还被分配做一些村务工作，或被村小学聘请当辅导员。其中，1973 年共到村知识青年 19 人。

2006 年，赵家台村开始接收大学生村官到村工作。至 2015 年，共有 8 名大学生村官到村担任党支部书记助理、村委会主任助理。2011 年、2013 年，先后有 2 名大学生村官任村团支部书记。自 2008 年始，大学生村官一直负责《赵家台村报》的编辑工作。村“两委”不仅注重对村官的使用和重用，也注重对他们的管理、教育及生活上的关心。村内经常组织他们参加全镇开展的“如何当好村官”的研讨及交流会，先后有 7 人次撰写 10 篇相关体会文章，得到重视与好评。2006 年、2007 年，时任村党支部书记的孙继青，连续被评为区级“大学生村官工作先进个人”。

1986 年至 2021 年赵家台村历任村委会主任一览表

表 6-1

姓名	届次	任职时间	姓名	届次	任职时间
孙小群		1986 年	刘　斌	第七届	2007 年
李长荣	第一届	1989 年	孙继青	第八届	2010 年
孙小群	第二届	1992 年	刘忠英	第九届	2013 年
王小宏	第三届	1995 年	刘忠英	第十届	2016 年
孙继青	第四届	1998 年	刘忠英	第十一届	2019 年
孙占东	第五届	2001 年	刘忠英	第十二届	2021 年
孙占东	第六届	2004 年			

第二节　村政　事务

经济建设

2004年以前，赵家台村以发展叶蜡石、煤炭等矿山产业为主导产业，使该村的叶蜡石开采、加工企业成为镇、区知名企业，甚至在北京市同类企业中都占有领先地位。2004年以后，赵家台村以发展民俗旅游业为主导产业，并大力发展紫石系列工艺品、手工编织品等旅游产品，使该村成为北京市级知名民俗旅游村。赵家台村的农、林、牧、运、商各业也不断发展，粮食最高年产量达到过近18万斤，阳台芽菜种植成为全区典型，干鲜果品年产量达到过8万斤，猪、羊、鸡、蜂的养殖也达到过一定规模。改革开放以来，赵家台村经济总收入在多数年份处于全镇各村的前列，农民人均年收入一直处于全镇各村前列。2000年至2001年，连续被评为镇"经济强村"。2002年，被评为全区9个"小康示范村"之一。2006年，被评为区"生产发展先进村"。2007年至2008年，连续被评为区"农民致富先进村"。

基础设施建设

1958年开始，赵家台村先后修筑多条老村及新村公路和街坊路，极大方便村民出行及经济的发展。2000年开始，用8年时间建起赵家台新村住宅楼及成套服务设施，赵家台村成为当时全区第一个农民住上别墅式住宅楼的村。2004年开始，不断实施村容村貌的硬化、绿化、美化、亮化工程，先后在新村大街设置太阳能路灯，修建起街巷花坛、花池，栽种月季、牡丹等观赏花草，在村西脏乱荒地上建起5000余平方米新村公园，不断实施楼顶防晒、外墙保温、下水管道维修、煤改电等村庄升级改造工程，以及互联网、有线电视、天然气入户工程，使村

图 6-1　新村街巷花坛（2021 年 5 月 18 日摄）

民生活更方便、舒心。2006 年，赵家台村被评为“北京郊区生态文明村”。2011 年、2012 年，赵家台村连续被评为“首都绿色村庄”。2014 年，被北京市农委、北京市旅游局、北京市文化局、北京市园林绿化局、首都文明办共同评为“北京最美农村”。2017 年 11 月，国家环保局领导到村视察煤改电工程，给予很高评价。2020 年，赵家台村成功实现“北京美丽乡村”验收达标，同年，协助潭柘寺政府编制完成新的《赵家台村村庄规划和美丽乡村实施方案》，推动设施环境建设更持续深入发展。2022 年 2 月 16 日，《京西时报》对赵家台村天然气入户情况作了全面报道。2022 年，赵家台村成为全区推荐的新一届 6 个“北京最美农村”之一。

以法治村

普及法律知识及健全规章制度　2000 年以后，赵家台村“两委”利用党员学习日、普法宣传日、专题宣讲活动以及《赵家台村报》、文化宣传图窗、村图书室等多条渠道、多种方式宣传普及各种法律法规知识。村图书室备有各种法律书籍，供村民随时阅读。2005 年，村委会组织人员参加全镇劳动保障法规宣传日、兵役法规宣传日、交通法规宣传日、“四五”普法宣传日活动。2006 年，村“两委”班子参加镇信访条例培训、全镇法律知识竞赛。2008 年 4 月，进行“人文奥运，法制宣传”大型活动。2018 年，参加全镇“法治文艺大赛”，获二等奖。2019 年 4 月 15 日，开展国家安全教育日线上知识竞答活动。2021 年 7 月 4 日，开展《中华人民共和国民法典》宣传日活动，共发放宣传材料 60 余份，观看 50 分钟《中华人民共和国民法典》宣传视频。

依法建立、健全各项规章制度，主要有《赵家台村村民代表会议制度》《赵家台村印章管理制度》《赵家台村办公室规章制度》《赵家台村档案管理制度》《赵家台村财务管理制度》《赵家台村车务管理制度》《赵家台村环境大气治理惩罚制度》《赵家台村“门前三包”制度》《赵家台村节水制度》等数十项规章制度。赵家台村根据形势的发展变化和不同时期中心工作的需要，注重对村内制度的扬弃、修正、补充和完善，确保其符合实际，符合国家及区镇政府的有关法规，永葆生命力。2017 年，集中对村内各项规章制度进行清理，共废止 1 项，新定 2 项，整合完善若干项。法律知识的普及、各项规章制度的健全，使村集体的所有工作都依法、按规办事，特别是依法纳税。20 世纪 70 年代，赵家台村向国家年纳税 1 万余元，人均 300 余元。20 世纪 80 年代以后增加至三四万元，人均 400 余元，为全镇之首。2002 年，赵家台村被评为镇“经济纳税强村”。广大村民自觉做到知法、懂法、守法。2014 年，赵家台村被评为“北京市民主法治示范村”。2019 年，被评为镇“无传销社区（村）”。

村民代表大会及户代表会　1989 年，赵家台村成立全村行政的最高权力机构——村民代表大会，由 20 ~ 30 人组成。自 1999 年起，赵家台村每年 1 月和 7 月举办两次民主活动日，在每一个民主活动日上，村“两委”都要向村民代表报告工作，接收审议。平时村内遇有重大事项、重大工程、重大开支，都必须交由村民代表大会审议通过。1990 年至 2016 年，由村民代表大会审议通过老村搬迁、承包土地收归集体经营、建立核桃生态观光园、产业结构转型、开发紫石工艺品、发展阳台经济、打深水井、购买公用汽车等众多大事要项。2017 年至 2021 年，共召开村民代表大会 10 余次，就煤改电、制作木制楹联大门牌、修改《赵家台村村规民约》、天然气入户、整修古地道等重大事项进行审议通过。赵家台村还制定实施户代表会制度。遇有需要广泛讨论决定的大事，经常召开户代表会议，会议内容主要是如实通报情况、广泛征求意见，以统一认识，沟通民意。

村民自治章程及村规民约　20 世纪 80 年代建立村民委员会后，即制定实施有《赵家台村村民自治章程》。2021 年，再次修订《赵家台村村民自治章程》，该章程共有 14 条，涵盖民主管理、遵纪守法、爱护公物、热爱祖国、践行中华传统美德、反对封建迷信等众多内容，以此促使大家遵守国家、政府的法律法规和本村的各项规章制度，自觉践行社会主义核心价值观，依法规范村民的言论和行动。

早在 1996 年，赵家台村制定《赵家台村村规民约》，一共有 7 款 10 余条，依法依规对计划生育、社会治安、安全用电、爱护公物、保护林木绿地、防火防盗等方面提出要求和约定。2014 年、2019 年、2021 年，又先后对村规民约进行修正、补充，使之更完善、全面。2017 年，全村每个党员户都制定出“家风家训”条款，并悬挂在本户大门口。形成“村有自治章程，民有村规民约，户有家风家训”的立体化、全方位村民自治、自律机制。2019 年，村“两委”在有关专家指导下，进一步确立了村务管理中实行“自治、法治、德治相结合”的方针与举措。

成立治保委员会和民调委员会　1962 年，赵家台村成立治保委员会，王春明、刘正强、孙继青等先后担任治保主任，其主要职责是维护村庄的社会治安，防止发生刑事案件和社会治安事件。几十年来，村治保委员会发挥着应有作用，最大限度地减少小偷小摸、入室盗窃、打架斗殴、毁坏公物、破坏林木等案件发生。2002 年，赵家台村被评为区级“先进治保会”。2004 年、2006 年，均被评为北京市级“先进治保会”。1984 年至 2005 年，共有 6 人次获北京市级和门头沟区级“先进治保积极分子”称号。

1993年，赵家台村根据门头沟区政府转发区司法局《关于开展建设标准化调委会活动请示的通知》精神，成立标准化人民调解委员会。标准化人民调解委员会认真负责、积极工作，努力使家庭矛盾、社会矛盾得以公平调节，做到不扩大、不激化。2000年以后，又配合法院系统建立健全“赵家台村党群司法服务站”，意在强化对民调工作的党建引领，使村内矛盾纠纷在不扩大、不激化的基础上进一步做到“小事不出村，大事不出镇，矛盾不上交，就地化解”，不断加大民调工作的力度、深度和质量。2019年8月，区法院领导对赵家台村党群司法服务站工作进行调研，给予很高评价。2013年，赵家台村被评为“北京市规范化人民调解委员会”“门头沟区人民调解委员会示范单位”。

依法推进社区化管理

2014年，赵家台村被门头沟区确立为“农村社区化管理试点村”，主要任务是把已居住楼房化、村民由农民转化为居民的村庄，由旧式农村式管理模式转变为城镇社区式管理模式，为此村“两委”积极探索依法依规进行社区化管理的路线。同年，建立健全社区化管理机构，成立村级物业管理公司，对物业实行企业化管理；成立社区服务站、村医务室、图书室、温馨超市、慈善超市、村办饭店等，建立完善服务体系。2015年吸引中国邮政储蓄银行潭柘寺营业所落户赵家台，不断建立完善“便民一刻钟服务圈”；制定完善相

图6-2　便民服务站（2021年7月27日摄）

关制度，把社区化管理纳入制度化、规范化轨道，特别是运用宣传教育与制定村规民约相结合的方式不断教育，促使村民在住宅楼房化、生活城镇化条件下，致力改变农民固有的小农式生活观念和生活习惯。2017年，开展村庄社区化管理宣讲活动。2019年12月4日，举办“弘扬宪法精神，推进村庄社区化治理体系、治理能力现代化”主题宣传活动，发放相关宣传材料和《致村民一封信》，并进行现场咨询活动。从而使村民在旧式农村生活中形成的一些生活陋习，不断被抛弃，现代化、社区化生活理念日渐深入养成，成为村民的自觉行动，村民不断实现由小农经济的农民向现代新型农民的转变。2014年11月28日，市区社会工委领导到村检查验收社区化管理试点工作，高度评价该村的社区化管理“比北京市一些社区还好”。2015年前后，该村在门头沟区社会组织等级评定中，被评为“AAA等级”，并多次获门头沟区社区化管理资金奖励。

平安建设

连民心恳谈室　2006年以后，在村委会设立连民心恳谈室，并制定《赵家台村连民心恳谈室接待制度》《赵家台村连民心恳谈室定期联系制度》等系列规章制度。坚持定时开放，村干部专门接待，村民有什么苦衷、怨气、烦恼、诉求都可以去诉说，村里尽量帮助化解和解决，以理顺民心、平息怨气、化解矛盾，把矛盾解决在基层，解决在萌芽状态。连民心恳谈室为村民办了很多实事，真正成为村民的连心室、贴心处，确保了村内政治稳定和社会安定和谐。

平安创建　2007年，门头沟区委、区政府制定下发《关于进一步深入开展平安建设的意见》，其重要内容之一，就是开展平安创建活动，赵家台村被确定为全区“社会主义新农村平安创建活动”的试点单位。以此为契机，赵家台村加大平安创建力度，先后建立起村警务室，内装电子监控设备，对村内情况进行全天候监控；村口设立治安岗亭，设有电动栏杆，对进出的陌生车辆和行人进行盘查；全村关键部位安装摄像头，民俗旅游户家中配备身份证识别器，实现了科技保安；村里成立“护村队”“治安巡逻队”“治安志愿队”“流动人口管理站”，做到队伍健全、活动经常；全村广泛开展“平安家庭”创建活动。2008年，全村涌现出北京市“平安家庭创建先进个人”1名，北京市级“平安家庭”1户，做到维护平安，全员参与；赵家台村特别注重做好重要节点、重大国事活动、传统节日期间的安保工作。2009年，被评为“首都平安示范村”“国庆安保工作先进集体”。2013年至2016年，被评为“门头沟区平安建设先进集体”。

福利事业

自1956年合作化以后，村中就建立实行“五保户”制度、“优属抚恤”制度、困难救助制度等。改革开放前，实行向村民廉价供应燃煤制度。进入90年代以后，随着集体经济的不断发展和社会进步，村里逐步建立起覆盖全体村民的、内容更加广泛的福利制度。享受福利的人员涵盖普通村民、老年人、残疾人、妇女、学生等各类人群。福利的具体内容涉及养老、医疗、工伤、生育、住房、助学、助残、节日补贴、社会保险、困难救助等各个方面。

赵家台村的村民福利事业，有一个随着经济、社会事业的发展而不断提高、扩大的过程。其中，60岁以上的老年人每人每月养老金数额，经历过20元—120元—200元—260元（80岁以上300元）—280元（80岁以上320元）的发展过程；每位村民的新型农村合作医疗补贴金额经历过70元—130元—200元的增长过程。该村的福利支出，每年都达100余万元，占全村总支出的30%左右。其中，2007年140万元，2015年89万元，2016年160万元，2017年110万元，2018年104万元，2019年140万元。

赵家台村对60岁以上老人和残疾人给予特殊关爱，成为享受福利的重点人群、必保群体。1999 年、2005 年，赵家台村先后评为北京市级和门头沟区级“敬老先进单位（村）”。2013 年，被评为“北京市扶贫助残基地”。

2021 年赵家台村村民福利项目一览表

表 6–2

<table>
<tr><th>福利项目</th><th>金额</th><th>单位</th></tr>
<tr><td>60 岁以上老人养老金</td><td>280</td><td>元 /（人 · 月）</td></tr>
<tr><td>80 岁以上老人养老金</td><td>320</td><td>元 /（人 · 月）</td></tr>
<tr><td>春节过节补贴
（另每户发面、油）</td><td>2000</td><td>元 /（户 · 年）</td></tr>
<tr><td>中秋节补贴</td><td>500</td><td>元 /（户 · 年）</td></tr>
<tr><td>重阳节老人慰问金</td><td>400</td><td>元 /（户 · 年）</td></tr>
<tr><td>“七一”老党员慰问金</td><td rowspan="2">100</td><td>元 /（户 · 年）</td></tr>
<tr><td>困难党员救助</td><td>元 /（户 · 年）</td></tr>
<tr><td>本村考上本科以上大学生奖励金</td><td>1000</td><td>一次性</td></tr>
<tr><td>老年人、残疾人购物券</td><td>400</td><td>元 /（户 · 年）</td></tr>
<tr><td>新型农村合作医疗保险</td><td>200</td><td>元 /（户 · 年）</td></tr>
<tr><td>取暖、供水、供电等各种补贴</td><td rowspan="4">200</td><td>元 /（户 · 年）</td></tr>
<tr><td>无偿发放特种种植基地作物</td><td>元 /（户 · 年）</td></tr>
<tr><td>环保、节水等奖励</td><td>临时</td></tr>
<tr><td>符合条件老人免费住老年公寓</td><td>长年</td></tr>
</table>

村民就业

在中华人民共和国成立初期，赵家台村村民主要以自营土地等为生。合作化至改革开放以前，村民主要通过在集体经济中上工实现就业，那时讲究的是“挣工分吃饭”“人人有活干，人人有饭吃”。改革开放以后，村里实施“农林牧副游、工商建运服”多业发展，使村民通过多种渠道实现越来越广泛的就业。其中，村集体兴办集体企业，不断吸纳村民就业；村里强化对村民，特别是妇女、残疾人的技能培训，使他（她）们不断扩大就业门路，实现自主就业；根据建设社会主义新农村的需要，村内设立护林员、保洁员等岗位，安排村民就业，实现政策帮扶就业等。

1973 年至 2021 年部分年份赵家台村村民就业情况统计表

表 6–3

年份	就业领域	吸纳劳动力数
1973	村办煤窑	50 人
1984	叶蜡石制品厂	19 人
2006	核桃观光生态园	13 人
2009	紫石产品合作经济组织	40 人
2010	护林员	12 人
2012	护林、保洁、治安等	10 余人
2014	家庭芽菜种植	90 户
2015	民俗旅游	91 户
2021	民俗旅游散客接待	50 余户

2003 年赵家台村 18 ~ 40 岁青年就业情况统计表

表 6-4　　　　单位：人

性别	就业青年数	镇内就业					外出就业					
							区内			区外		
		服务业	交通运输业	乡镇企业	个体工商业	其他	个体经营	技术型	劳动力型	个体经营	技术型	劳动力型
男	65	1	7	36	2	1	3	4	3	1	3	4
女	39	1	0	9	1	0	2	6	9	1	3	7
合计	104	2	7	45	3	1	5	10	12	2	6	11

2014 年，为切实做好村民就业工作，赵家台村成立“社区服务站”和“便民服务站”，重要任务之一是负责劳动就业和社会保障，特别对不能就业的困难人员实行人性化、个性化的就业服务和就业援助。同年，全村被认定为就业困难者 30 人，经就业援助后实现就业 25 人。全村就业率达到 92%，对失业、无业人员再就业测评的满意度达 95% 以上。2014 年 11 月 16 日，北京市及门头沟区社会保障和劳动就业部门有关领导到赵家台村检查村民就业情况，给予高度评价，指出该村“办企业促进就业，政策扶贫帮助就业，加强培训自主就业”的路子正确，工作到位。2014 年、2015 年，赵家台村连续获潭柘寺镇“充分就业村”称号。

档案工作

赵家台村建立村民委员会以后，十分重视档案工作，2003 年，进一步对村档案进行规范化管理。村里建立起档案库，购进铁制档案柜、档案架，配备 1 名档案专门管理人员，制定严格的档案管理制度。对每年的重要档案资料都能做到及时归档，规范整理、严格保管，做到安全充分使用。截至 2021 年，仅 2016 年至 2020 年的党务、村务档案就有 77 卷、近万页，成为全镇乃至全区农村档案管理规范的村庄之一。

图 6–3　赵家台村档案室（2021 年摄）

防灾减灾

防汛　中华人民共和国成立后，赵家台村每年汛期发放宣传材料，召开会议，加大对村民安全度汛的宣传教育力度，提高村民的安全度汛意识，使村民及时了解避险信号、路线、转移地点，做好险户转移工作。2006 年 6 月 21 日，潭柘寺镇在赵家台村进行防汛演习，共出动抢险队员 94 名、车辆 11 部，安全转移群众 54 名。2007 年，赵家台成立防汛指挥部。老村总指挥由村委会刘斌担任，分 2 个防汛小组，每个小组 6 人组成，2 个小组轮流值班，每天做好监测工作。新村总指挥由刘彦生担任，成立 1 个值班小组。汛期遇有中到大雨，出现险情，避险信号以喇叭广播和敲锣为号，按照党员、干部包户的方案，与镇政府相互合作，把危险群众迅速转移到安全地带，安排好村民的饮食、住宿和日常生活。

在汛期，村里有 3 辆机动车辆，随时准备，听从总指挥的调遣。村卫生所负责汛期医疗卫生工作，备齐药品及必要设备，由刘彦聪负责。村防汛指挥部密切关注村域内雨情、水情、汛情、险情、灾情，随时向镇防汛指挥部报告汛情和所采取的应急措施。2012 年 7 月 21 日特大暴雨后，赵家台村加强各方面的防汛工作，及时统计上报村内的受灾信息，对救灾过程中出现的问题进行总结，成立赵家台村防汛领导小组，成立由 50 人组成的抢险队，实行汛期党员、村干部包户制度。

防火　赵家台村一贯重视护林防火工作，实行预防为主，扑救为辅，积极消灭的方针，2012 年，安排护林员 10 余人，做到有备无患。同年，村委会要求一旦火情发生，在潭柘寺镇护林防火指挥部的领导下，调动村内各单位的骨干力量，无条件服从镇、村防火指挥部的指挥，及时组织车辆、人员赶赴火场扑救，做到打早、打少、打了。赵家台村防火措施为：一是全村为一个防火灭火区，以发生山火的地点，并根据火情，组织调动扑火力量。叶蜡石矿和叶蜡石一分矿准备班车 1 辆，扑火人员 30 名。鑫磊叶蜡石矿、村后勤扑火人员 25 人，村委会准备班车 2 辆。二是火灾发生后，各单位要做到指挥有序，协调一致，顾全大局，做到组织落实，任务落实，工具、人员、车辆落实。人员车辆的组织，由村主要领导和各单位一把手负责。现场指挥由村防火总指挥负责。三是根据火情和现场的实际情况，人员救护由村里安排解决，由村医刘彦聪负责，维护火场治安由陈俊生负责。扑火结束后，由村和各单位派出足够人员看守，消灭余火。因防火工作得力，赵家台村被门头沟区森林防火指挥部评为 2005 年度、2015 年度森林防火工作先进单位。

赵家台村村委会经常组织家庭防火学习、培训活动，提高村民的防火意识和技能。2012 年 9 月 20 日，村委会组织村民参加潭柘寺镇出租房屋消防安全培训会，学习消防安全相关知识。年内，不断加大防火工作力度，添置灭火器、消防栓等设备。2017 年 6 月 7 日，赵家台村职康站参加镇敬老院组织的消防培训，并进行消防演练，提高消防技能。

电动自行车以其经济便利的特性，逐渐成为村民出行的主要交通工具之一。但在方便生活的同时，其引发的火灾事故时有发生2021年10月，门头沟区印发《电动自行车领域安全整治工作方案》，赵家台村确定专人负责，成立工作专班，对各家各户的电动自行车数量进行摸排，对全村51辆二至三轮电动车进行实名登记，开展“一车一室一承诺”活动，逐车张贴电动自行车宣传帖，与44名电动车使用人签订承诺书。制定具体的规定要求，包括不得私拉电线为电动汽车、电动自行车、电动摩托车和电动三轮车在家充电；要选购已获得生产许可证厂家生产的车辆、电池，电池充电随用随充，不超压，不超流，不超时；要到正规和维修点对车辆电池维护保养，主动淘汰达到使用寿命的电池及车辆。同时，村内安装充电桩7个，全面提升全村的电动车治理工作。

2019年2月17日，赵家台村开展烟花爆竹禁放值守实战演练活动，加强村域管控，收到良好效果。2010年，赵家台村继续实行烟花禁放，加强巡查管控。2021年10月22日，为维护全区公共安全和人民群众的人身、财产安全，严防因燃放烟花爆竹引发各类安全事故，为人民群众创造良好的生产、生活环境，依据相关法律法规，门头沟区人民政府发布关于门头沟行政区域内禁止燃放烟花爆竹的通告。通告规定：门头沟区行政区域内全年禁放烟花爆竹，对发生的违反此规定的行为，公安机关将依据相关法律法规予以处理。2021年12月，赵家台村根据门头沟区、潭柘寺镇关于禁止燃放烟花爆竹相关规定和要求，确定专人负责，党员签订烟花禁放责任书。在村内安装“全域禁放，人人有责”烟花禁放宣传牌，开展入户宣传工作，发放“致村民的一封信”，用通俗易懂的话语和贴近生活的实例，强化村民的禁放意识，促进村民共同参与支持禁放工作，倡导文明新风。年末，赵家台村开展禁放烟花爆竹新时代文明实践主题推动日活动。宣传禁放烟花爆竹的相关法律法规，倡导党员带动禁放。利用红色广播站、LED 屏等形式广泛宣传，利用网络微信向村民发出倡议，动员群众自觉遵守禁放规定，倡导村民用电子爆竹、喜庆音乐等方式庆贺佳节，共同创造安全、环保的生活环境。

安全生产　赵家台村在开办煤窑、叶蜡石矿期间，或进行新农村建设重大工程建设的时候，都建立起安全生产组织机构，建有严格、科学的安全生产制度与规范，定期自行或协同市、区、镇有关部门进行安全生产检查，发现问题、认真整改。2004 年，协同国家安全生产监督管理总局对村煤窑进行安全检查，受到好评。注重农机的及时维护、正确操作和安全使用，2009 年，被评为北京市级“平安农机示范村”。2016 年 8 月 6 日，协同镇有关部门对叶蜡石矿（制品厂）进行安全检查，对发现的 5 处安全隐患全部及时整改。该村也出现过一些安全生产事故，均依法进行了妥善处理。

第七章　群团组织

1946 年，赵家台村在建立红色村政权和党组织的同时，也逐步建立起共青团、妇联等各种群团组织。1964 年，在社会主义教育运动中成立“贫下中农协会”。2004 年，成立村残疾人协会。

多年以来，赵家台村的共青团、妇联、残疾人协会，在村“两委”的领导、指导下，各负其责、各司其职、各尽所能，发挥着应有作用。促进了赵家台村的中心工作，为赵家台村的社会主义新农村建设做出贡献，先后获得多项市区镇级先进荣誉称号。

第一节　团组织

组织机构

1952 年，赵家台村成立团支部，其主要职能是当好党组织助手和党员队伍的后备军，发动组织青年团员积极投入本村各项工作。1958 年以前归京西矿区团委领导，1958 年以后归门头沟区团委领导。2011 年前，先后由刘正强、孙继春、孙永芳、陈天柱、谭玉萍、孙永泉、刘彦荣、刘斌、孙继海、孙月彪任村团支部书记。2011 年以后，先后由大学生村官李海灵、刘佳任团支部书记。2003 年以后，该村共有青年 100 余人，其中共青团员 40 余名。2021 年，赵家台村有共青团员 25 名。

主要工作

20 世纪 50 年代至 60 年代，赵家台村团支部带领共青团员和青年开展劳动竞赛、为困难户帮忙，组织文艺演出等。80 年代至 90 年代，全村团员也投身于改革开放的洪流之中，先后参加区、镇团组织开展的“做新长征突击手”行动，“寻先烈足迹，点信念火炬，建理想丰碑”——向曹殿忠烈士学习活动，“争夺绿化杯”竞赛活动等。1990 年，赵家台村团支部被评为潭柘寺乡先进团支部，孙月彪当选为乡先进团支部书记。

2000年后，赵家台村团支部团员强化发展工作以及团组织特色活动。2000 年至 2002 年，新发展团员 8 名，共有 2 名团员发展为正式党员。2002 年，开展青年志愿服务行动，为军属打扫卫生。2003 年，组织团员参加全镇“贯彻党的十六大精神，歌颂小城镇建设”文艺演出。同年 5 月 1 日，组建“青年防控非典消毒小组”，并开展“青年绿化街容村貌”活动。同年 6 月 10 日，组织团员进行防“非典”宣传，发放宣传材料 150 份，张贴宣传画 30 张。2004 年，实施“山区青年致富工程”，参与全区“农村青年创业致富带头人”评选活动，经推荐、评比，孙继青当选为门头沟区“优秀创业青年”。2006 年，组织团员参加全区团员诗歌朗诵，派出的选手经激烈角逐进入决赛。2008 年，组织团员参加区团委举办的“迎奥运农村青年中式面点技能比赛”，获三等奖。2009 年 6 月，团支部组队参加潭柘寺镇拔河比赛。同年，参加镇举办的“奥运我体验——乒乓球团体赛”，取得好成绩。2009 年，赵家台村的潭柘紫石文化产品开发经济合作社，被团中央确定为“全国农村青年经济合作组织团建试点单位”。2011 年，贯彻《中华人民共和国未成年人保护法》，开展未成年人维权活动。

2000 年至 2002 年赵家台村团组织状况统计表

表 7-1　　单位：人

性别	青年数	外出青年数	共青团员数	流动共青团员数	发展共青团员数			近三年发展青年党员数
					2000 年	2001 年	2002 年	
男	63	27	22	21	1	1	2	2
女	41	32	17	15	1	2	1	—
合计	104	59	39	36	2	3	3	2

说明：表内“—”代表无统计数据

2011 年以后，由大学生村官担任团支部书记，团支部工作更加活跃与深化。团支部经常对团员进行实用英语、接待礼仪、烹饪、美容美发、电脑、阳台种植、紫石雕刻等技术培训，意在提高他们的生产技术水平和就业能力，在发展民俗旅游业和社会主义新农村建设中发挥更大的作用。全村 18 ~ 35 岁的青年人有 104 人，全部实现了就业，就业率达到 100%，其中村紫石文化产品发展开发项目全部以青年团员为主。2011 年 5 月 19 日，西城区团委一行 30 余人，到村学习考察青年人就业、创业经验，并实地考察村紫石文化产品开发经济合作社，反应良好。同时，团的思想组织建设进一步得以完善和强化，新成立的紫石文化开发有限公司建立起团支部，并与村团支部共同开展活动。按照上级部署，全力实施党建带团建工程，制定《赵家台村党建带团建工作意见》，明确提出 2 条工作要求、3 条工作任务，切实用党建带动共青团的思想建设、组织建设、作风建设、民主政治建设。团支部认真发现、培养、推荐在生产和工作一线做出显著成绩的优秀团员为党的发展对象，提高了团组织的影响力、凝聚力。对全村的流动团员，则参照流动党员的管理方法进行管理。2012 年，该村团支部获门头沟区“五四红旗团支部”称号。2014 年，时任村团支部书记的大学生村官刘佳，获“门头沟区优秀社会治安志愿者”称号。2017 年，协助镇团委对三户低保家庭儿童进行节日慰问，以深化少年儿童权益保护工作。2018 年，开展在职团员回村报到工作，并多次随回村报到的党员一起开展活动。2019 年以后，发动团员参与垃圾分类管理、防控新冠疫情等工作。

第二节　妇联

组织机构

1946 年，赵家台村成立妇女组织，先后担任妇联主任的有刘秀英、谭桂芳、孙桂蓉、刘廷兰、孙天秀、谭玉萍、孙月兰、安永芝、纪桂珍、孙桂玲等。村妇联是赵家台村维护妇女儿童合法权益，发动、组织妇女参加各项村内工作，开展妇女特色活动，落实计划生育、优生优育政策，完成村“两委”交办的其他工作的群众组织。1952 年以前属北京市十六区妇联领导，1952 年以后属京西矿区妇联领导，1958 年以后属门头沟区妇联领导。现届妇联于 2021 年换届选举产生。

主要工作

维护妇女、儿童合法权益　20 世纪 50 年代，学习宣传《中华人民共和国婚姻法》，倡导自由恋爱，一夫一妻，反对父母包办等。倡导妇女解放，反对歧视妇女和实施家庭暴力。60 年代至 70 年代，批判破除“男尊女卑”“重男轻女”，倡导男女平等，同工同酬，相信男同志能办到的事女同志也一定能办到，妇女能顶半边天。改革开放后，村妇联妇女、儿童维权工作更加广泛深入，特别注重维权的法制建设和提高妇女儿童

的维权意识，引导妇女从被动维权向主动维权转变，从依靠外力维权向自我维权转变。村妇联切实抓好维权的法律宣传教育，2011年3月5日，参加全镇“妇女儿童权益保护法”知识竞赛。2015年至2020年，多次组织妇女学习有关维权的法律知识，加大妇女儿童维权的法律援助，并解决多起涉及妇女儿童维权的实际问题，使妇女在家庭、社会、党政群团组织中都享有平等地位和权益。

发动妇女参加各项工作　抗日战争、解放战争年代发动妇女投入做军鞋、护伤员、送情报等支前、拥军工作，并发动妇女参加民兵，送郎送子参军，积极参加土改。20世纪50年代合作化时期，发动妇女加入互助组、合作社，努力发展生产，增产增收，踊跃参加村办夜校，识字学文化。60年代至70年代，发动妇女走出家门，参加集体生产劳动，做新时代的穆桂英、花木兰、铁姑娘。改革开放以后，发动妇女解放思想、增加本领，巾帼创业。1989年，参加区镇开展的“勤俭致富百花奖”竞赛。为促使本村妇女巾帼创业，80年代以来，村妇联不断对妇女进行饮食制作、手工编织、芽菜种植、果树管理等方面的劳动技能培训。90年代，参加区镇开展的“三八绿色工程”，发动妇女绿化村庄，特别是带领妇女积极参加“巾帼立功”“女性岗位练兵”“争当女能手、女状元”等系列活动。2000年至2021年，多次参与区镇开展的“农家女致富擂台赛”等活动。通过村妇联的积极工作，赵家台村广大妇女在全村各项工作及建设事业中，确实发挥着不可替代的作用，真正顶起半边天。

开展特色活动　赵家台村各种群众性文化、体育队伍，均以妇女为主体和骨干力量，每年“三八”妇女节或其他节日以及村内外有重大活动期间，村妇联都组织妇女举办各种特色活动。2003年，每天晚上组织妇女和村民到村委会大院跳广场舞，参与者几十人，直到老村搬迁。2013年开始，组织百名妇女每天晚上分3个时段（7:00—7:30、7:30—8:00、8:00—8:30）跳扇子舞。

家庭建设　赵家台村妇联建立以后，特别是改革开放以后，始终坚持利用多种形式宣传、倡导孩子要孝敬、赡养父母，父母要教育、养育好孩子；夫妻应互敬互让，男女平等，反对家庭暴力；儿媳要孝敬公婆，妯娌应团结和谐等，全力建设良好家风，并用家庭新风带动健康向上的村风、民风。2010年至2011年，全村有4名村民获“北京市孝星”光荣称号。

图 7-1　2017年3月，赵家台村举办“三八节”趣味运动会（2017年3月8日摄）

村妇联建立以后，积极倡导自由恋爱、不要彩礼、婚事简办等新的家庭婚姻观。改革开放以后，破除“多儿多福”等旧观念，贯彻计划生育国策，做好计划生育宣传教育，抓好优生优育工作，落实各项计划生育政策，取得显著成绩。1992年至2012年，赵家台村有13年获得市级、区级、镇级计划生育先进称号。

赵家台村多年坚持开展的“五好家庭”“和谐家庭”“最美家庭”“平安家庭”“学习家庭”等创建活动均由村妇联主抓，并发动广大妇女积极参加，使全村得到上述荣誉称号的家庭有近百户次。2007年8月7日，北京市妇联主任一行，专就“妇女在和谐家庭创建活动中的作用”问题，到赵家台村调研，并到和谐家庭户中进行家访和做客，对赵家台村妇联的家庭建设工作给予充分肯定、高度评价。

第三节　残疾人组织

组织机构

2004年，赵家台村成立残疾人协会，建有各项管理制度和工作职责，由村“两委”直接领导，受区、镇残疾人联合会的统一管理和业务指导。赵家台村残疾人协会一般由村内优秀残疾人担任主席或副主席，2004年，由孙小君担任主席，代金华担任副主席。主要职能是维护残疾人合法权益，关爱残疾人的生活，反映他们的需求，组织开展各种有益活动等。本届残疾人协会于2021年8月6日产生。赵家台村持证残疾人2007年有15名，2008年有38名，2012年有56名，2021年有66名。

主要工作

残疾人就业　2006年以后，赵家台村残疾人协会协助村委会根据残疾人的意愿和身体状况，安排21名残疾人及家属到核桃观光生态园担当基地办公室执勤、仓库保管、基地看护、果树管理等工作；不能到企业工作的则分配他（她）们在村内负责清洁卫生、护林、巡村等力所能及的工作，每月工资数百元。对因身体状况不能就业工作的残疾人，村里发给基本生活费用。为帮助、促进残疾人就业，村残疾人协会每年都对他们进行劳动技能的培训。2009年7月，进行为期3天的民俗旅游知识培训。2010年，进行为期2天的如意球编织技术培训。2012年，对在核桃观光生态园一线工作的残疾人进行果树管理培训。至2022年，赵家台村有就业意愿与能力的残疾人90%以上都有了工作，实现了就业。2001年至2006年，赵家台村残疾人代金华连续被评为“门头沟区残疾人自强模范”。

残疾人救助　2004年以后，残疾人协会协助村有关人员及时为残疾人办理残疾证及残疾人应享受的国家低保、护理补贴、生活补贴等各种补贴手续，让他们及时充分享受国家对残疾人的关爱、救助政策。与此同时，村内自己还制定出系列扶助残疾人的政策，主要有各种生活补贴、节日慰问走访、家庭无障碍设施等。2005 年，特批失去丈夫、生活陷于困难的 1 名残疾人住进老年公寓，并安排就业，办理低保。2008 年，村里成立温馨超市后，每年为残疾人发 400 元购物券。2009 年 5 月，赵家台村被市残联定为“残疾人家庭无障碍改造示范村”。2013 年，与区残联领导一并慰问残疾家庭 2 户，每户救助 1200 元，当年，赵家台村被评为“北京市扶贫助残基地”。

残疾人文体活动　赵家台新村建成以后，村内建有残疾人活动室，内设棋牌、扑克、麻将等娱乐用品，残疾人经常到活动室进行娱乐。残疾人协会经常举办残疾人文体活动、外出旅游。在 2012 年 5 月 20 日，全国第 22 个助残日到北京海洋馆、植物园参观游览，2013 年到房山十渡、2014 年到白洋淀游玩。

残疾人康复　赵家台村残疾人协会成立以后，协助村委会为每位残疾人建立起“健康档案”，每年都定期为他们做健康体检，使残疾人精准治病、及时治病、预防疾病、维护健康。村里建立起残疾人活动室，内设功能齐全的先进康复器具，供他们每天进行康复锻炼，还经常请有关专家来村为残疾人传授康复知识，进行康复医疗等。2016 年 2 月，请某大医院耳科专家为残疾人传授

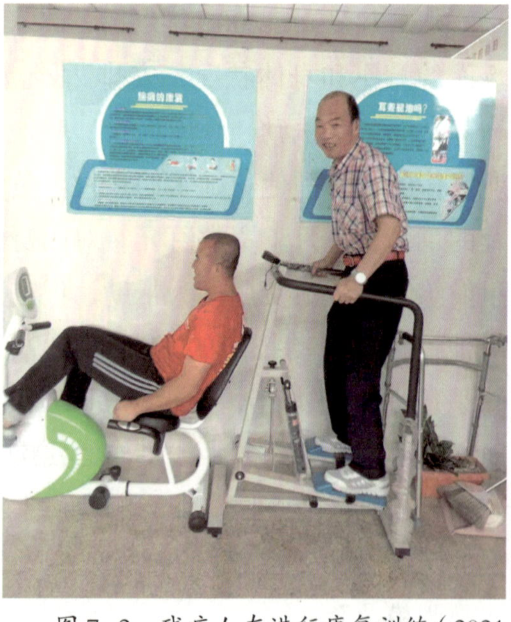

图 7-2　残疾人在进行康复训练（2021 年 12 月 4 日摄）

“安全用耳、保护听力”知识。2019年，协助区慈善超市到村举办“康复进农村，服务到家庭”活动，请有关专家为村内残疾人进行健康咨询，传授康复知识，进行康复按摩。村残疾人协会协助有关人员，及时帮助残疾人申请、领取区残联发放的轮椅等助残器具，及时做各种残疾康复手术等，千方百计提高残疾人的自理能力和生活质量。

温馨家园　2008年，村委会协助区残联投资380万元建1400平方米的温馨家园，又称“残疾人职康站”，为村内及周边村的残疾人提供集学习、工作、娱乐、康复训练于一体的正规场所。2008年至2014年，温馨家园入站人员30余人，2015年以后，温馨家园入站人员有50余人。在温馨家园常年开展劳动创收、康复讲座与训练、文体娱乐、技能培训、健康体检等活动，村里每天派车接送前来上班的外村学员。温馨家园内设有小厨房，为学员免费提供午餐，使赵家台村残疾人工作更加系统化、正规化、规范化。2012年，赵家台村温馨家园被评为“北京市优秀残疾人职业康复站”。

图7-3　温馨家园外景（2021年12月4日摄）

赵家台村的残疾人工作突出，市、区职能部门领导多次考察调研，众多兄弟单位前来参观学习。2010年，赵家台村被评为“门头沟区2006年—2010年度残疾人工作先进集体”。

第八章　军　事

赵家台村地处山区，地理位置偏僻，早年常有土匪袭扰。村中有与每家每户相连攻防兼备的地道，赵家台村民以此为依托，同土匪、侵华日军展开殊死斗争，成为坚不可摧的堡垒，有“铁打的赵家台”之说。在革命战争年代，赵家台村青年踊跃参军，有 5 人献出了宝贵的生命。中华人民共和国成立后，村民兵组织发挥革命战争年代的光荣传统，在革命和生产建设中发挥作用。赵家台村历来重视优属、抚恤、复退军人安置工作。

第一节　军事设施

古地道

赵家台村有一条贯通全村的古地道，建于何年不详，相传建于宋代。建村之初，古地道设有东、南、西、北 4 个出入口。依据地势，地道从坡下一层层一直通到坡上。地道入口处用街条石筑门，宽约 0.7 米，高约 1.5 米。入门是一个大洞，3 间房大小，圆拱形洞顶皆用石头砌筑，美观坚固。大洞里面套着小洞，通过小洞才能进入通往各家的地道。地

图 8-1　地道入口指示牌（2021 年 5 月 28 日摄）

图 8-2　古地道内结构（2021 年 5 月 28 日摄）

道入口狭窄，但里面不憋闷。主地道全长 1500 米，通往各户的地道分支共 300 余米，地道建在整个村庄的 10 余米地下，蜿蜒曲折盘旋贯通于全村各户，地道内或高或低，或宽或窄，或上或下，变幻莫测。在地道的拐弯儿处设有放置油灯的平台，在关键部位设有机关、陷阱，结构十分巧妙复杂。20 世纪 60 年代，赵家台村对地道进行整修，整修后地道内相隔不远设有枪眼，村上村下修了城堡，形成了完整的防御体系，保存基本完好。平时常有

图 8-3　古地道入口（2021 年 9 月 14 日摄）

孩子进入地道玩耍，有村民以此当地窖，储存蔬菜等物，并不断有人游览考察。2013 年，被门头沟区文委定为“门头沟区普查登记文物”。2021 年，村“两委”本着“修旧如旧”的原则，筹资对地道进行再次翻建整修，进一步加以保护，发挥其在民俗旅游业中的作用。

酸枣枝围墙

赵家台村屡遭土匪侵扰。1938 年上半年，村里主事的人组织村民迎战土匪。首先发动村民买枪，凡是有“两天地”（牛一天耕地的数量称为“一天地”）以上的人家都要买枪。地少或者没地的穷苦人家不用买枪，但要就地取材，造土枪土炮。土炮都是用砍下的大酸枣木制成的，把中间掏空，装上火药和石灰。然后，对村内的院子、房屋和围墙进行改造，冲着街口的院墙都设置射击孔，墙内搭设木板，木板上垒满装满石灰的砂豔子，类似于古代滚木垒石的作用。这些木板把各家各户都连接起来，院通院、房通房。与此同时，赵家台村漫山遍野长满了酸枣树，村里发动村民到山上割酸枣枝，用酸枣枝把村子四周严严实实地围起来。在村子四角用酸枣枝垒成 4 个大的垛子，垛子之间以酸枣枝编成的栅栏相连将村庄包围住，使酸枣枝更加牢固，赵家台人称之为“酸枣枝城墙”。

第二节　军事活动

古道伏击

七七事变后，卫立煌部从房山向斋堂地区转移。1937 年 8 月 8 日，追击中央军的小股侵华日军经过峰口庵一带。得知消息的赵家台村自卫武装，越过村子东北山岭上的古道在峰口庵进行伏击，迫使侵华日军改道，沿永定河前行。

接援游击队

1937 年 8 月，国民党政府军将领卫立煌率第 10 师、第 83 师、第 85 师在髽鬏山一带抗击侵华日军 20 余日，中共宛平县委发动群众支援。同时卫立煌委派灵水村谭天元（号体仁）为宛平县县长，动员组织地方力量支援抗战。谭天元命区公所向各村要人，并由煤窝地区吕玉宝负责将上清水、下清水、军响、斋堂、北山、柏峪、马栏等村抽调的人员组成一支数十人的游击队，按卫部作战部署到门头沟一带扰乱敌人。游击队经煤窝，到禅房，再到赵家台村，受到赵家台村孙天富等人欢迎，并在赵家台村驻扎。赵家台村民得知八区抗日队伍到来，全村总动员，人人出力，争先恐后，为游击队腾房屋，送粮送菜，当向导，救治伤员，尽心尽力，以各种方式表达支援抗日。几天后，游击队不断到门头沟一带扰乱敌人，实现了卫部的军事意图。游击队在赵家台村驻扎期间，除不断扰乱日军外，还由外十三各村配合在万佛堂村击溃已投降侵华日军的土匪刘桂堂部，将其抢掠的财物归还原主，受到老百姓欢迎。直至卫部撤退后，游击队才离开赵家台村。孙天富，赵家台村人，在接援游击队期间工作积极，其曾任宛平六区游击队长。1944 年 1 月，孙天富投降日伪军，任门头沟东矿日伪军亲卫队队长。同年 8 月，孙天富经中国共产党教育，秘密为抗日根据地筹购紧急物资。1945 年，侵华日军察觉孙天富被策反后，将亲卫队全部缴械，并驱出门头沟地界。

抗敌保家

1937 年初，匪徒刘桂堂和国民党军逃兵到赵家台村烧杀劫掠残害百姓，村民们群情激愤，组织起来奋勇抗击匪徒和逃兵。村民备有土枪、土炮、白石灰，地下有纵横全村的地道，酸枣树枝布满村子四周。土匪进村时，一筐筐白灰从房顶倒在土匪的头上、脸上，白烟弥漫，土匪们睁不开眼，村民们趁机土枪、土炮齐发，“红缨枪”负责打扫战场。从此，匪首刘桂堂与赵家台村结下仇怨。1938 年 9 月 2 日凌晨，匪首刘桂堂以赵家台村藏有八路军为由，勾结侵华日军疯狂报复赵家台村。侵华日军和土匪经阳坡元村到达赵家台村，布满了村外的山岗。村中男女老幼躲进地道，留下30余个青壮年把守住进村的通道。七时左右，战斗打响，枪声响个不停，喊声连天，杀声阵阵，赵家台村民在敌我力量悬殊的情况下，毫无惧色，英勇顽强誓保疆土家园。村民王贵堂、孙大发、李工贵、刘大钊阵亡，13人负伤，战斗力减弱。全村只有8条快枪，其余都是土枪、土炮，弹药也越来越少，这样打下去对赵家台村非常不利。见敌人无退意，赵家台村便采取新的策略。青年安明月、孙天达、孙二章等六七人，爬到南坡，从敌人侧面发起突然进攻，一边打，一边高喊："援兵到了，援兵到了！"村民们高呼着"冲啊！冲啊！"敌人听到震耳欲聋的喊声，弄不清是真是假，以为援兵真的到了，吓得仓皇退兵。在一天的战斗中，敌人共发起7次进攻，都被赵家台村人打退，敌人死的死、伤的伤，狼狈逃窜。在战事中，赵家台村地道发挥了作用。老人、孩子和妇女从自家的地道口（炉坑里、炕席下）进入地道，躲避侵华日军的枪、炮。村民兵在地道的每个入口防守，地道入口处有翻板，翻板下设有机关、陷阱，即使敌人进入地道，也是有来无回。事后，侵华日军才知道，赵家台村并没有藏着八路军，是村民用土枪、土炮打败了拥有优良装备的侵华日军和土匪。赵家台一战，打出了赵家台村民的威风。从此，赵家台的英雄事迹家喻户晓、人人皆知，有了"铁打的赵家台"之说。

第三节　兵祸

1938年9月2日，在攻打赵家台村的战斗中，侵华日军、土匪损失很大。1939年冬，刘桂堂再次与侵华日军勾结报复赵家台村。敌人猛烈地向村内打炮，密集的炮弹使村子烟雾弥漫，火光冲天，进而引燃了房屋，共烧毁房屋172间，使赵家台村遭受重大损失。

赵家台村被烧后，村民流离失所，生活艰难。敌人还经常打枪骚扰村民，把村民抓去做劳工。1942年、1943年，侵华日军断绝交通运输，对赵家台村民实行残酷的经济封锁，妄想控制赵家台村，加之天旱，土地荒废，物价暴涨，尤其是粮食价格，连米糠、酒糟、豆皮做的混合面也要2.2元一斤，人们干一天活领一斤混合面。村民一年到头见不到粮食，吃的是混合面、死面（麦秸用石灰水泡后磨成白面加头发节、树皮、草根），最后没吃的了，把枕过多年的枕头拆了，吃里面的秕糠。个别村民偷着去北京买几斤小米，被侵华日军发现，被污蔑私通八路，抓到后被枪毙。由于战乱以及严重的自然灾害，1943年赵家台村死亡38人，家破人亡的有21户，整个村子呈现出一片荒凉、凄惨的景象。老百姓没有办法活下去，只好背井离乡逃往外地。当时有首歌谣，唱出了赵家台村村民外出逃荒情景："提起过去的里十三，我们两眼泪欲干。日本鬼子来到了，他们住了整八年。民国三二那一年，家家逃荒到外地。死的死来逃的逃，爷娘妻子各分散。"当时赵家台村有16户村民逃到关外，其中刘春祥全家出走，其母在关外遇难，女儿卖在关外；孙玉琦全家出走，其子饿死在关外；刘福常全家出走，妻子、儿子失散在关外，自己给侵华日军做苦力，左腿被打断，长期要饭，中华人民共和国成立后得救；孙天瑞全家出走，妻子被卖在关外；孙玉亮全家出走，在关外遇难；刘汉城全家出走，在关外遇难；刘天柱全家出走，在关外遇难；刘庭全家出走，在关外遇难。逃到关外全部回来的家庭有：孙天山、孙天兴、纪德志、刘廷甫4户。留在村里的百姓被侵华日军赶到上山，青壮年被抓去做苦力，稍有反抗便遭到毒打，或被枪毙。侵华日军勾结土匪经常到村里捣乱，赵家台东沟住的人很少，常常遭到抢劫。

第四节　兵役

明清时期实行募兵制，凡愿当兵的男子均可报名。国民党主要以抽签、抓阄、抽丁的形式征兵，有钱人家抽中签，可交钱求免或雇人顶替；平民百姓抽中签，或逃跑或被强行抓走当兵。

抗日战争爆发后，赵家台村民积极报名参军。1937 年，孙天富参加八路军，曾任游击队队长。1943 年，村民孙天兴大儿子参加八路军，1946 年牺牲。孙玉芹和 2 个儿子先后参军。1944 年，孙天照参加八路军任通讯员。

1955 年 7 月，第一届全国人大二次会议通过并公布施行《中华人民共和国兵役法》，决定实行义务兵役制，规定：凡年满 18 岁至 22 岁的男性公民，均有服兵役的义务。赵家台村民响应国家号召，每年都完成征兵任务。

1965 年，孙继文等人到石家庄参军入伍，1969 年退伍回赵家台务农。1968 年，金来山等人参军入伍，1972 年复员，1974 年任党支部委员。20 世纪 70 年代，参军入伍人员有刘全林、孙宝全、孙长来等人；80 年代，参军入伍人员有刘忠宝、孙继海、刘伟等人；90 年代，参军人员有刘忠山、刘斌、孙月斌等人；2000 年后，相继参军入伍的人员有孙佳星、孙强、孙洁巍、刘嘉等。

赵家台村具有拥军优属的光荣传统。20 世纪 40 年代，以帮助军属劳动、记优抚工分、发放优抚物资等形式给予军属生活方面的照顾。90 年代，赵家台村按照政府出台统筹优待条例，对烈属、义务兵家属和丧失劳动能力的伤残军人、复员军人给予优待金。其中对义务兵家属优待金标准不低于农民人均收入的 70%，对革命烈士家属、因公牺牲军人家属和病故军人家属给予的优待金，高于役义务兵家属优待金的 10%（含国家给予的定期抚恤金在内），对生活有困难的革命伤残军人、复员军人和带病回乡退伍军人按其实际生活状况给予优待。赵家台村重视对烈属、优属的帮助和照顾，对优抚对象及参军后受伤的人员，一直在各方面给予照顾，截至 2021 年，村中每年都会慰问军烈属及残疾军人。2011 年 6 月 30 日、2015 年 7 月 2 日，潭柘寺镇领导在村党支部书记等陪同下，分别到赵家台村复退军人孙天照家中进行慰问。

第五节　民兵

1946年,赵家台村成立民兵组织,民兵们拿起土枪与敌人作战,贫民、党员王春明任民兵队队长。区公所武装部组织武委会民兵进行不脱产训练，当时训练的条件有限，民兵只在练习打靶时才发放数量有限的子弹，并做登记，不可私自开枪。民兵队伍每天在村场院进行训练，练习内容为正步走、齐步走等，教官向民兵传授扛枪、打靶等技能。中华人民共和国成立前，赵家台村民兵主要负责站岗、放哨，每天晚上埋伏好土地雷和火枪，只要有物体碰到拉线就会开枪、炸雷，以此防止土匪入侵，第二天早上民兵再将各自负责的武器警报解除。同年 11 月，土匪再次侵袭赵家台村，王春明带领民兵到大道两旁埋地雷，当埋第 48 颗地雷时，地雷突然爆炸，民兵宋久立负轻伤，王春明伤势严重。

中华人民共和国成立初，赵家台村有民兵 10 余人，村民兵组织的职能主要是维护社会治安。先后有王春明、刘福堂、刘延贵任民兵队队长。农业生产合作化时期，民兵的军事职能逐渐弱化，主要职能开始转向生产劳动。民兵定期到区武装部进行真枪实弹训练，平时在村内进行不脱产训练，用木枪进行枪支的使用方法和瞄准等基本训练。

1965年，赵家台大队民兵连连长刘正强兼基干民兵排副排长，副连长刘天厚，基干民兵排排长孙永清、孙永奇，基干武装班班长陈天柱；基干武装班副班长刘春香（女）；基干民兵班班长孙继芳，基干民兵班副班长纪桂珍（女），普通民兵排一排排长孙永林，普通民兵班班长刘廷有，副班长孙天仁、孙天水。1966年，民兵指导员陈天柱，副连长孙永志、王淑文。1969年，经潭柘寺公社整党领导核心小组谈话同意，民兵连副连长孙继文、指导员孙永杰，副连长刘正强、刘彦荣，民副指导员孙天照基干民兵排排长孙永志、副排长刘正强，普通民兵排排长刘福存，副排长王春明。1971年，刘正强、孙天照、刘彦生负责民兵活动和学习。1980年，金来山担任民兵连连长，孙月武、孙天荣担任民兵副连长。此后，孙继芳担任过民兵连代理连长。1996年，陈俊生担任民兵连连长。1984年，赵家台民兵队伍被评为潭柘寺乡“三落实”先进队并获奖状，孙月武被评为先进民兵干部。1989年，赵家台民兵队伍被评为门头沟区先进民兵连。20世纪90年代后，民兵组织实行民兵与预备役相结合的制度，民兵的基本任务成为积极参加现代化建设，以保证村内各项工作顺利开展。

20世纪90年代后，随着新型企业不断涌现，村民告别单一地依靠农田生活的日子，开始投入多元化生产中，民兵组织的主要任务是维护企业和村中治安，保证村内各项工作顺利开展。

第九章　经　济

中华人民共和国成立后，赵家台村经济管理体制经历了农民所有、自主经营的个体经营体制三级所有，队为基础的集体经营体制和家庭承包，统分结合的双层经营体制的历史变迁。1990 年，村里把承包给私户的土地流转为集体经营，成为潭柘寺镇第一个实行土地适度集体规模经营的村。在产业结构上，赵家台村经历过从“以粮食生产为主”到“以矿产资源为主导产业”，再到“以民俗旅游业为主导产业”的历史转变。在这之中，全村大力发展“农林牧副游、工商建运服”各业，取得很大成绩，展示出许多特色与亮点，先后获得市、区、镇级经济发展的多项先进称号。

经济的发展，促进了赵家台村经济总收入和村民人均收入的不断增加。改革开放以来，赵家台村的年经济总收入、年纳税总额、村民人均年收入，一直位于全镇 12 个村前列。

第一节　经济管理体制与产业结构

经济管理体制

20 世纪 40 年代以前，赵家台村实行封建土地所有制，全村少数富裕人家占有富足的土地，贫苦农民只有靠扛长活、打短工、租种富户人家土地或耕种自己少量土地为生。

1949 年 9 月至 1950 年 3 月，北京市第二十区所辖行政村和门城地区半工半农地区共 24 个自然村开展土地改革运动，称“新解放区土地改革运动”，又称“和平土改”。赵家台村作为北京市二十区中的一个村，也在地区党组织领导下，发动群众实行土地改革，翻身农民获得土地，取得土地证，实现祖祖辈辈盼望的“耕者有其田”。1951 年，赵家台村响应党“组织起来”的号召，动员农民自发地组织起来成立互助组，全村建立互助组 7 ~ 8 个。1955 年，互助组转为初级社，刘福堂任合作社主任，全村有 40 余户村民入社，约占村民总数的 70%。1956 年，初级社转为高级社，全村入社农户达到 100%，完成农业合作化改造任务，同全国一样，实现经济制度和经济管理体制的根本性历史变革。1958 年，全国实现人民公社化，赵家台村开始实行单一的人民公社集体所有制，逐步形成由大队统一领导、统一核算，下设 2 个生产队的管理体制。“文化大革命”时期，生产大队改为革命委员会。“文化大革命”结束后，又改为生产大队。20 世纪 70 年代末，赵家台村开始随全国农村一道实行改革开放，建立起以家庭联产经营为基础的、统分结合、双层经营的经济管理体制。1984 年，赵家台大队改为赵家台村村民委员会。1989 年，建立赵家台村经济合作社，形成党统一领导下的党支部、村委会、经济合作社三位一体的管理机构。1990 年，为适应新的经济发展需要，村里把已承包给私人的300余亩土地流转为集体经营，下设林业、农业、矿山3个生产经营小组，成为全镇第一个实行土地由集体适度规模经营的村。2010年，根据上级关于《进一步深化乡村集体经济体制改革的意见》精神，赵家台村进行集体经济产权制度改革，成立新的经济组织——股份经济合作社，对全村的集体资产实行股份制经营管理，直至如今。

产业结构

中华人民共和国成立以前，农民以种地为主，兼营林果、矿业、运输、私商等。从中华人民共和国成立直到改革开放以前，赵家台村始终坚持“以粮为纲”的产业结构。改革开放以后，赵家台村开始打破“以粮为纲”的束缚，实行在“农林牧副游、工商建运服”全面发展的前提下，以开采开发煤炭、叶蜡石等矿产资源为主的产业结构。2004年，面对门头沟区在首都的功能定位中被定为“生态涵养发展区”，赵家台村以矿产资源为主的产业结构已非长远之计的新形势，村“两委”开始思考探讨产业结构转型发展问题。赵家台村依据村内的实际优势，确立以发展民俗旅游业为新的主导产业，提出“发展民俗旅游，引导群众致富”的口号，并研究制定“游老村、住新村”“以社会主义新农村建设带动民俗旅游，以民俗旅游推进社会主义新农村建设”等切实可行的发展方针与具体举措。2007年，村办煤窑关闭，全村1/3的劳动力失业，每年经济损失50万元左右，这更促使村“两委”坚定了转型发展开发民俗旅游业的决心。

第二节　种植业

集体耕地

20世纪50年代至60年代，赵家台村有耕地300余亩。70年代至

80年代初，村里努力扩大农田面积，甚至劈山造田、毁林造田、填沟造田，使耕地面积不断扩大至400余亩。进入90年代末以后，由于基本建设占地、“退耕还林”等原因，全村集体耕地面积不断减少至100余亩。2000年以后，村民开始逐批搬进新村，并开始发展民俗旅游业，开发建设核桃观光园和综合种植园，退出粮食种植。

图9-1　赵家台老村梯田（2021年5月18日摄）

1963年至2021年部分年份赵家台耕地统计表

表9-1　单位：亩

年份	年末耕地	年份	年末耕地
1963	321	1979	417
1973	408.8	1980	417
1974	408.8	1981	417
1975	408.8	1982	406.3
1977	417	1983	406.3
1978	417	1984	406.3

续表 9-1

年份	年末耕地	年份	年末耕地
1985	406.3	1999	153
1986	406.3	2000	153
1987	406.3	2001	153
1988	406.3	2002	62
1989	406.3	2003	62
1990	406	2004	62
1991	406	2005	62
1992	406	2006	62
1993	406	2007	62
1994	406	2008	45
1995	406	2009	45
1997	153	2010	45
1998	153	2021	45

从业人员（含农业及他业）

1973 年至 2011 年，赵家台村的从业人员始终保持在 150 ~ 180 人。2012 年至 2021 年，由于多种经营的发展促使村民充分就业、村委会帮助村民就业及村民自主就业等原因，该村就业人员不断增加，达到 190 ~ 200 人。

1973年至2021年部分年份赵家台村村民从业情况一览表

表9–2　　　　单位：人

年份	就业人数	年份	就业人数
1973	174	2004	148
1974	174	2005	148
1977	166	2006	150
1978	164	2007	148
1979	164	2008	148
1982	164	2009	148
1984	164	2010	189
1985	175	2011	180
1986	180	2012	192
1990	186	2013	192
1993	175	2014	192
1995	174	2015	224
1996	156	2016	192
1997	154	2017	201
1998	180	2018	203
2000	156	2019	201
2001	158	2020	204
2002	158	2021	204

农业水利

赵家台村位于山区，自古以来人畜饮水就靠山泉水（地下水）。土地灌溉全靠老天降雨，村中土地皆为旱地。2010 年，村中修建一座容量为 1600 立方米的蓄水池，又陆续修建若干座小型蓄水池及配套设施，以蓄存雨水和山泉水供农业和果树灌溉用水。为解决村民饮用水和发展芽菜、民俗旅游业等生产用水问题，2000 年、2015 年，在新村先后打深水井 2 口，其中一口 800 米深水井为地区最深。2016 年，建成核桃观光园后，水利事业有进一步发展，新建蓄水池 3 座，新打井 1 眼，安装 300 亩水利管道等配套设施，购买运水汽车 1 辆，使水利建设跃居全镇农村前列。

农业机械

中华人民共和国成立以前及成立初期，该村农民农业生产基本使用原始传统工具。运输靠牲口驮、畜力大车、人力手推车及人力挑筐、背篓等；种地靠木犁、铁镐、铁锨、铁锄、镰刀等；秋天打谷的场院用连枷、碌碡、木杈、簸箕、扫帚等。粮食加工靠石碾、石磨。20 世纪 50 年代至 60 年代，开始有一些简单笨重的、由锅炉带动的脱粒机、破壳机、扬场机等农业机械。进入 70 年代以后，在国家“实现农业机械化”号召指引及国家有关政策帮扶下，村里开始有现代化农业机械。1973 年，村里购买首辆手扶拖拉机。1979 年，村内开始有了载重汽车。至 1982 年，农业机械达一定规模。

1982 年赵家台村农机情况一览表

表 9–3

名称	数量	名称	数量
饲料粉碎机（台）	2	电动机（台）	24
打浆机（台）	1	水泵（台）	4
铡草机（台）	2	电动喷雾器（台）	2
脱粒机（台）	1	手动喷雾器（台）	2
扬场机（台）	1	手扶拖拉机（辆）	2
碾米机（台）	1	手扶拖拉机拖车（辆）	2
面粉机（台）	1	载重汽车（辆）	2
小钢磨（台）	1	胶轮大车（辆）	1

1979 年至 1992 年，全村手扶拖拉机一直保持在 2 ~ 5 辆，其中 1992 年最高，为 5 辆。汽车一直保持在 1 ~ 6 辆。其中 1986 年为 6 辆。2006 年，为接送温馨家园残疾人上下班，投资 45 万元购买大客车 1 辆。2007 年，为满足核桃观光园用水需要，购买运水汽车 1 辆。2007 年以后，随着新村建设工程完成及矿产资源企业的外包及停产停业，以及车辆老化等原因，一些集体车辆亦进行了处理。至 2020 年，村内仍保留集体汽车数辆。

粮食种植

赵家台村地处山区，有史以来，其农作物就以玉米、谷子、高粱和大豆等杂粮为主。中华人民共和国成立至 60 年代初期，赵家台村由于土地贫瘠、靠天吃饭、耕作技术原始、作物品种陈旧、一年只一熟等，平均亩产只有 200 余斤，年粮食总产只有数万斤。

20世纪60年代中期至70年代，在当时“以粮为纲”“农业学大寨”“亩产过黄河、跨长江”等背景下，赵家台村大兴粮食生产，特别是扩大耕地面积，大兴农家肥料。队里成立由15人组成的老头积肥队，并发动小学生上山拾粪，广积肥料；队里派专人统一掏各户厕所，粪便归集体使用；各队实施高温堆肥，并科学试制“5406”菌肥等。“庄稼一枝花，全靠粪当家”，有了充足、合适的肥料，就促进了粮食增产。1965年，粮食平均亩产增加至410斤，全年粮食总产17.8万斤，创历史最高。进入70年代，多数年份还保持着这种水平。其中1973年平均亩产366斤，总产14.8万斤；1978年平均亩产411斤，总产16.4万斤。

改革开放以后，虽然包产到户调动起农民的生产积极性，但由于多种经营使从事农业生产的劳动力减少，农民对承包土地经营管理不善，再加上卖粮难、农民种粮积极性下降等原因，使粮食产量下降。1985年，赵家台村平均亩产116斤，总产4.3万斤。1986年，平均亩产57斤，总产1.4万斤。1987年，平均亩产175斤，总产6万斤。农民粮食不能自给自足，处于常年吃国家“返销粮”状态。

20世纪90年代以后，村里开始把承包给私户的土地流转为集体经营，为恢复和增加粮食产量，村“两委”努力强化对农业生产的管理，组织60余名劳动力从事农业生产，派2名干部主管农业，下设3个生产小组；实行严格的生产责任制，制定出务农人员的出勤天数和粮食产量定额，规定每超额完成产量1斤，奖励0.2元，每亏产1斤，扣除工资0.2元。1990年，全村大力推广地膜覆盖等新技术，地膜玉米达150亩，占粮田总面积的60%；大力种植京杂6号、农大60号、燕谷3号等玉米、谷子高产新品种，使全村粮食产量又出现一个辉煌期。1990年，粮食总产恢复至10万斤以上。1990年至1997年，粮食平均亩产一直保持在300余斤的水平，有的年份亩产还超过400斤。

2000年以后，随着老村搬迁和民俗旅游业主导产业的兴起，大量土地用来开发林果，粮食生产越来越萎缩。2004 年，粮食平均亩产只有 40 斤，总产不过 2000 斤。至 2021 年，全村除在果园套种一些杂粮、蔬菜以外，粮食种植基本终止。

1964 年至 2006 年部分年份赵家台村粮食产量统计表

表 9-4

年份	亩产（斤）	总产（万斤）	年份	亩产（斤）	总产（万斤）
1964	200	16	1992	300	10.0
1965	410	17.8	1993	226	4.2
1973	365.7	14.8	1994	244	4.6
1978	411	16.4	1995	286	5.4
1982	285	10.3	1996	252	3.4
1983	280	10	1997	400	5.4
1985	116.3	4.4	1998	400	5.3
1986	57	1.4	1999	187	2.8
1987	175	6.07	2000	157	2.4
1988	175	6.07	2001	157.2	2.4
1990	400	11.0	2002	140	2
1991	400	11.0	2006	178	3.8

经济作物

赵家台村建村之初曾有一户陈姓村民种菜几十亩，以卖菜为生。中华人民共和国成立以后，特别是改革开放以后，赵家台村贯彻“发展多种经营，讲究经济效益”方针，在种植业上也适当发展经济作物。2006年，村里邀请南茶北引第一人——任介民到村发展茶叶种植，共试种半亩并已成树结叶，味道良好。后因任介民身体原因回了山东，再加上茶树不太适合当地气候，茶树种植宣告终结。2012年，为发展多种经济，也为促进民俗旅游业的发展，村“两委”决定发挥村内优势，发展阳台庭院经济，发动村民在新村自家楼房阳台、院落种植芽菜。同年3月，组织30余户农民到北京绿山谷总部参观考察；4月18日，邀请北京绿山谷芽菜有限公司专家到村为村内100余人进行家庭芽菜种植培训，之后，又多次让村民带着问题

图9-2　2018年，赵家台党组织“芽苗菜”成品展示（2018年3月7日摄）

图9-3　套种的白薯（2020年9月26日摄）

开展技术培训和参观学习。2014年，有90余名村民掌握了芽菜的种植技术，办起芽菜种植业。2016年，又增加至100余人，使家庭芽菜种植技术在全村普及开来，共种植发展香椿芽、豌豆苗等10余种芽菜。除满足村民自己食用、丰富自家饭桌以外，也为民俗旅游业增加特色、新鲜食源和绿色一景。赵家台村成为全镇、全区农村发展阳台经济、庭院经济的典型。近年来，赵家台村在核桃观光园和综合种植园内大量套种白薯、萝卜、大葱、黄瓜、南瓜、鲜椒、豆角等各类经济作物，一般年产各类蔬菜达1.5万余斤，年产白薯1万余斤，收获后无偿分给村民食用，亦收到良好的经济效益和社会效益。

第三节　养殖业

养猪

赵家台村村民有史以来就有家庭养猪习惯，一般有饲养条件的每户每年都喂养1～2头，主要喂食玉米、谷糠等农家饲料和树叶、野菜类，春夏秋三季为防止毁坏庄稼而圈养，冬天则放养。养猪的目的是出售生猪卖钱贴补家用，或春节吃肉。20世纪50年代，全村私人养猪每年30余头。

1959年，村里建起集体养猪场，养猪业开始大发展。该村养猪规模，20世纪50年代末至60年代200余头，1959年为230头，为历史最高。70年代100余头，1973年为111头，1978年为172头，1982年为90头。进入90年代以后，由于猪饲料及仔猪的价格不断上涨，养猪不合算，再加上农民致富门路多样化，市场上的商品猪肉供应充足等原因，农民养猪积极性下降，村中养猪规模只剩数头，1997年为5头，1999年为4头，2000年为2头。2000年以后，随着村民迁入新村住上楼房，家庭养猪条件不复存在，特别是由于全区为建设“生态涵养发展区”，而退出包括生猪在内的全部畜养业，该村私人和集体养猪业亦全部终止。

1957 年至 2020 年部分年份赵家台村养猪统计表

表 9–5 单位：头

年份	数量	年份	数量
1957	30	1994	6
1959	230	1995	6
1960	210	1996	5
1965	200	1997	5
1973	111	1998	10
1978	172	1999	4
1982	90	2000	2
1984	70	2001	8
1985	20	2002	3
1986	51	2004	8
1990	6	2005	3
1993	6	2020	0

养羊

赵家台村地处山区，山场广阔、饲草肥美，适宜发展养羊，羊的种类主要有山羊和绵羊。中华人民共和国成立以前，羊全部由私户饲养，而且主要集中在富户人家。中华人民共和国成立以后，集体养羊开始逐步发展。20 世纪 60 年代至 70 年代，赵家台村养羊规模达 100 余只。80

年代至 90 年代，全区开始推广大规模饲养小尾寒羊，在全区、全镇养羊优惠政策鼓励下，赵家台村全村养羊规模达 200 只以上，其中 1995 年、1996 年都达 260 只，为历史最高。2000 年以后，由于老村搬迁，村民逐批迁入新村，离山场很远，不便羊只放牧和管理，使全村养羊规模又回落至 100 余只，其中 2000 年 79 只，2001 年 150 只。2004 年以后，全区为建设现代化生态新区和落实“生态涵养发展区”的首都功能定位，要求养羊业逐渐退出产业链条，赵家台村养羊数量也进一步逐年下降。至 2021 年，只有个人在老村圈养少数羊。

1993 年至 2020 年部分年份赵家台村养羊情况一览表

表 9-6　　单位：只

年份	数量	年份	数量
1993	210	2001	150
1994	240	2002	150
1995	260	2004	180
1996	260	2005	130
1997	120	2010	100
1998	170	2015	80
1999	100	2016	70
2000	79	2020	30

养鸡

赵家台村村民素来有家庭养鸡的习惯，一般家庭饲养 10 余只。养母鸡是为吃鸡蛋或出售鸡蛋贴补家用，养公鸡是用来吃肉、踩蛋或打鸣儿。20 世纪 50 年代，村里曾开办过集体养鸡场。改革开放以后，家庭和集体养鸡逐渐成为一种致富产业，进一步推动了养鸡业的发展。全村养鸡规模在20世纪80年代最高，达到1000余只，其中1984年900只，1985年1000只，1986年920只。1984年，赵家台村提供商品鸡蛋2000斤。1985年，提供商品鸡150只，商品鸡蛋1.36万斤。1986年，提供商品鸡50只，商品蛋7360斤。90年代，由于致富门路增多，再加上养鸡费时费工，风险大，所以全村养鸡规模降为数百只，其中1993年600只，1995年至2009年均为200只～500只。2010年以后，随着村民由老村搬进新村楼房，失去家庭养鸡条件，特别是因为全区为建设“生态涵养发展区”，退出包括蛋肉鸡在内的全部禽养业，赵家台村的养鸡业亦成为历史。2021年，只有老村还有少量私人饲养。

1982年至2010年部分年份赵家台村养鸡情况统计表

表9–7 单位：只

年份	数量	年份	数量
1982	450	1998	300
1983	800	1999	300
1984	900	2000	300
1985	1000	2001	300
1986	920	2004	200
1993	600	2006	500
1994	500	2007	400
1995	400	2008	300
1996	400	2009	300
1997	300	2010	100

养蜂

赵家台村植被繁茂，一年三季山花烂漫，且多山荆花等优质蜜源，非常适宜饲养蜜蜂。中华人民共和国成立以前，赵家台村就有不少人家养蜂。20 世纪 70 年代，村民安永芝家开始养蜂，但由于怕“割资本主义尾巴”，所以只养几箱。改革开放以后，她开始放开手脚养蜂，蜂群增加至40余箱，年收入可达上万元，成为赵家台村最早的“万元户”之一。这对其他村民起到很大带动作用，先后有多名村民办起家庭养蜂业，使全村养蜂规模不断扩大，仅从 1982 年至 1987 年，全村蜂群就由 100 余箱扩大至 200 余箱，年产蜂蜜由 1 万余斤增加至 3 万余斤。赵家台村农民的蜂产品主要用于自食、赠送亲友和出售。

1982 年至 1987 部分年份赵家台村养蜂统计表

表 9–8

年 份	蜜蜂（箱）	蜜（万斤）	蜂王浆（克）
1982	120	1.2	—
1984	80	0.8	5000
1985	100	1.2	8100
1986	180	1.5	8500
1987	220	3.5	10000

说明：表内“—”代表无统计数据

20 世纪进入 90 年代，赵家台村养蜂业亦很兴盛，有的户养蜜蜂达 100 余箱。2000 年以后，随着老村搬迁和多业发展，全村养蜂业开始下滑，至 2021 年养蜂户基本消失。

大牲畜

为发展生产和生活便利，赵家台人历史上就离不开大牲畜，但在中华人民共和国成立以前，只有富足人家才养得起成马帮的大牲畜。中华人民共和国成立以后，出于生产和交通运输的需要，赵家台村集体的大牲畜有更大发展，主要有牛、马、驴、骡等。养牛主要是拉犁耕地，养骡主要是拉车、驮运，养马、驴除从事生产外还为繁殖。大牲畜的饲养规模为：1973 年 36 头，1982 年 32 头，1985 年 20 头，1986 年 22 头。实行家庭联产承包后，这些大牲畜亦作处置。

第四节　林果业

植树造林

采集树种　赵家台村的地理、气候条件都适宜发展林木，村民亦有爱树、植树、护树的好传统，村中老人都把树当成儿子，叫作“树儿”，信奉“多一棵树就多一个儿子”。因为木材树可建房及出售，果树可产果养家。村中林木的主要种类有落叶松、油松、杨树、柳树、榆树、国槐、刺槐、椴木、青杠子、山荆子等。中华人民共和国成立初至 20 世纪 90 年代初期，每到树木种子成熟季节，村民总是或自发或有组织地上山采集松树、槐树、橡树、山桃树等树种。这既是一种生产劳动，也满足了大人、孩子游山观景的乐趣。20 世纪 50 年代至 60 年代，树种采集回来后由区农林水利局收购。70 年代以后，由门头沟区林业局种子库收购。1985 年，村内用留下的种子育苗，共育苗 33 亩。1987 年，全村出售树种 800 斤。至 90 年代中期，由于该项工作费时、费力、收益不高，特别是由于门头沟区成立育苗基地，有关部门不再收购树种等原因而终止。

发展林木　赵家台人植树造林的历史悠久，老村中留有多株古树，

图 9-4 赵家台村林地（2015 年 10 月 28 日摄）

有不少被列为市级保护古树。为绿化村庄，每到植树季节，村集体在荒地、沟畔、路边、村子周边广植杨柳榆槐等经济树木。村民因盖房用木料、烧饭用柴等也会在自家的房前屋后或自留地里植树。1949 年，根据上级政府《关于雨季造林工作指示》精神，村集体曾大面积进行杨柳插条和山杏、山桃荒播。进入 20 世纪 70 年代以后，村集体及村民个人又开始大力栽植桧柏、银杏、五角枫、油松、红叶李、白玉兰、西府海棠、红叶小檗、紫穗槐、珍珠梅、红瑞木、棣棠等带有观赏价值的景观树木。特别是响应政府绿化荒山号召，落实林业富民的系列政策，逐年实施封山育灌、荒山造林、义务植树、小流域治理等工程，努力发展以林果为主的沟域经济。1972 年造林绿化 172 亩，1985 年造林绿化 419 亩，1986 年造林绿化 186 亩，1987 年造林绿化 125 亩，2009 年造林绿化 430 余亩。其中，1982 年，林业占地 2584 亩，林地占村域总面积的 56%。2010 年以后，新村村容的绿化美化不断发展，荒山造林等项目也向深度发展。2015 年，赵家台村参与门头沟区京津风沙源治理二期工程，实施村域内的低效林改造、困难地块造林等工程。2019 年，全村林业占地发展至 3305 亩，占村域总面积的比例扩大至 70%。在种植树木的同时，也不断加大养树、护树的力度，《赵家台村村规民约》规定，人为损坏幼树，每棵罚款 50 元 ~ 200 元；人为损坏成树，每棵罚款 500 元 ~ 1000 元。2006 年、2011 年、2012 年、2013 年，赵家台村先后被评为首都级或门头沟区级“绿色村庄”“生态文明村”“生态文明、绿色活动先进村”。2021 年，由于建立核桃观光园区等原因，赵家台林业占地面积进一步增加，造林规模与质量进一步扩大与提升。

果树

图 9-5　梨树（2021 年摄）

发展果树　中华人民共和国成立以前，村民们要靠卖水果赚钱买粮或用水果直接换粮。中华人民共和国成立初，种粮不能自给自足，村民吃国家“返销粮”，1971 年至 1976 年，国家供应全村“返销粮”52 万余斤。为解决粮食不足问题，赵家台村民出售各种水果用钱买粮。赵家台村的李子、核桃、柿子等水果远近闻名，深受市场欢迎。20 世纪 60 年代至 70 年代，赵家台村每年向国家交售 8 万余斤干鲜果品，甚至不等果子成熟就有买家预订。因此，赵家台村水果生产是村内的重要产业之一。

图 9-6　苹果树（2021 年 7 月 20 日摄）

历史上，村内干鲜果品树木主要靠松鼠、五道眉子（花栗鼠）储食埋种发展，靠树种落地自生发展，靠农民耕作时对田里自生树苗精心呵护发展。20 世纪 50 年代至 60 年代，走上集体化的农民开始有计划地发展集体果树并取得成效，村内有一首歌谣道：“建立花果园，大家心欢喜”“果树培养好，果实挂满了梢，走路不小心就把头碰破了”。进入 70 年代，由于受“以粮为纲”的影响，赵家台村曾毁掉不少果树林木，以求扩大耕地面积、减少树木遮阴、保证粮食生产，导致水果产量下滑。

20 世纪 80 年代改革开放以后，中共门头沟区委制定出“林果为主、全面发展、因地制宜、发挥优势”的发展思路，赵家台村集体、个人发展干鲜果树的自觉性和积极性不断提高，力度不断加大。村中建起果树专业队，专营果树管理与发展，发展的主要品种有核桃、柿子、梨、李子、红果、杏、苹果、花椒等，发展的主要手段是栽种和嫁接。至 1982 年，全村干鲜果树达 2 万余株。

1982 年赵家台村主要干鲜果树数量统计表

表 9–9 单位：棵

果树品名	核桃	柿子	梨树	李子	红果	杏树	花椒	苹果
结果树	2106	1025	350	1950	160	160	533	70
幼树	1121	574	263	905	2403	519	343	25
合计	3227	1599	613	2855	2563	679	876	95

2006 年，为开发民俗旅游业，实现“住新村、游老村”的构想，也为响应区政府号召，发展沟域经济。赵家台村域内的煤山最适宜发展核桃，村内流传一句俗话，“煤山发核桃”。赵家台村投资 200 余万元，扶唇垒堰 300 亩，在老村建起核桃观光生态园，种植薄皮核桃 8000 余株，黄梨、柿子、李子、红果、布朗（黑李子）等 3000 余株。2007 年，核桃观光生态园实施二期工程，种植精品樱桃 500 余株。东直门街道办事处、石景山区运输管理分局等与赵家台村结对共建社会主义精神文明的单位前来建立“林果种养基地”，帮助发展果木。使全村各种干鲜果树

达到3万～4万株的规模，成为名副其实的“水果之乡、花果之山”。

果树经营管理　改革开放以前，全村果树由大队统一管理。改革开放以后果树由私人承包，一直承包至1986年。1990年，赵家台村把土地流转为集体经营，林果也收回变为集体经营管理，核桃观光生态园则实行企业化管理。村里成立林业组，实行干鲜果品树木管理科学化、专业化。坚持不断进行果树更新换代和引进新品种，经常对果树管理人员进行剪枝、套袋、施肥、防病虫害等技术培训，千方百计增加果树经营管理的科技含量。注重实行林粮（菜）间作，充分利用土地，实现“下梢粮菜，上梢果儿”，林粮两不误、林果旅游相互促进。

干鲜果品产量　在20世纪60年代至70年代，赵家台村干鲜果品总产量7万～8万斤。20世纪80年代，果树承包给私人以后，产量下降为1万～2万斤。1990年集体经营后，特别是建立核桃观光园、特色种植园后，干鲜果品年总产量又有明显回升，但起伏较大，产量不稳定。

1966—2012年部分年份赵家台村干鲜果品年总产量统计表

表9–10　　单位：万斤

年份	产量	年份	产量
1966—1978	7.0 ～ 8.0	1996	1.0
1982	0.82	1997	1.0
1985	2.05	1998	1.4
1986	5.0	1999	1.9
1987	1.8	2000	5.6
1993	3.6	2001	2.6
1994	3.0	2004	2.6
1995	1.2	2006	2.0

续表 9-10

年份	产量	年份	产量
2007	1.6	2010	0.4
2008	1.6	2011	0.8
2009	1.2	2012	0.5

2013 年至 2021 年，全村干鲜果品总产量一直保持在 1 万 ~ 3 万斤。

第五节　村办工业

叶蜡石矿（制品厂）

叶蜡石资源　叶蜡石为火山岩侵入的泥质页岩的一种，可用于造纸、陶瓷、耐火石料、电工、橡胶等工业部门。中国国内叶蜡石矿藏稀少，北京地区真正能作为经济矿产的叶蜡石矿区，实际只有门头沟区的十字道矿区和赵家台矿区。赵家台村一带探明其储量有 280 万吨，可采储量 130 余万吨，为二级耐火材料。赵家台村所产叶蜡石主要用途是加工石笔，做人造金刚石的介质和炼钢耐

图 9-7　叶蜡石矿（2007 年 11 月 7 日摄）

火材料，是潭柘寺镇乃至门头沟区、北京地区的重要、知名矿藏资源。1987年，赵家台村的叶蜡石产品有广泛的市场和知名度，在中国桥牌会议上挂出“赵家台村叶蜡石驰名中外”的条幅。1992年，美籍华人马明德曾与赵家台村洽谈叶蜡石开发合作项目。

叶蜡石开采　赵家台村开采叶蜡石已有150余年历史。中华人民共和国成立前村内就有一家叶蜡石矿，工人手工把原石锯成石笔，每人每天可以锯八板笔（每板100根），运输也主要靠人背、牲口驮。农村合作化期间，村中有的互助组从事叶蜡石开采。20世纪50年代末，村集体开始对叶蜡石进行规模开采，特别是1958年，里十三地区在赵家台村成立由附近12个村联合组成的“钢铁营”，共有100名女劳动力、200余名男劳动力参加。“钢铁营”的重要任务之一就是开采叶蜡石，由于当时在“大跃进”推动下大炼钢铁，对叶蜡石的需求量大，“钢铁营”在赵家台村建立起有史以来的首座集体办叶蜡石矿，生产昼夜不停，产品供应北京多家耐火砖制造厂家。当时村中有一首歌谣唱道：“里十三的大队成立个‘钢铁营’，战士们真勇敢，大闹黄连间。为了那个叶蜡石，跟它们来作战，钢铁耐火砖，咱们来支援，全体的战士们，拼命跟它干！”20世纪70年代，赵家台村又新开采一座矿，井口标高645米，下采621米，形成“上矿”“下矿”2个矿。1971年，门头沟区曾在该村兴办一座区办叶蜡石矿，从业人员60余人，年产叶蜡石50余万条，但后来由于与村办叶蜡石矿连通而停办。1998年，村里又收购潭柘寺镇一个矿，形成3个矿（承包给神州灵山叶蜡石有限公司后又合并为2个矿）。赵家台村叶蜡石开采主要采取巷道作业，其生产方式与煤窑采煤大同小异，只是为保证叶蜡石的完整性，而尽量少放炮，因而产量较低，一般年产量百吨左右。1973年，年产叶蜡石140余吨。

叶蜡石加工、销售　中华人民共和国成立以后的20年内，赵家台村叶蜡石制造加工石笔，故称“石笔窑”。石笔的加工工艺比较简单，把开采出来的原石加工成一定规格的块，再锯成一定规格的笔条，即可打捆、装箱出售。20 世纪 60 年代至 70 年代，赵家台村叶蜡石矿除生产石笔外，还生产做人造金刚石介质的石条。这种石条的加工工艺也很简单，只要把叶蜡石原石锯成一定规格的长方体石条即可装箱供应厂家。1973 年，加工石笔 1300 箱。1989 年，生产石笔 500 余万块。中华人民共和国成立以前，赵家台村叶蜡石加工的石笔卖给北京城里的“洋学堂”。中华人民共和国成立后，由区文化用品公司收购。

进入 20 世纪 80 年代以后，为使叶蜡石的质地更稳定，也为节省原材料，人造金刚石厂家要求由生产叶蜡石石条变为生产叶蜡石粉压块。其生产工艺是，先把原石加工成细粉，再掺上黏合剂压成粉块，烘干以后出售。为此，1983 年，赵家台村建立起叶蜡石粉末制品厂，购进压粉机、烘箱、电炉等成套设备，并严格细化对企业的经营管理，对工人进行严格技术培训，实行了生产产品的转型。1984 年，年产粉压块 13.3 万件，年总收入 3.6 万元，至 1986 年，年收入增加至 39 万元。1990 年，叶蜡石粉压块被评为全区 12 种市局级以上优质产品之一。2003 年，为强化、改进对叶蜡石企业的科学管理，不断增加经济效益，赵家台村叶蜡石矿承包给神州灵山叶蜡石有限公司经营，每年收取数百万元的承包费用，因此，村办叶蜡石粉末制品厂亦关闭。2021 年，承包出去的叶蜡石矿也因故停产。

煤窑

赵家台村有较丰富的煤炭资源储藏，属于无烟煤，历史上就有煤炭开采、经营史。中华人民共和国成立以前，村中就有几户合伙开煤窑，虽然规模很小，产量不高，但也可以满足自用或出售维持生计。也有靠煤窑发家的，据传，该村著名的古民居——后台和南院的房主人就是靠经营煤炭成为富家大户而盖起豪宅的。1958 年，随着“大跃进”的兴起，里十三地区在赵家台村成立“钢铁营”，其重要任务之一就是在赵家台村的一旦石沟开办煤窑。该窑1963年开挖，1965年出煤，定名为“潭柘寺地区联矿”，吸纳赵家台村部分劳动力在联矿上班。

1973年，为扩大工副业生产，也为解决村民燃煤需求，赵家台村自己开始开煤窑。该窑设在该村底沟地区，东邻潭柘寺煤矿，煤层平均厚度1.8米，共有工人50余人。1976年出煤，1981年产煤8000吨；1982年1月至6月，产煤3300吨，年销量2850吨；2002年年产煤增至1万吨，除外卖以外，还每年向全村每户廉价提供生活用煤3.5吨。随着企业发展和市场需求，该煤窑不仅销售原煤，还加工生产煤球、蜂窝煤出售，年综合收入50余万元。1982年以前，煤窑由村集体经营。1982年至2003年实行包干责任制，2003年由私人承包。2007年，为落实门头沟区在首都“生态涵养发展区”的功能定位，执行全区关闭煤炭和非煤矿山的政策，该煤矿关闭，国家给予补偿金。补偿金的分配比例是，赵家台村委会占55%，煤窑承包人占45%。煤窑关闭后，其集体办公及生产资产没有外卖，而是运到叶蜡石制品厂妥善保管。

烧灰

赵家台村有较丰厚的石灰石资源，且质地优良。历史上，每当村民私人或集体盖房需用石灰时，都要自烧石灰，但不是开办正规灰窑，而是用传统一次性、临时性“石垒直筒烧灰法”。即在平地上用石块垒起一座直筒窑，依次码上燃料和石灰石，当灰烧成后，扒窑取灰。这种方法是现烧现垒，灰成窑废，烧出的灰即为自用，也外售创收。1958年，里十三地区在该村成立的“钢铁营”曾大量烧制石灰。待水泥广泛运用后，特别是全区关闭所有非煤矿山后，赵家台村烧灰逐渐终止。

木材加工

1988年，赵家台村集体开办过木材加工厂，主要是利用本村木材资源，为商家生产木条包装箱等木制品，曾收到一定经济效益。共有工人

10余人，后转由私人承包。几年以后，由于经济效益以及产品销路等原因该厂停办。

第六节　商业、运输业

商业

供销社　中华人民共和国成立后，国家商业管理部门在赵家台村建立起供销合作社，开始时共有4间平房，后又迁到新址，并新盖7间平房，售货员由区商业部门派用，主要从事村民日常生活用品供应和药材、鸡蛋、生猪、树种等农村产品的收购。1987年，就收购村民采集的树种400余公斤。20世纪90年代以后，村供销社由私人承包。

个体工商户　中华人民共和国成立以前，村里就有一户孙姓人氏私人开的小商铺，向村民出售油盐酱醋、针头线脑等日常生活用品。改革开放以后，村中有几户村民从事个体工商业，开办起小卖部、小吃部、小旅店等。2003年，赵家台新村建成后，村里有人办起正规化“祥云商店”，不仅具备一定规模，而且商品齐全。同年，全村有个体工商户3户。2004年，开发民俗旅游业以后，先后又有10余户村民在村口开设农产品销售处，向游客销售土特产品及旅游商品。

集体商业　改革开放以后，赵家台村坚持“农林牧副游、工商建运服”全面发展的方针，村集体也办起商业产业。2008年，村集体开办营业面积几十平方米的“温馨超市”，向村民和游客提供日用品，特别向残疾人和老年人提供特殊福利待遇。2014年，兴办起村办饭店，实行股份制管理，股民年年分红。2015年，与区民政局联合开办“慈善超市”，主要用来接收社会捐赠，支援山区困难群体。赵家台村还经常吸引国合商业进村为村民服务。2012年，村“两委”配合区商委组织粮油供应企业到该村开展“放心粮油进山乡”活动。

运输业

在中华人民共和国成立以前，赵家台村就有人养牲口，跑运输。至改革开放以前，就有以牲口驮、大车运、人力背为主的运输业，当时每个队都有一辆胶轮大车。1973 年，运输收入 5000 元，占全村副业总收入的近十分之一。20 世纪 80 年代前后，村里开始购买拖拉机和运输汽车，并加快公路道路建设，进一步发展起集体现代运输业，主要运输农产品、建材、矿产品等。1983 年、1984 年，村中每年运输收入都有 3 万元以上，占全村总收入的 7% 以上。

20 世纪 90 年代，赵家台村个体运输业也有适量发展，村中有个体运输户 2 户。村民搬进新村以后，又增加数户，2000 年为 9 户。90 年代，刘忠英在外经营运输业，2006 年放弃丰厚收入回村参加社会主义新农村建设。

第七节　经济效益及收入

赵家台村的各项经济建设都曾取得良好的经济效益。村叶蜡石矿在生产石笔时年收入近万元，生产石条时年收入数万元，生产粉末块后，年收入数十万元甚至上百万元，成为村内主要经济来源。赵家台村煤窑年收入一直保持在 20 万 ~ 50 万元。全村民俗旅游户年收入可达 1.5 万 ~ 1.6 万元。赵家台村的潭柘紫石文化产品开发经济合作组织每年分红，2013 年分红 25 万元。这些都使赵家台村村民经济收入不断增加，集体经济不断发展壮大。在集体收入上，1978 年仅 20 余万元，1987 年突破百万元大关，2000 年突破千万元大关，2016 年达到 5400 万元。在村民人均年收入上，1978 年为 200 余元，1987 年超过 1000 元，2009

年超万元，2020 年达 2.7 万元。

1978 年至 2021 年部分年份赵家台村总收入和农民人均年收入情况统计表

表 9-11

年份	总收入（万元）	农民人均年收入（元）
1978	25.4	211
1982	25.2	—
1983	45.5	537
1984	54.4	600
1985	98.6	—
1986	94.1	797
1987	136.7	1457
1990	274.8	1650
1992	390.7	1700
1993	600	1750
1994	820.6	2437
1995	700	2905
1996	699	2921
1997	726	3091
1998	649	3199
1999	924	3400
2000	1050	3737
2001	1320	4215
2004	1620	6501.5

续表 9-11

年份	总收入（万元）	农民人均年收入（元）
2006	2200.8	8306.2
2007	1974.1	8302.6
2008	2480.4	9300
2009	2810.3	10230.5
2010	3093.5	11048.1
2012	3758.1	13122.5
2013	4174.2	14172.2
2014	4509.2	15589.4
2015	4988.0	16837.7
2016	5461.1	18185.4
2017	1789.1	22587
2018	525.8	23467
2019	394.7	25919.4
2020	535.8	27219.1
2021	536	27000

说明：1. 表内“—”代表无统计数据

2.“农民人均年收入”含自营收入

第十章　旅　游

赵家台村具有较雄厚的旅游资源，包括自然景观、文物古迹、红色资源、现代设施等。2004年以后，为适应门头沟区建设“生态涵养发展区”的新情况，根据赵家台村民俗风情游的独特优势，村“两委”改变过去以矿产资源（叶蜡石、煤炭）为主导产业的旧产业结构，确立以民俗旅游业为新的主导产业，引导村民走上发展民俗旅游业的致富道路，使赵家台村成为名副其实的“中国乡村旅游模范村”“市级民俗旅游村”“北京市级四星级民俗旅游村”。

民俗旅游业的发展，促进着村民的广泛就业，拉动着村内集体经济和村民个人收入的持续增加。2004年以后，赵家台村获得多项市区镇级发展民俗旅游业的先进称号。2020年以后，面临新冠疫情，村“两委”采取有力举措，使民俗旅游业仍坚持在困境中求发展。

第一节　旅游资源

自然景观

赵家台老村位于赵家台大峡谷四面环山的盆地之中，山势雄伟、植被繁茂，空气清新、气候宜人，动植物资源丰富、鸟语花香，远离城市的喧嚣，悠闲清静。村域内（或村域周边）沉睡千年的卧佛山，鬼斧神工的窟窿山都远近闻名，独具魅力。经过多年整修，村中梯田层叠、盘山绕岭、雄伟壮观，成为独特一景，展现出迷人的田园风光。其余还有许多山峡巨石也都形态各异，造型独特，令人浮想联翩，极具观赏价值。其山岭、植被、天象形成独特的自然景观，被誉为“世外桃源”“山野丽景”“天然氧吧”。

人文景观

赵家台老村具有至今500余年历史的古宅老院；有蜿蜒曲折、盘旋贯通全村的古地道；有建于明代的朝阳庵，还有古道、古钟、古井、古石碾、古树等。这些文物古迹都有自己的明显特色和唯一性，是人们探古寻幽、体验民俗风情的宝贵资源。特别是赵家台村新村位置，不仅邻近潭柘寺、戒台寺、八奇洞景区，亦是去往房山石花洞等景区必经之地，是潭柘寺地区良好的旅游中转站。

图 10-1　一旦石沟——北京日报社西山基地碑（2021 年 9 月 14 日摄）

红色资源

1957 年，北京日报社在赵家台村域内的一旦石沟建立一处战备出版基地，是北京地区唯一一处在特定历史时期中，为保证战时出版党报而建立的基地，已被保护和修复，并被列为门头沟区级和北京市市级文物保护单位，亦是拉动赵家台村民俗旅游业难得的红色资源。

2000年以后，村“两委”按照区委、区政府“传承红色基因”“发展红色旅游”的有关精神，发掘村内的红色文化资源，打造出一批红色项目，红色议事会、红色广播站、“红色·家”驿站等相继设立，亦为赵家台村的民俗旅游业增加鲜红的色彩与内容。

2003年至2019年部分年份赵家台村打造红色项目情况一览表

表10–1

年份	项目名称	项目宗旨
2003	红色图书馆	传播知识，红色教育
2014	红色议事会	促进全村民主管理
2015	红色荣誉室	展示该村红色历史及成就
2017	红色主题公园	供村民及游人休闲和游览
2018	红色党建文化墙	促进党的建设，向村民和游人展示党建情况及成果
2019	红色广播站	传播红色信息，营造红色氛围
2019	“红色·家”驿站	为村民和游人提供温馨服务

第二节　开发管理

现代设施

赵家台新村离北京城30公里，地处108国道路旁，直通公交汽车，为市民考察社会主义新农村建设，体验门头沟山区风俗人情，到潭柘寺地区旅游食宿提供交通便利。搬迁后的赵家台村村民居住条件发生了翻天覆地的变化，客观上为旅游业的进一步发展提供了良好条件。村民楼房房间建筑面积150平方米～180平方米，宽阔敞亮，接待能力强，可

图 10-2 赵家台村民俗旅游户（2021 年 7 月 27 日摄）

以同时接待 300 余人入住。每户都分上下两层，大户型（187 平方米）2 个客厅、5 个卧室、2 个卫生间、1 个厨房。小户型（150 平方米）2 个客厅、3 个卧室、2 个卫生间、1 个厨房，本户与游客居住皆方便。从 2016 年开始，村“两委”又支持民俗旅游户从自家个性出发，对房屋进行装修改造升级，使之更适宜从事民俗旅游业的食宿接待。同年 12 月 4 日，市委组织部、区委组织部、区旅游委有关领导，到村参观 3 户民俗旅游户的住房装修改造升级工程，给予肯定。这些楼房兼具欧式与中国的建筑风格，造型新颖独特，具有民俗特色，街道整齐划一，环境优美亮丽，居住舒适。

2005 年，赵家台村投资 200 万元，建起 800 亩核桃观光生态园和 500 亩综合种植园，园区集旅游观光、采摘、吃住、娱乐于一体，是市民享受田园风光、体验农家生活、休闲度假好去处。建成以后，曾吸引东城区东直门街道办事处、石景山区交通局等多单位人员前去植树、观光，成为北京市农业观光园区标准化基地。这些都使赵家台村在发展民俗旅游业上，独具优势和个性，形成老村与新村优势互补、相互促进的格局，更好实现“住新村、游老村”的构想。

示范带动

2004 年，面对门头沟区被定位为首都“生态涵养发展区”，以矿山资源为主导产业已不是长久之计的新形势，村“两委”经过反复探讨和请专家论证，决定以民俗旅游业为新的主导产业。针对当时有些村民对这一新的主导产业不认识、不接受，存在种种疑虑的情况，党支部、村委会干部深入各家各户进行动员，还利用开大会讲解、组织参观等多种形式进行宣传鼓动。特别是注重发动党员干部带头兴办民俗旅游业，并把此列为党员评优的重要标准。村干部也率先垂范，带头兴办民俗旅游。在村“两委”号召带动下，党员孙小君、刘建茹等在村中办起家庭民俗旅游业，并取得成功，他们经常用自己的体验做乡亲们的说服、动员工作。至2004年，经过一番努力，赵家台村终于办起第一批26户民俗旅游户，以后村“两委”继续强化宣传、发动、引导，推动民俗旅游户的不断增加。2005年发展至57户，2008年发展至87户，2011年发展至90户，2015年发展至91户，占村民总户数的62%。2021年仍保有91户，使赵家台村的民俗旅游业全面兴起、整体推进，成为名副其实的民俗旅游村。

政策扶植

2004年以后，赵家台村制定出一系列发展民俗旅游业的扶植、奖励政策，特别是注重强化与上级有关单位和部门的联系，让民俗旅游户及时充分享受国家、市区镇及相关职能部门制定出台的相关扶植奖励政策。2004年，协助区农委奖励第一批民俗旅游户每户1000元，为每户购买1台冰柜、1台消毒柜，并为每户提供一年期5000元免息贷款，作为启动资金。2007年，为民俗旅游户配备刷卡机、住宿登记微机并购买第二代身份证识别仪。2013年，协助北京市计生委带来共建资金，为民俗旅游户购买一批厨房用具。2014年以后，每年定期为庭院芽菜种植户发放种子、菜盆、苗盘、支架等生产用具，同年4月8日，为75户阳台种植户每户发3个菜盆、1包菜籽。2016年10月31日，配合区保险公司，为民俗旅游户购买“安全生产责任险”。2017年3月，与门头沟邮政储蓄银行联手开展“民俗贷服务进村”活动，向民俗旅游户提供低息优惠贷款。同年4月，与区保险公司合作，为民俗旅游户提供优惠政策保险。同年11月，为每户民俗旅游户发放1台灭火器，并培训使用方法。

技能培训

培训内容　2004年以后，赵家台村“两委”以提高民俗旅游户的经营水平、服务质量和综合素质，使他们尽快实现由传统农户向民俗旅游户的转变为目的，利用区内外有关培训资源，全面展开对民俗旅游户的系统、综合深入培训。

图10-3　潭柘寺镇赵家台村专家科技服务月活动暨民俗旅游培训班（2014年6月18日摄）

2004年至2021年赵家台村民俗旅游培训情况一览表

表10-2

培训时间	培训内容	培训单位
2004年7月8日	发展民俗旅游业的重要性	区农委、教委、旅游局
2004年	各项旅游制度规范	村“两委”
2005年9月15日	星级旅游管理与服务	北京国际饭店
2006年7月22日	旅游服务礼仪	区文明办、镇、村
2007年	烹饪、编织技术	北京一晟技术培训有限责任公司

续表 10-2

培训时间	培训内容	培训单位
2008 年	面点制作技艺	村委会协同有关部门
2008 年	迎奥运食品卫生环境	村委会协同有关部门
2009 年 9 月 17 日	民俗旅游管理	村协助有关部门
2011 年 4 月 15 日	农家乐服务礼仪	区文明办
2012 年 3 月 14 日	游客消费知识	村委会协同有关单位
2012 年 4 月	“食在门头沟、素食制作技能大赛”	区、镇、村内大饭店
2012 年 4 月 26 日	合法营业培训	村委会、工商所
2012 年 11 月 29 日	民俗旅游接待知识培训	村委会协同有关单位
2013 年 4 月 12 日	厨师面食技艺培训与竞赛	区内晨光等名饭店
2014 年	专家“入户诊断”式培训	有关专家
2014 年	民俗使用电安全	镇、村
2016 年	芽菜种植、旅游食材	北京绿山谷芽菜有限公司
2017 年	电脑报税	区工商、税务系统
2019 年 5 月 30 日	泥塑雕刻	区妇联“益家行”
2020 年	老年驿站管理服务	村“两委”
2021 年	创建“美丽庭院”	村“两委”

2010 年以后，在抓广泛培训的基础上，村“两委”还创造性推出“精、准、细”的专家入户“诊断式”培训。即请专家深入每户民俗旅游户家中，精细地找差距，精准地提建议、定措施，推动民俗旅游业有针对性的、符合个性、独具特色的发展。

培训效果　旅游培训切实不断提高着民俗旅游户的从业技能水平，2012年4月，在第三届“食在门头沟·素食主题技能大赛”中，赵家台村民俗旅游户选手创制的“宫保豆腐”获农家乐组一等奖，“双酱福”菜品和“乡村溜丸子”获农家乐组三等奖，“健康色炒”获农家乐组优胜奖。2014年，赵家台村获北京旅游委评选出的“京郊旅游农家院特色美食品鉴活动‘十佳特色餐饮民俗村’”。

干部培训　举办民俗旅游业以后，村干部为提高领导管理民俗旅游业的能力与水平，由外行变内行，坚持带头参加各种旅游知识的培训，认真自学旅游管理方面的理论、知识，还经常外出寻师取经。2013年，村“两委”班子到区龙世源学习、考察度假村的管理方法与经验。2015年，村“两委”班子到密云县干峪沟村学习、考察开发“山区寒舍”的做法与经验。同年，听专家专题讲课7次。2021年7月，村干部到房山区黄山店村学习考察开发“姥姥家”精品民宿的经验与做法。

宣传推介

2004年，赵家台村民俗旅游业的正式启动，吸引区内外主流新闻媒体的80余名记者与演艺界人士入住，也通过众多记者强化对赵家台村民俗旅游的宣传力度，提高其知名度和影响力。之后，《人民日报》、《前线》杂志等主流媒体记者及众多自由媒体录制者都曾多次到村采访。门头沟区电视台及《京西时报》也经常对该村的民俗旅游和社会主义新农村建设进行宣传、报道和推介。2008年，村“两委”请区内文化公司精心制作《赵家台民俗接待村》宣传册，除在区内发放外，还派人到国家体育馆（鸟巢）等繁华地点发放。2014年6月9日，北京卫视宣传报道赵家台村的美丽乡村建设和民俗旅游业。2015年1月14日，接待北京广播电台体育广播节目主持人惠凡到村进行“美丽乡村、筑梦有我”公益活动，通过制作专题节目，持续地、全方位地宣传、报道、推介赵家台村的民俗旅游业。同年4月2日，赵家台等12个村与北京广播电台12名知名主持人牵手结对，共同推介宣传本村的民俗旅游及社会主义新农村建设。同年，《新京报》以《古道·废村格局好》为题，报道赵家台的民俗旅游思路。2016年，赵家台村潭柘紫石文化发展有限公司代表门头沟区参加第四届中国北京国际文化创意产业博览会，宣传、展示村内的旅游产品。2022年1月19日《北京日报》登载《冬访古村赵家台》的游记。

强化对外联络

赵家台村自发展民俗旅游业，建设社会主义新农村以来，实施“开门行动”，强化对外联络，接待多类别、多批次人员到村参观、考察、调研、交流社会主义新农村建设和发展民俗旅游业情况，以浓烈赵家台村的人气，提高本村社会主义新农村建设和民俗旅游业的知名度，引来游客。

赵家台村先后多批次接待国家级有关单位、部门领导，市区委、政府领导，市区宣传、组织、政法、农委、妇联、文明办、旅游、文化、残联、老龄、绿化、环卫、水务等单位、部门领导。2004年接待国家安全局领导；2006年，接待全国政协委员一行；2007年，接待中华人民共和国文化部领导；2014年、2015年，先后接待全国妇联副主席、主席一行；2015年7月9日，接待宋庆龄基金会的领导及工作人员；2016年3月11日，接待中央对外联络部领导；2017年，接待中华人民共和国环境保护局领导。

2007年，接待捷克农业专家团队和中国矿业大学教授。2009年，接待经济学家厉以宁一行。2011年，接待中央民族大学经济学院研究生。2014年，接待北京城市学院师生，同年8月7日，接待北京体育大学研究生院师生。2015年，接待神农架景区科研人员。2016年，接待北京市第58期中、青年干部培训班学员。

2009年，接待西藏参观考察团。2015年，接待神农架地区大九湖镇干部，同年，接待呼和浩特市新城区区委干部。2018 年，接待全区低收入村村干部来村参观取经。2019 年 4 月 18 日，接待妙峰山镇各村党支部书记。同年 6 月 24 日，接待区内岭角村党员干部。2021 年，接待海淀区西北旺镇永丰屯村“两委”干部。

统一管理

2004 年以后，村集体积极为愿意从事民俗旅游的农户搞申报、跑手续、办执照，并统一进行办证以后的年检。2008 年，联系有关部门为民俗旅游户统一办理“酒业流通许可证”。2013 年，为 25 户已到期的民俗旅游户统一办理卫生许可证。2016 年，联系农商银行到该村为旅游户办理手机刷卡器。2017 年 4 月，联系区有关部门，为民宿旅游户进行电脑报税培训，并办理相关手续，免去人工报税的辛苦与不便。同年 7 月，联系地区工商局统一到村为民俗旅游户验证。目的是克服民俗旅游户单家独户办理各种证件的不便与麻烦，提高办事效率，也使全村 90 余户民俗旅游户全部证件齐全，均具有合法经营的各种手续。

不断硬化、亮化、美化村容村貌，展现社会主义新农村的亮丽风采，“栽种吸引金凤凰的梧桐树”。同时，村集体舍得投资，不断强化民俗旅游的基本设施建设，确保水、电、暖气的完备供应。2014 年以后，先后统一修建停车场 2 处，设立游览导视标识 30 个。2015 年，从北京旅游委争取资金 12 万元，盖起高档旅游厕所，营造起良好的民俗旅游条件和环境。

2004 年，赵家台村成立赵家台民俗旅游协会，并制定《赵家台村民俗旅游接待户服务规范》《赵家台村民俗旅游接待户标准》《赵家台村民俗旅游接待户安全管理制度》《赵家台村游客须知》等规章制度，把全村民俗旅游户全吸纳为协会会员，统一接待标准、统一分配客源、统一解决各种矛盾和纠纷。这种有分散又有集中的经营模式，以及“游老村住新村”的经营构想，被许多新闻媒体称其为“独特的赵家台民俗游模式”。2005年、2006年，赵家台村旅游协会连续被评为区级“先进农民专业合作经济组织”。2014年，为解决团体游客分散在一家一户就餐的不便与不足，村里办起集体饭店，主打“饺子宴”和当地特色饮食。特别是赵家台老村野生可食用性植物丰富，有木兰芽、香椿芽、柳芽、千穗谷、地梨、荆蘑等。这些食材经过精心烹制，既有丰富的营养，又有独特的口味，是地道健康的绿色食品，很受游客欢迎，当年就接待游客3万余人。同年，村里还成立北京兴龙致业旅游服务中心，统一解决游客的咨询、食宿联系诸事宜，填补了单家独户进行这些工作的不便与不足。

旅游活动

2004年，区委宣传部、区旅游局组织全区性“金秋时节看北京”一日游活动；2005年，组织“看山城新变化”一日游活动；同年，北京市旅游局启动“2005新北京”一日游活动，赵家台村的民俗旅游亦被列为精品旅游景点之一。2008年，组织“我看家乡新变化”一日游活动。在这些活动中，赵家台村的社会主义新农村建设均被列为观光旅游景点之一。2021年，区镇有关领导多次到赵家台村，听取村“两委”关于民俗旅游业复工复产及进一步振兴民俗旅游业的汇报，并进行实地考察，对村“两委”的设想给予充分肯定，希望该村民俗旅游业进一步“传下来、活起来、走出去”，迈上新台阶，再创新的辉煌。

服务质量

2004年以来，多次对民俗旅游户进行文明礼仪培训，向他们普及会话礼仪、接待礼仪、服务礼仪等方面的基础知识，做到文明经营、礼貌待客。村“两委”经常运用请地区工商、卫生等系统人员前来宣讲等方式，向民俗旅游接待户普及相关的法律、法规知识，进行依法经营、合法经营教育，做到收费合理、价格公道、明码标价、诚信服务，坚决杜绝假冒伪劣、强拉硬卖、行骗欺诈等行为。民俗旅游户千方百计提高厨艺及卫生、安全水平，做到饭菜可口，特色突出，居住卫生，安全放心，让顾客高兴而来，满意而归。2005年，西藏等地在北京上大学的一些大学生，因经济困难等原因不能回家过春节，时任党支部书记的孙继青接待他们到村中民俗旅游户中过春节，饭菜丰盛、实惠、便宜，市、区、镇领导前去看望，并与他们一起过大年，使学生们度过了一个祥和欢快的春节，深深感到首都的温暖，被当时传为佳话。2019年，村里在村主街设立“红色·家”驿站，除为村民提供收发快递等便民服务外，还随时向游客提供饮水、雨伞、药品等应急用品，为他们打造温馨家园的感觉和氛围。优质服务为赵家台村带来大量“回头客”，从未发生村民与游客重大的纠纷事件。

截至2020年，经过申报、创建、验收等严格程序，全村民俗旅游户全部达到区级以上民俗旅游户标准。2005年，赵家台村成功创建“北京市级民俗旅游接待村”。2010年，被北京消费者协会评为“诚信服务示范单位”。2013年，成功创建全区唯一的“北京市级四星级民俗旅游村”。2014年，被评为“京郊旅游农家院十佳特色餐饮民俗村”，2015年8月，赵家台村被中华人民共和国旅游局评为“中国乡村旅游模范村”，其名声由全区、全市走向全国，赵家台村的民俗旅游业有了一块又一块金字招牌。

第三节　旅游产品与收入

旅游产品

自发展民俗旅游以来，赵家台村争取旅游的全方位综合效益，大力发展旅游商品。赵家台村土特产品品种多、质量好、特色强，游客很喜欢。村“两委”引导村民把薄皮核桃、桃、京西盖柿、李子、山里红、花椒、山区杂粮、无公害蔬菜等进行精心包装，转化为旅游商品，向游人出售。2008 年以后，经过严格系统地学习培训，赵家台村开发出潭柘紫石系列的石砚、茶具、印章、挂件等工艺品，作为旅游商品出售。赵家台村还组织妇女、青年等人员生产手工编织（如意球、拖鞋、毛巾帽等）、刺绣、根雕、泥塑等工艺品，使赵家台村民俗旅游商品丰富多彩，独具特色。2012 年，赵家台村潭柘紫石加工企业获门头沟区“旅游产品加工先进企业”称号。

游客与收入

经过有效宣传推介，特别是经过优质高效的开发经营，来村的游客不断增加，回头客很多，并被逐渐纳入市区旅游管理部门的推荐视野。2011 年，全村全年接待游客 3 万余人次。2015 年，全年接待游客超 3 万人次。在旅游旺季，该村民俗旅游户经常客满。

赵家台村发展民俗旅游业，十分注重创造最佳效益。2015 年 3 月 24 日，为使村办饭店取得最大效益，村里决定深化改革，采取竞标的方式将其由私人承包，最后在 13 名竞标者中，一村民以每年上缴 15.4 万元的价格中标，取得比集体经营或一般承包更大的效益。自发展民俗旅游业以来，赵家台村民俗旅游户的户均年收入一直保持在万元左右，其中 2011 年至 2015 年，全村旅游总收入达 100 余万元，民俗旅游户户均年收入达 1.5 万元～ 1.6 万元。民俗旅游业的兴起，填补了因关闭矿产资源企业为本村经济收入和村民就业带来的损失，逐渐成为赵家台村新的主导产业，并为全地区落实“绿水青山就是金山银山”的理念，为建设现代化生态新区作出贡献。2012 年，赵家台村获门头沟区“旅游产业发展先进村”称号。

2020 年以来，由于受新冠疫情的影响，赵家台村的民俗旅游业不可避免地受到很大冲击，但仍有一半以上的民俗旅游户，在采取严格防疫措施、严格执行有关防疫规定的前提下，用接待散客、出租自家房屋的形式，坚持在困境中求发展，在旅游旺季，每天接待游客仍达上百人。从 2020 年开始，村“两委”引导民俗旅游户参与全区“小院十百个美丽庭院”建设项目，先后有 20 余户民俗旅游户申报参加“美丽庭院”创建工作，以便把赵家台村的民俗旅游业纳入全区“精品小屋”的民俗旅游发展序列中。村干部也多次围绕精品小屋建设出外学习、考察、取经。同时，村“两委”也拟定用充分发挥核桃观光园区和古地道的作用等方式，进一步振兴村内的民俗旅游业。2021 年，区镇有关领导多次到赵家台村，听取村“两委”关于民俗旅游业复工复产及进一步振兴民俗旅游业的汇报，并进行实地考察，对村“两委”的设想给予充分肯定，希望该村民俗旅游业进一步“传下来、活起来、走出去”，迈上新台阶，再创新的辉煌。

第十一章　文化体育　文物

赵家台村历史上有较深厚的文化底蕴，现在村中流传着不少美丽的民间传说，也流传着不少赞美新社会新生活、新事物的歌谣、诗歌。改革开放以后，特别是赵家台新村建立以后，村“两委”为建设社会主义新农村，培养有理想、有纪律、有文化、有道德的社会主义新型农民，更加注重发展文化体育事业。利用吸引国内外著名文化团体和单位到村建立文化基地，发展文化创意产业，营造浓烈的文化氛围，编印村书、创办村报，广泛开展群众性文化体育活动等多种方式，强化社会主义文化体育建设，多次获得国家部委办级和市区镇级文化体育活动先进称号。

赵家台村存有多处文物、古迹，不少文物古迹在地区都有唯一性、独特性，是赵家台村宝贵的文化资源与文化遗产。

第一节　文化体育

文化基地（示范点）

2007年，中华人民共和国文化部、全国妇联鉴于赵家台村对文化建设的重视及文化建设方面的种种优势，确定赵家台村为“全国美德在农家活动示范点”。在此推动与引导下，2007年以来，全村有20余人（户）获得市区级“孝星”“文明之星”等中华传统文化、传统美德先进称号。2012年4月，中国楹联学会在赵家台村成立“中国楹联门头沟创作基地”，中国楹联学会会长、名誉会长、副会长、秘书长，还有作为会员的空军原副司令员、北京卫戍区原政委、总参工程兵学院原政委、总后军需大学原副校长等高级退休军官，以及门头沟区委、区政府相关领导都来参加启动仪式，成为赵家台村的一项文化盛事。之后，中国楹联门头沟创作基地多次在该村开展文化活动。据介绍，赵家台村几乎每户都存有老艺术家们留下的笔墨真迹。2015年4月，北京市中医管理局把赵家台村确定为“北京中医健康乡村（社区）建设试点基地”，以大力研究、践行、普及中华民族博大精深的中医文化。此后，“北京市中医健康乡村（社区）试点基地”团队不断到村开展健康讲座、中医诊治病等活动，用中华民族这一瑰宝造福民众。

文化创意产业

赵家台老村一带为物华天宝之地，仅矿藏而言，除白色叶蜡石、黑色煤炭以外，还有红色紫石，称作红色粉砂岩。

潭柘紫石开发始于明正统年间（1436—1449），最初用于建材，故宫太和殿御座下基石，乾坤宫内四大香炉的底座均是用紫石做原料，取“紫气东来”的吉祥之意。后经工匠把紫石精雕细琢成砚台，得到皇家喜爱，在砚族中独树一帜，据资料载：“该紫石颗粒均匀，质地缜密坚实细腻，柔中有刚、柔而不娇、刚而不涩，叩之铮铮如金声，是制砚的上等原料”“制出的砚发墨不耗，贮水不涸，晶莹温润，抚之柔滑似婴儿肌肤，既益于笔毫，又经久耐用”。现故宫中收藏有珍品紫石砚。

2008年，赵家台村决定利用这得天独厚、储藏丰富的宝贵资源，开发研制紫石文化工艺品，作为民俗旅游商品出售创收。在门头沟区劳动和社会保障局等有关单位的支持配合下，请国内著名雕刻师到村举办培

图 11-1　2009 年，潭柘紫石文化产品开发经济合作组织成立（2009 年 9 月 8 日摄）

训班，传授雕刻技艺，有 30 余名青年参加，经过历时半年的培训和实际操练，全部结业。2009 年 3 月，村里成立潭柘紫石文化发展有限公司，组织培训结业村民雕刻以紫石为原料的笔砚、石鱼、印章、茶盘、挂件等系列工艺品，很受市场欢迎。同年 9 月，村里成立赵家台村紫石合作社，入社村民 40 余户，把潭柘紫石文化发展有限公司纳入股份制经营管理。

赵家台村生产的紫石工艺产品具有雄厚的文化内涵，实则是一种文化创意产业。2009 年以后，曾多次代表全镇、全区参加中国北京国际文化创意产品博览会，以其产品的唯一性和产品的色泽沉紫、古色古香、别有韵味而引发与会者的好评和关注，也深受来村旅游者喜爱和欢迎，市场销售量可观，取得良好的经济效益。从 2008 年开始，赵家台村紫石合作社定期进行按股分红，同年 41 户股民分红总数 12 万余元。2011 年，按每股 1000 元，每户至少分红 300 元。2013 年，分红总数 25 万元。近年来，由于全区关停煤炭企业和非煤矿山，使紫石材料开采受到影响，因此赵家台村紫石工艺品的开发制作亦受到影响。

文化氛围

街巷文化　2007 年，赵家台新村建起以后，在主街道上，陆续立起东、北两块影壁文化墙，高 7 米，宽 12 米。影壁文化墙的宣传内容定期更换，2020 年以前，东影壁文化墙的底画为整版党旗，上书“增强‘四个意识’、坚定‘四个自信’，弘扬‘四个一’门头沟光荣历史传统”，2021年，更换为“征途漫漫唯有奋斗——艰难方显勇毅，磨砺始得玉成”。西影壁文化墙原书有“耕耘分秒，勤奋造就天才；积蓄力量，实力铸就辉煌”的格言，2021年，更换为宣传“绿水青山就是金山银山”理念的风景画。2010年以后，在新村主街两旁立起铝合金制成的高档文化图窗16块，内容定期更换，用图文并茂的形式宣传各种党建、法律、科技、文化知识和村“两委”中心工作、村内大事。近年来，沿街巷还悬挂有“文明公约”“村民自治章程”“环境卫生”“创建全国文明城区”“抗疫”等各种宣传牌和电子屏。2018年，在村委会办公楼院内，建起由8块版面组成的仿古党建宣传墙，高、宽均有数米，用于党建宣传和村务、党务、财务公开。村“两委”建造此文化墙的目的，就是“以墙宣传造势，借墙接稳地气”。在村西头入村处，建有仿古牌楼式大门，大门两旁原有著名的书法家、中国楹联学会会长孟繁锦所书写的对联。这些举措都打造出浓厚的街巷文化，形成“满街图文，整巷文化”的氛围。

图11-2　赵家台新村影壁（2021年8月3日摄）

大门文化　2010年以后，村委会在每个党员户大门口悬挂有“党员户”门牌，提醒党员时刻牢记自己的党员身份，也使党员时刻接受群众监督。2017年，在每一户村民大门口两旁悬挂有由村民自己出内容、由村集体统一制作的永久性凹刻木质大门楹联牌。在每一户党员大门口还加挂由党员自己出内容，由集体统一制作的“家风家训”和“一句话承诺”门牌。这些都形成赵家台村特有的、系列大门文化，使每户村民都形成“进门见文化、入屋育文化、出门带文化、行动践文化”的氛围。

图 11–3　木质大门楹联牌（2021 年 7 月 27 日摄）

赵家台村“家风家训门牌”“木质大门楹联牌”一览表

表 11–1

序号	家风家训门牌内容	木质大门楹联牌内容
1	静坐常思己过 闲谈莫论是非	福照家门万事兴 喜民宝地千年旺
2	做人要诚实 做事要诚信	一年四季行好运 八方财宝进家门
3	亲善产生幸福 文明带来和谐	和气一门有百福 平安二字值千金
4	实实在在做人 踏踏实实做事	和气持家财路通 勤劳致富家业旺
5	勤俭持家 浪费可耻	福门吉祥千财旺 人顺家和万事兴

续表 11-1

序号	家风家训门牌内容	木质大门楹联牌内容
6	诚实、善良 守信、包容	德茂福盛年年旺 财丰人健事事顺
7	心中有爱 行中有善	瑞地吉祥传世远 德门运旺酿福长
8	家和万事兴	天地和顺家添财 平安如意人多福
9	严于律已 宽以待人	党的政策真是好 生活水平步步高
10	家庭和睦 邻里和谐	瑞雪丰年千家福 正逢盛世万家兴
11	孝为先 和为贵	家居平安幸福地 身处健康如意门
12	知识改变命运 幸福要靠奋斗	门迎晓日财源广 户纳春风吉祥多
13	尊老爱幼 全家和谐	忠孝传家勤修德 诚信立世事业成
14	勤俭 真诚 仁爱	康泰一家生百福 祥和二字重千金
15	诚信友善 孝为先	好日子舒心如意 美生活幸福平安
16	尊老爱幼 为人正直	福禄寿三星共照 天地人六合同春
17	以爱兴家 以德治家	百福临门家安乐 千祥纳户鸿运昌
18	节俭 勤奋	雄鹰展翅越高山 谁知已至令诚轩
19	忠孝礼仪 从自做起	地静人常逸 山青花欲燃

续表 11-1

序号	家风家训门牌内容	木质大门楹联牌内容
20	敬老爱小 勤俭持家	家和人和万事和 春到福到吉祥到
21	夫妻和睦 子女孝、家业兴	天赐宝地财源广 地助福门吉祥家
22	尊老爱幼 勤俭自强	秀色青山争入户 祥光瑞日正临门
23	和谐社会 和谐家庭	全家平安添百福 满门和顺纳千祥
24	与人为善 与邻为友	彩笔不随年岁老 华章偏映夕阳红
25	勤俭自强 敬业奉献	占天时地利人和 取九州四海财宝
26	诚实 守信 忠诚 善良	内外平安好运来 阖家欢乐财源进
27	厚德载物	居家无忧常作乐 出入平安便是福

说明：该表选编的“家风家训”门牌内容与“木质大门楹联牌”内容各成序列，同在一个序号，不一定为同一家所用

楼宇文化　2000 年，赵家台新村开始建设以后，在楼群中配套建起村图书室、文化活动室等文化设施，在村委会等公共场所楼道内，都设置有宣传牌、文化墙等，用图文并茂的形式宣传党的方针政策、村内主要工作、社会主义文明道德等。其内容定期更换，现内容之一是宣传“红色传承赵家台，厚植绿色谋发展”“绘就伟大梦想新蓝图，开启伟大事业新时代”等口号，以教育、激励村民传承门头沟及村内的红色文化、山水文化及“铁打的赵家台”精神。

图 11-4　赵家台村委会楼道文化墙（2021 年 8 月 3 日摄）

空中（现代传媒）文化　赵家台村新村实施有线电视、互联网入户工程，建立起村电脑室，开通赵家台村微信公众号。2008 年 7 月，在村内建立起数字影厅。2019 年 7 月 19 日，在新村建起“赵家台村红色广播站”，站址选在村委会值班室，每周一至周五上午 8 点半—9 点广播，其中文化建设是播出的重要内容之一，这些在天空中传播的文化，村民称之为“空中文化”。

赵家台村的街巷文化、大门文化、楼宇文化、空中文化，营造出“处处有文化，时时受教育”的社会主义新农村文化环境，形成了由时间到空间，由听觉到视觉、由有形到无形的“立体化、全元素、多视角、广覆盖”的文化氛围。2021 年 12 月，北京永定河文化研究会曾在自己的会刊——《永定河》季刊上对赵家台村这种立体化文化氛围进行宣传推广，文章题目是《一个充溢着永定河文化的小山庄》。

群众文化体育活动

组织领导　改革开放以后，赵家台村的群众性文化、体育活动始终由村“两委”统一领导，由村妇联、共青团、残疾人协会等群团组织分头负责。每年年初有计划，年中有检查，年终有总结，与其他工作一并部署，一并推进，一并检查，一并考核。村“两委”舍得投资，用于建设文化体育活动场地，购买活动队伍所需服装、道具、乐器及活动赛事所需奖品，甚至为排练队员发放补助等。该村的群众文化体育活动支出每年在全村总支出中都占有一定比例，其中，仅用于日常支出的经费，2007 年为 1.1 万元，2008 年为 1 万元（同年，为腰鼓队购买服装用 5000 元）。2009 年为 8000 元，2012 年为 2 万元，2016 年为 7 万元（同年，为村舞蹈队买音响设备用 3.3 万元），2018 年为 9000 元，2019 年为 4.2 万元，从而保证了群众性文化体育活动和全民健身运动的健康持续发展。

图 11-5　村委会大院腰鼓排练（2013 年 2 月 23 日摄）

活动队伍　早在 20 世纪 60 年代，赵家台村就建立起秧歌队，共有 20 余人参加，由村里统一购置服装、道具、乐器。这支队伍的人员及服装、道具、乐器不断增加与更新。2000 年，村民陆续搬进新村以后，又先后成立起腰鼓队、文艺演出队及各种体育活动队伍。在村“两委”及青年团、妇联等群团组织的倡导、动员下，全村凡是有活动能力和愿望的村民几乎全部参加进文化体育活动队伍之中，真正形成“全民健身、老幼锻炼、人人欢笑、举村康乐”的红火局面。

图 11-6　赵家台新村休闲长廊及健身器材（2021 年 8 月 31 日摄）

活动阵地　在老村时，由于受山区条件限制，各种文化体育队伍只能在近百平方米的村委会场院活动。新村建成后，逐步建设完善文化活动室1处，村民健身场地3处，配备各种健身器材20余套，建起篮球场1处、休闲长廊3处、大型村级公园1处。还在新村建起步行街，在老村建起人行步道，为群众性文化体育活动及休闲健身提供充足条件和方便。

活动内容　中华人民共和国成立以前和成立初期，赵家台村成年人整天忙于生计，没有经常性文化体育活动，孩子们也只是玩一玩丢沙包、跳格、抓羊拐、抽陀螺、撞拐、弹球、老鹰捉小鸡之类的游戏。成年人只有在春节期间才可以玩一玩扑克、踢毽子、打秋千、拔河之类的文化体育活动。改革开放以后，随着物质文明和精神文明的双推进，村内文化体育活动日益兴盛，村民在老村居住时村秧歌队经常在村场院排练，练好后则在村内演出或参加区、镇演出、比赛。1998年，他们参加潭柘寺镇第二届秧歌比赛，获得第三名。村民搬进新村以后，赵家台村业余文化体育队伍更加扩大，村民的广场舞、文艺演出、篮球比赛、拔河比赛、扑克大赛等业余文化体育活动更加活跃，内容更加广泛多样，做到长年不断、丰富多彩。

图11-7　2020年“六一”儿童节丢沙包活动（2020年5月3日摄）

1998 年至 2021 年赵家台村群众文化体育活动情况一览表

表 11–2

时间	活动内容	获奖名次及级别
1998 年	参加全镇第二届秧歌大赛	第三名 • 镇
2003 年 3 月 8 日	村内举办太极十二拍及广场舞活动	
2004 年 1 月	参加全镇“十六大精神进农家”文艺汇演	优秀奖 • 镇
2004 年 6 月	参加全镇“庆祝建党 83 周年——颂歌献给党”文艺演出	优秀奖 • 镇
2005 年	参加全镇春节文艺汇演	三等奖、优秀奖 • 镇
2006 年	参加门头沟区健身项目表演赛	优秀奖 • 区
2006 年	参加镇“保持共产党员先进性教育”暨庆祝建党 85 周年合唱比赛	一等奖 • 镇
2007 年 8 月	参加镇“和谐社会道德歌”文艺展演	
2008 年	参加镇首届“庆重阳老人趣味运动会”	
2008 年	参加“潭柘寺 1700 年庆典千人长跑”活动	
2008 年	村腰鼓队到潭柘寺进行迎奥运表演活动	
2009 年	青年团员参加全镇拔河比赛	纪念奖 • 镇
2009 年 6 月 27 日	青年团组队参加全镇乒乓球团体赛	
2010 年	参加镇“庆‘十一’迎中秋红色歌曲大传唱”合唱比赛	组织奖 • 镇
2011 年	参加镇庆祝建党 90 周年红歌演唱会	
2011 年	参加镇“倡导婚育文明、构建和谐家庭”计生文艺汇演	

续表 11-2

时间	活动内容	获奖名次及级别
2012 年	村内开展“庆建党 91 周年广场舞周”活动	
2013 年	村腰鼓队、秧歌队在镇文化广场进行庆元宵节大展演活动	
2013 年 9 月 27 日	腰鼓队参加镇“乡村大舞台”文艺表演	
2013 年 9 月	参加镇计生趣味运动会	
2016 年 1 月 23 日	全村扑克大赛（每年都举办）	决出一二三等奖・村
2017 年 6 月 29 日	参加镇“红歌唱给党，圆梦新潭柘”红歌比赛	一等奖・镇
2017 年 9 月 29 日	参加镇“喜迎十九大献礼祖国 68 华诞”群众文化展演	
2018 年 3 月 6 日	村内进行“小车会”秧歌串街表演	
2018 年 6 月	全镇“法治文艺大赛”	二等奖・镇
2018 年 8 月	村内举办“创文明城、文艺进农家”文艺演出	
2019 年 3 月 8 日	庆“三八”打腰鼓扭秧歌活动	
2019 年 5 月 12 日	“母亲节”沙包掷准趣味运动会	决出前十名・村
2019 年 6 月 25 日	参加镇“庆七一”红歌合唱风采展演	
2019 年	参加镇“迎国庆千人太平鼓展演”	
2019 年	“和谐大家庭”拍照活动	择优展示
2020 年 9 月 28 日	村 33 名选手参加镇第二届太平鼓展演	
2021 年 2 月	全村春节扑克大赛	决出前三名・村
2021 年 5 月 8 日	母亲节“强体抗疫足球射门趣味活动赛”	决出前六名・村

续表 11-2

时间	活动内容	获奖名次及级别
2021 年 6 月 21 日	庆祝中国共产党成立 100 周年文艺演出	

文化交流活动

改革开放以后，赵家台村还积极支持市区有关部门的文化下乡、“文化星火工程”等工作，经常邀请、接待社会上一些文化团队到村进行文艺演出或开展文化交流活动，成为赵家台村又一明显的群众性文化体育特色。

2007 年至 2021 年文化团队到赵家台村部分活动一览表

表 11-3

时间	单位	内容
2007 年 8 月	北京市朝阳区书画协会“夕阳红”艺术团	“笔墨翰情赵家台，唱响和谐新农村”文艺演出
2007 年	市区书画协会 60 余名书画爱好者	社会主义新农村写生
2008 年	崇文区艺术团	迎国庆文艺晚会
2008 年	大峪街道剧场东街常青艺术团	到村义演
2009 年	群英艺术团、保安艺术团	到村义演
2010 年 8 月 27 日	双峪夕阳美戏剧社	星火工程演出
2011 年 9 月 28 日	北京市书画协会 10 余位书画家（含一些僧人书画家）	“金秋敬老月——城乡僧俗联谊笔会”，创作作品 30 余幅
2011 年	国内老艺术家	文艺演出与交流

续表 11-3

时间	单位	内容
2012 年 4 月	中国楹联协会	建立门头沟楹联创作活动基地
2012 年	北京余辉艺术团	文艺义演及民俗游
2012 年	“文华飞彩”艺术团	文艺义演与参观社会主义新农村
2013 年 8 月 25 日	河北吴桥杂技艺术团	杂技演出
2014 年 6 月	北京“隐形翅膀”艺术团	文艺演出
2014 年	门头沟区文化馆“和谐之声”合唱团	“文化下乡”演出
2015 年	西宁路文艺团	“文化下乡”演出
2015 年	门头沟区南辛房“天门山艺术团”	文艺义演与交流
2015 年	门头沟侯庄子“民声”演出团	声乐演出与交流
2016 年	绿岛京西百花河北梆子剧团	义演
2017 年 5 月 11 日	大兴区作家协会	古道采风
2017 年 8 月 2 日	“梦想”艺术团	“星火工程”文艺演出
2018 年 2 月 8 日	虹桥艺术团	与村举办“2018 年新春联欢会”
2018 年 6 月 4 日	北京“金榜艺苑”艺术团	文艺演出
2018 年 6 月 21 日	北京“隐形翅膀”艺术团	“星火工程”文艺演出
2018 年 11 月 24 日	门头沟区文联组团	“我们的中国梦”文艺演出
2019 年	门头沟大峪街道“向阳”艺术团	文艺演出与交流
2019 年	门头沟区永定镇文艺团队	文艺演出与交流、联谊

续表 11-3

时间	单位	内容
2019 年	北京市残联艺术团队	文艺义演
2020 年	北京“鑫浩美通”文艺团	“星火工程”演出
2020 年	东城区文联书法协会	“新春送福”写春联
2021 年	西宁路文艺团	“星火工程”演出

赵家台村文化体育工作得到上级有关单位和部门的充分肯定，2008 年，获“北京市北京奥运会、残奥会群众体育先进集体”称号。2011 年获“北京市健身明星村”称号，2018 年、2019 年，连续被评为“门头沟区基层考核优秀文化室”。

歌谣、诗歌

歌谣　抗日战争年代，赵家台村人深受日本侵略者所害，1943 年有许多村民被迫外出逃荒。村中有一首歌谣哭诉了当时的悲惨情景，这首歌谣至今仍在一些老人中流传。

提起过去的里十三
我们两眼泪欲干
日本鬼子来到了
他们住了整八年
民国三二那一年
家家逃荒到外地
死的死来逃的逃
爷娘妻子各分散

长年以来，赵家台村村民在生产生活中创造出不少歌谣。20世纪50年代，村民刘秀英自编自唱了一首歌颂村集体新面貌和村民新生活的歌谣，至今村里一些老人还记得。

叫声个同志听我言
里十三那个好处说也说不完
走上集体化，大家笑开颜
种果树本是万亩村
大家都齐心
果树培养好
果实挂满了梢
走路不小心就把头碰破了
建立花果园
大家心欢喜
火车站，汽车跑，不知有多少
都是党领导，我们搞得好
幸福的生活后面紧跟着
过去的里十三，没想到有今天
门潭的公路修到我家边
坐车真方便，到处去参观
回来又回去，真是不简单
叫声个乡亲们，
请你往下听
里十三的大队成立个“钢铁营”
战士们真勇敢
大闹黄连间
为了那个叶蜡石，跟它们来作战

钢铁耐火砖

咱们来支援

全体的战士们，拼命跟它干！

诗歌　近些年来，到赵家台村游览参观采风的文人墨客很多，留下不少诗歌作品。2017 年 5 月 11 日，中华诗词学会会员、大兴区作家协会副主席杨喜来一行到赵家台村采风，留下赞美该村古道诗歌多首，其中一首为《京西古道的蹄窝》，发表在该会创办的文学刊物上。

奔流的永定河

浇灌的北京丰满茁壮

一根茂密的枝条

延伸向京西

煤炭、盐巴、香火

坐在骆驼的脊背上

蜿蜒流淌

京西的山沟沟

一条条石路

留下了驼队的身影

留下深深的脚窝

山中明月

古道烟霞

多少岁月的痕迹

多少辛酸的故事

680 千米的古道

跋涉着千年的身影

一个个深深的蹄窝

是一盏历史的酒杯

斟满了旅人的哀怨

斟满了思乡的情怀

斟满了日光月辉

斟满了雨雪风霜

深深的蹄窝

留给后人的不仅仅是惊叹

当你细细品味这陈年的佳酿

你获得的是坚韧和顽强！

杨喜来先生到赵家台村游览采风时，还创作留下另一首赞美古道的诗歌，题为《古道的寂寞》，在同一文学刊物发表。

风奔走了千年

依然呼号

摇动着树的碎叶

月光照耀了千年

打磨着岁月

那一块块石头

光滑细腻

裹着历史的包浆

西山古道

曾经的繁华

多少商贾的驼队

多少走脚的旅客

把一条道路抛光

而今风声依旧

月光依旧

那些驮了煤炭，驮了瓷器

也驮了梦想的商旅
已经走远
走进了记忆
走进了传说
在这册坚硬的史书上
留下了深深的蹄窝
再也没有铁蹄踏出来的火星
只有风吹过
只有冰冷的月光
抚摸着古道的寂寞

赵家台老村有一条独特的“十”字街路。1996 年，门头沟区档案史志馆高丽敏被这条老路的风姿深深打动，赋诗一首，诗名为“老路”，发表于 2018 年 12 月《人民文学》刊物上，诗中赞道：

老去是一条必由之路
比起岁月，你的老还很年轻
幽静是最美的声音
走出十字交叉的形态
在草枯叶黄的小巷
对一片落叶发出赞美
仿佛看到花儿的绽放
秋冬夏春
是一生之书的全部
四个页码是厚度也是长度
如你这般从容优雅
然后也是最后
洁白覆盖来生之路

迎接今世回到蛹身
满世界飞舞白色蝴蝶
有一只必是你的旧识
在新路再次走过

村报、村书

村报　2008年，赵家台村“两委”在历史上首次办起自己的村报——《赵家台村报》，使该村成为门头沟区为数不多的有村报的村庄之一。该报由村党支部、村委会主办，由来村大学生村官、村助理负责编辑（大学生村官离村后，由村委会办公室编辑），每月一期，免费发放至全村各户一份。其内容为村内大事专题报道、村务信息、生活常识、法律知识、好人好事、村民生日祝福等。主旨是让村民及时了解村中大事，提高工作透明度，深化民主进程；展示村内各方面工作情况，使各方面工作相互了解、相互鞭策、相互促进，促使党员干部敢于善于勤于作为；表扬先进人物先进事迹，鞭策后进，形成良好的家风、村风；传播各种改革开放理论政策和文化科学法律知识，提高村民综合素质，增长勤劳致富的才干和本领。该村报不仅是一种宣传工具，也是赵家台村文化建设的一件大事，该报开辟有《开心一刻》栏目，经常刊载一些笑话和寓言，使人在开怀大笑的同时寓教于乐。该报还经常开展“和谐家庭合影”拍照比赛等文化活动。该报编辑者还经常利用文艺创作的形式宣

图 11-8　村报（2021 年 7 月 27 日摄）

传教育群众，曾在一期村报上用自编的顺口溜宣传交通法规："行人应走人行道，没有行道往右靠。天桥地道横行道，横穿马路离不了……"截至2021年，《赵家台村报》共印刷100余期，深受村民的喜爱与欢迎。特别是在每期村报上，都为当年、当月已到出生日期的村民发出生日祝福，送去了村"两委"及全村人民的温暖，造就与巩固了赵家台村和谐大家庭的团结与友谊。

村"两委"特别重视读报用报，从90年代开始，为每户村民免费订阅一份《京郊日报》，并派专人送到村民家中。1999年，赵家台村获潭柘寺镇"党报党刊订阅工作先进集体"称号。

村书　2017年，赵家台村编写出版一部自己的村书——《赵家台村志》。全书共24章、20余万字，全书介绍了赵家台村有史以来的政治、经济、文化、教育、卫生、村政建设、军事、民情风俗、自然地理、隶属沿革、著名人物、著名大事等各方面情况。为村干部知史而鉴今，为子孙后代知家乡、爱家乡、颂家乡、建家乡，为提高赵家台村的知名度提供了宝贵的资料，也为赵家台村写史续志留下珍贵的历史资料。2021年6月开始，村"两委"配合门头沟区档案史志馆编纂《赵家台村志》。

民间传说

金宝珠的传说　传说，早年间赵家台村里有户大财主，这财主心狠手辣爱财如命，是个老财迷。他老婆只给他生了一个女儿。谁知这个女儿生下来就与父母不大一样，这姑娘不但模样长得俊，而且心地善良，从小就爱拉弓耍剑，习武弄棒。

这一年，老财迷家来了一个年轻的长工，小伙子相貌堂堂还做得一手好庄稼活，乡里邻亲没一个不挑大拇指称赞的。一来二去，姑娘打心眼里爱上了这个小伙子，小伙子更是真心地喜欢上了姑娘，两人暗地里私定了终身。

这事儿终于被老财迷和他的老婆知道了。他们把姑娘叫到屋里对她说："咱们家是财主，他是个又脏又穷的长工，你哪能嫁给这样的人。"姑娘听了却说："我不嫌他脏，不嫌他穷，只要他人好，我就嫁给他。"老财主听了气得浑身发抖，可又一点办法也没有，因为他就这么一个独生女，打又打不得，依又依不得，万一真有个好歹谁给他送终啊。但是，财主毕竟是财主，他眼珠子一转，想出了一个坏主意。他假装笑着对女儿说："我是怕你跟那个穷小子受罪，你要是愿意那就依你吧。"姑娘信以为真，高兴极了。

背地里老财主派人把小伙子找来，恶狠狠地对他说："你要娶我家姑娘也行，我听说在很远的山里悬崖边上长着一棵价值连城的灵芝草，除非你把它采来，否则就别癞蛤蟆想吃天鹅肉了。"为了心爱的姑娘，小伙子只好答应了，他腰里别了一把斧子，肩扛一把药锄，二话没说就到山里去了。

他走了一程又一程，脚下的鞋子磨破了，衣服被树枝荆棘扯烂了，记不清太阳从东山升起几回，也记不清太阳从西山落下几次，但是找遍了全山，哪有什么灵芝呀！这时候小伙子才明白过来，原来这是老财主有意设下的圈套，想把他困死在深山里。

小伙子再也走不动了。这一天，他好不容易才爬上了一座小山，迎面一阵山风吹来，他觉得舒服极了。看前边不远处有一眼山泉，他走过去喝水。忽然，泉边飞出一道金光，原来是一条水桶粗、几丈长的大长虫来泉边喝水。小伙子一动都不敢动，等他清醒过来，大长虫早就没影了。他壮着胆走到泉边，发现泉水里有一颗光亮的宝珠，原来是大长虫喝水吐出来的。小伙子把宝珠藏在身上，拼死拼活地返回了赵家台村。

老财主看小伙子没有死，虽然没有完全达成目的，但他没采回灵芝也可以不让女儿嫁给他了，因此仍留小伙子在家里当长工。

一天晚上，小伙子干了一天的活，累得躺在土炕上睡着了。半夜，财主家的打更人发现长工住的屋里亮如白昼，从门缝往里一看，原来是小长工身上发光，他立刻报告了财主。财主听了，吃了一惊，悄悄地趴到长工屋的门缝往里一看，果然如此。于是命令家丁把小伙子捆来，从他身上搜走了宝珠，从此，财主家的土地更多了，庄园更大了。

纯洁的姑娘和小伙子以为财主得到了宝珠就可以成全他们的婚事。然而贪财的财主一来怕自家的财产将来落在小长工手里，二来觉得自己财大气粗，将来也用不着女儿给自己养老送终了，于是恶狠狠地对女儿说：“你要是嫁他也可以，必须从家里走出去！”姑娘和小伙子头也不回地离开了财主家。走的时候，她只带了一把宝剑、一张弓、一壶箭。从此二人靠打猎为生，过上了清贫而幸福的生活。

再说老财迷和他的老婆，自从把姑娘和小长工赶出家门后，这一年冬天，一场大火，把他的产业烧了个精光，有心去找女儿、女婿，但想起往事，自觉没脸，最后讨吃要饭，冻死在了街头。

人们是用这样的传说故事，来抨击嫌贫爱富的丑恶，来歌颂纯真高尚的爱情及人间真善美。

黑牛救主的传说　在有悠久农耕史的赵家台村流传着一则赞美耕牛的民间传说。

说的是很久以前，有一农户靠种地为生。他家里养着一头耕牛，毛色为纯黑色，身体强壮，两眼炯炯有神，能听懂主人的话，善解人意。有一天，农夫驾牛干活干到中午时刻，正准备回家吃饭，突然间有一头豹子冲向农夫，正在这危急时刻，黑牛出现在农夫面前并冲向豹子，黑牛与豹子搏斗起来，农夫趁机跑回家并焦急地期盼黑牛也能平安地回家。当日落西山时，黑牛浑身是汗地回到牛棚。第二天一大早，黑牛又来到与豹子搏斗的地方，再一次与豹子展开搏斗，到太阳落山时黑牛又满身大汗地回到家中。

农户想，这么斗下去也不是办法，弄不好自己的爱牛会同豹子两败俱伤。想来想去他终于想出一个好办法，于是便从家里拿出一把钢刀绑在牛角上。第三天，黑牛又与豹子搏斗起来，并用角上的钢刀挑死豹子。农户把豹子拖回家，剥了皮，把豹肉弄回屋，把豹皮挂在屋后的大石碾上，回屋睡觉了。

次日清晨，农夫醒来一看，意想不到的事情发生了，黑牛竟撞死在大石碾上。原来这头忠实的大黑牛误认为石碾上的豹皮是豹子回来了，这家伙按捺不住心头怒火，一头撞过去……

碾子的传说　说的是很久以前有一个猴财神来到现碾子附近一户人家家里，问道："你看我像不像神？"那户人家思虑片刻说："你要是能满足我一两个要求，我就相信你是神，否则我怎么能知道你是不是神呢？"猴财神说："那好，你提一个要求吧。"那户人家说："第一个要求是我生活上缺柴少米，你给送点柴米吧。"猴财神听后便走了。第二天，当那户人家准备做饭时，一掀米缸，发现有满满一缸米；走到院子里一看，满院子都是柴火。那人想，难道我真遇上了猴财神？心中将信将疑。因此当猴子又一次来到他家时，他又说："我家没有石碾，没有办法破谷取米，你给送一盘石碾来吧。"当天夜深人静的时候，那户人家看到猴子果然驮着碾子往他家走，他想帮一下猴子，就上前打招呼，并托起碾盘，哪知猴子一分神，没了力气，被大碾压死了。从此石碾没有落到那户人家的家中，而是落在了现在安放碾子的地方。

齐心抗匪　相传清末民国初，有一个土匪头子在门头沟地区作威作福，每年向各村收取大量的财物，扬言如有反抗，就血洗村落。有一天他们到潭柘寺拜佛时，向潭柘寺周边的所有村落发出通牒：秋收时节到此收税，每村 50 头猪，100 只羊，外加 200 担玉米。赵家台村村长得知此事后召集村民开会，商量对策。当时村里有狗子、虎子两个小伙子，一个擅长打动靶，一个擅长打定靶，都神准，得知消息后，鼓动大家和土匪斗争。同时，村民自己造了土枪、土炮。当土匪派人来索取财物时，两个小伙子和村民们一起打得土匪狼狈逃窜。

第二节　文物古迹

古民居

赵家台老村历史悠久，现村中房屋基本属明清时期建筑。村子坐落于潭柘寺镇赵家台沟一个四面环山的盆地中，20 世纪 60 年代，全村共有民房 400 余间。村子有东西走向和南北走向石头街各一条，在村中央交叉成“十”字形。房屋大多坐北朝南，现今由于村民搬迁、房屋年久失修、地基塌陷等原因，村中房屋大多已破旧，有的甚至倒塌，保存尚好、比较知名的古宅院有两处——后台和南院。

后台宅院建于明代崇祯元年（1628），它分前后 2 个院。前院为下人的居住所，为 2 间面积，后院有上房 5 间，东西厢房各 3 间。宅院设有大门楼和影壁，大门楼两侧有一对石鼓把门，影壁上写有“一寸光阴一寸金，寸金难买寸光阴，光阴失掉无处寻”的劝诫语，告示后人珍惜时间，辛勤劳作，不虚度年华。该院的建材讲究，都是上好的木料；屋顶为仰瓦扣瓦合瓦，滴水檐上刻有狮子头或“富”字图案；房屋砖腿所用砖料经过精心磨制，砖缝细腻均匀，整座宅院豪华、气派。

图 11-9　赵家台老村古宅院（2004 年 8 月 16 日）

该宅院主人是一位有钱乡绅，据传是靠经营煤窑和帮人打官司成为当地首富，在当地赫赫有名，受到敬重。

南院建于明末清初，为一进院落。其房屋风格、样式、用料都与后台大同小异。村中流传该宅院是其主人“因梦得银”而建造的。传说的大意是：该宅院主人以卖炭烧炭为生，由于当时社会上连年征战，卖炭行业难以维持，生活艰难，一急之下卧病在床，一病就是数天。有一天宅主人恍恍惚惚地来到一座阴森可怕的山洞，突然有一位老者走到他面前说道：“回去吧，你家炭窑下边有一坛银子，取出来置办产业，好好过日子吧。”说完老者就消失了。该宅主人随后被一阵哭声所惊醒，才发现原来是一场梦。他下炕拿着镐来到炭窑挖起来，挖了半天果然挖出来一坛银子，他便利用这些银子盖起了这座宅院。

这个故事的内容当然是离奇和荒谬的，但它却反映出这座宅院对村民有很大影响，增加了这座宅院的神秘感与知名度。

古地道

古地道是赵家台村最重要、最有特色的历史遗留古迹，在整个门头沟区有其唯一性。2013 年，被区文委定为“门头沟区普查登记文物”。

古道

赵家台村东山坡上，有一条自下至上的古山路，顺着这条山路向上攀登，走到山尖大岭口就到了京西著名的峰口庵古道。这条古道长近 700 千米，保存完好，不减当年气势，特别是其中一段景观被称为“千古奇观”。这就是在一段长 10 余米、宽 1 米余的古道上，分布着 100 余个直径达 16.7 厘米、深 10 余厘米的蹄窝，是骡马长年累月驮运货物踩踏所致。这些马蹄窝具有浓厚的历史沧桑感，给人以无尽的追思与启迪，已成为京西古道的标志符号之一，也是游人向往的怀古之地，每年都吸引众多游客驴友前去游览观赏。

朝阳庵

朝阳庵为尼姑庵，建于明代天启年间，距今已有400年的历史。该庵初建时香火很盛，据史料载，“该庵与潭柘寺来往密切，整日人来人往，经声朗朗”，以后逐渐衰败。明朝末年以后，由于战乱和资金短缺等原因，再也无法维持下去，于是尼姑们离庵而去，该庵最终被废弃，至今只有遗址，其建筑物皆不复存在。

圆通庵碑刻

在赵家台老村中，圆通庵原址上立有一方石碑，碑高1.7米、宽0.56米，碑文上记载着当年为筹建圆通庵而集资善款人之姓名，可谓此庵历史上曾存在的见证。据传此碑不可移动，否则将会从碑底流出海水，把村庄淹没。赵家台村“两委”为保护这方文物，将其立在原地妥善保存，并供人观赏研究。

图11-10　圆通庵遗址及石碑（2021年7月27日摄）

大明护国圆通庵重修碑记

赐进士出身中宪第大夫河南按察司副使刘永年 撰

赐进士出身承德郎户部江南清吏司主事王徹 书

内阁中书科 儒士 严希卿 篆

佛氏之教其来遐矣自周末汉出天下承平进入中国之地而白马之创肇建于斯后精蓝胜刹民物藩庶海化之隆必阴佑口沐均霑而佛氏之教实本于慈悲归于正觉以勤善而化恶咸福于正者无不补于世也

图 11-11　圆通庵石碑（2021 年 9 月 14 日摄）

神京本都十城开外西山地方京都顺天县之宛平玉河山乡西京西乡赵家台

京都顺天府宛平县京西乡赵家台苔向坐子午

古刹丛林一□年□岁久庵院之建亦已久矣惟我

太祖高皇帝□□年来兴建护国佑民圆通庵而身现光中景

帝礼拜金神而佛道流通人有善念一心愿见弥勒佛□□缘好事□

长者欲见如来之妙色共倍居士□白莲化身要清滔要□满□相俱足

谁布施谁庄严此日发心诸天功力宝珠璎珞信手拈来金银□谷□心

喜舍岂特道场之光彩有闻□□之贞祥钦领

皇图永固

帝道遐昌

佛日增辉法轮常转万亿劫中永□霑之□

万历三十年岁次壬寅秋八月初六□□

注：碑文连题目在内竖写 18 行。□为看不清字迹或缺字。

古钟与铁磬

古钟为当年朝阳庵内一口大铁钟，钟高 1.55 米，口径 3.14 米，钟底直径 0.96 米。钟顶为 2 个龙头，龙头下设 8 个小孔，钟底刻有莲花图案，钟身铸有 16 个大字："皇图永固，帝道遐昌，佛日增辉，法轮常转"，为佛祖、皇帝齐颂扬。钟身铸有的文字，介绍了该钟铸造的各方面情况，通过这些文字得知，该钟铸造于明崇祯元年（1628），由宛平县清水社的王志、王大学、王二学等铁匠铸造，费时一年。铸钟的起由是：京都顺天府宛平县赵家台村的居士恩荣官孙公朝福，每天闻到朝阳庵的经声朗朗，看到香客众多，但唯独缺少钟声，于是向朝阳庵的主持发愿，要募捐铸钟。从天启七年（1627）开始募捐，得到社会各界热烈响应，捐资者涵盖官员、僧人、百姓等各种人；捐资者涉及赵家台村附近的清水涧、王平口、黄土岗、岳家坡、十字道、田寺、石门营等多个村庄，涉及涿州、赵州、定兴一些远方村庄。还涉及潭柘寺、法海寺、西峰寺、万佛寺、万寿寺、双林寺等10余个寺院，捐资人数达200余众，可见该钟的铸造影响之大。从该钟的记载中，也可看出当年朝阳庵的香火兴盛。

该钟铸造出来以后，悬挂在朝阳庵内，可谓威名钟族。据2017年编写的《赵家台村志》一书记载，“敲之声音洪亮而浑厚，房山良乡皆可闻之，其余音悠远，绕梁久久不绝”。传说此钟原有雌雄两钟，在抗日战争时期，它们突然离开朝阳庵，飞进峰口庵中（实则如何进到峰口庵，不详），村民找到它们并往回抬运时，雌钟又偷跑回峰口庵，后被砸碎制作了炮弹。村民只抬回雄钟，为防其再跑，便敲掉边缘一块。传说是人们为增加这口古钟的神秘感而进行的一种演绎。20世纪80年代，该钟悬挂于老村大队场院中，一是对古钟的展示保护，二是每日敲钟作出工、收工的信号。现存新村村委会院中，并设以钢制护罩进行更加妥善保护，供专家、学者、游人观赏与研究。

图11–12　朝阳庵古钟（2021年8月31日摄）

在朝阳庵内，原来还有铁磬1尊，

高37厘米，崇祯元年（1628）由朝阳庵主持及孙公宝、孙公昌、孙万春、孙万冬、孙万景、孙万化7位信士捐资铸成。磬文铸有“报大地盖载恩，报日日照临恩，报皇王水土恩，报父母养育恩”的字样，充满了中国古代的忠孝与知恩报恩思想。这尊铁磬与一座香炉曾被村中一农民收藏保管，现不知去向。

古井

赵家台村中原有2口古井，其中一口保护较好的古井，井口直径60厘米左右，井深约3米。在距井口数米处有两方石槽，一方长方形，为牲畜饮水之用；一方正方形，为村民洗菜、洗衣之用。在距井口约1米远的东面，设有长约1米的仙堂，仙堂内供奉着龙王爷的神像，是村民天旱求雨的地方，现仙堂已堵。旧时，即使在最旱的年头，井底也会有一湾清水，总也舀不净，村中人畜饮水全靠此井。改革开放以后，村里新打了机井，老水井不再常用，但村里人仍“吃水不忘旧时井”，对它进行妥善保护，加盖起井房，还在井旁铺设石阶甬路，所用石料是该村“城乡携手共建社会主义新农村”的对子——毛主席纪念堂管理局所赠送的石料，增添了这口古井和这段石阶甬路的神奇与珍贵。

图11-13　老村古井（2021年9月14日摄）

古石碾

旧时，赵家台老村有“九盘石碾”之说，为村民碾米碾面、加工粮食所用。现仍保存的一盘石碾的独特之处在于它的石碾两端，一端雕刻有精美的图案，另一端雕刻有大大的铜钱，铜钱中心的方形孔，正好当作石碾的轴心。这种精美的雕刻与设计，使石碾既是碾米工具，又称得上是一件石刻工艺品，这种造型和装饰的石碾在该地区实属罕见。现石碾虽已磨损严重，原木制碾框也已散架，但仍被村里妥善地在原地保存着，并被配以铁制碾框。在赵家台村的石碾身上，还流传着许多故事，除“黑牛救主”的故事与石碾有关以外，还有一个“碾子的传说”，为该村石碾增添了神秘色彩。

图 11-14　古石碾（2021 年 9 月 14 日摄）

古树

赵家台村中留有许多古老树木，成为赵家台村的古老“绿色文物”。最著名的是在村子

图 11-15　古树群（2021 年 7 月 27 日摄）

古井旁的一块平地上，生长着10余株古松古槐，树高均有数十米。赵家台村的古树具有鲜明特点，它们是成片留存，形成名副其实的“古树林”；年代久远，树龄都在200年左右；保护级别高，属市级一级或二级保护古树；树木生长良好，至今郁郁葱葱、生长茂盛。因而，赵家台村也是全区农村古树资源的佼佼者。

北京日报社西山基地

该基地位于赵家台老村地域内的一旦石沟，距北京市中心40余公里。该基地修建于1957年，是北京唯一一处在特定历史时期，以保证战时出版党报为目的和功能的历史文物基地。该基地与新中国成立初期的北京十大建筑有关，因为该基地所用建材均来源于建设人民大会堂打地基时拆除旧房所产生的原材料。该基地为四合院式排房建筑，共有10余排、数十间房屋。排房附近山崖上开出山洞，为印刷厂生产车间，但建成后并无正式使用过，只进行过试运行。2014年8月，被定为门头沟区文物保护单位，2021年被列入北京市第九批市级文物保护单位。

2016年8月，北京日报社为保护红色历史文物，开始对该基地进行修缮保护抢修，共分三期工程。至2021年，一期工程竣工。整个修缮、抢修工程分为东沟和西沟两处，东沟以展厅、办公区为主，西沟以地下人防空间、生产区为主，总建筑面积2900余平方米。主要工程项目为挡土墙加固、排水管道铺设、甬路修建等。该基地的建设，为赵家台村的民俗旅游业增添了又一处独特多彩的宝贵红色资源。

第十二章　教育　卫生　科技

赵家台村自古就有重教、办教、助教的良好传统，村民们期盼通过读书教育使后代子孙明事理、长本领、成栋梁，村内在兴办、支持幼儿教育、基础教育、成人教育上都别具特色，卓有成效。

赵家台村关注村民身体健康，重视村内的医疗卫生事业，早在20世纪30年代起，村中就有自己的民间中医。60年代，开始实行农村合作医疗制度。2005年，正式实施新型农村合作医疗制度，开启卫生医疗事业的新历程。

赵家台村十分重视爱国卫生运动，成功创建“北京卫生村”“北京最美乡村”等，获得市区镇级环境卫生建设方面众多先进称号。

赵家台村“两委”，面对各方面发展的繁重任务，特别是面对发展民俗旅游业的新生事物，十分注重科学技术的普及与推广，真正做到“科技育人”“科技兴村”。

第一节　教育

私塾

早在清朝时期，赵家台村就已设有私塾，到了近代，村内私塾的教书先生是本村文人刘福瑞，学堂就设在刘福瑞家中，学生有 10 余个，年龄 6 ~ 16 岁。学习内容由浅入深，先学《三字经》《百家姓》《千字文》，随年龄增长和学问的增加再学《名贤集》《弟子规》《大学》《论语》《中庸》等，还有珠算、毛笔字。每天定时上学、下学，学生入学前需拜师，入学后需尊重先生、刻苦读书、交纳学金。民国以后，由于新学日盛，私塾逐渐停办，成为历史。现赵家台村有据可查的，读过私塾的有村民李长来的祖父李庭等人。

幼儿教育

20 世纪 50 年代，赵家台村成立托儿所、幼儿园。入幼儿园的有 10 余名儿童，由村里几位老太太看护孩子，主要是照顾孩子吃自带的饭菜，带孩子们做游戏，也教孩子们学习一些文化知识。家长早上把孩子送来，晚上下工后接走。有利于村民们摆脱家务负担，安心出工、多出工，有利于孩子们过集体生活、健康成长，也有利于安排就业，村幼儿园曾获乡级优秀称号。改革开放以后，村幼儿园亦解散。赵家台村村民从老村搬到新村以后，孩子们开始到潭柘寺地区幼儿园入园，接受正规的幼儿教育。

赵家台村很关注、支持地区的幼儿教育事业，2015 年 4 月 29 日，接待潭柘寺地区幼儿园到村开展“早教进社区（村）”活动，全村学龄前儿童、家长与幼儿园老师、小朋友进行互动活动，使孩子们初步了解、感知幼儿园的生活，培养上幼儿园的愿望，也使家长们学会科学育儿和科学早教的方法，很受孩子和家长的欢迎。2016 年 6 月 1 日，由家长带着儿童参加村“庆‘六一’儿童亲子培训班”，加强孩子与家长的互通和交流，为孩子的健康成长营造良好的家庭环境。2017 年 3 月 24 日，请国家二级心理咨询师到村进行“亲子教育与家庭和谐”讲座，促使家长更科学进行家庭幼儿教育与养护。

中小学教育

国民小学　1912 年，颁布新学制，在新的国民教育政策推动下，新学兴起。1914 年前后，国民政府在赵家台村建立潭柘寺地区第一所新式国立学堂，属村级初级小学，名为“宛平县第二十七国民小学”。据《赵家台村志》一书载，当时宛平县共建有 27 所国立国民小学，故该国民小学应为当时宛平县国民小学名称排号的最后一个。修业年限为 6 年，分为初、高两级，前 4 年为初小，后 2 年为高小，称为“四二制”。所设课程有国文、算术、历史、地理、修身、劳作、图画、体操、音乐等，也学《论语》《孟子》等古训。其课程设置在不同时期有所变化，1925 年，修身课改为公民课。每周上 6 天课，每天 6 节课，学校自行招生，收取学费。因为当时人民生活困难，无钱上学，再加上学校只招男生，不招女生，一般家长对孩子的文化水平也没有太高期望，只求能认识自己的名字，能简单记账和书信即可。所以村中儿童的入学率很低，很多学龄期儿童仍每天在家帮助父母干活，“望学而兴叹”。1939 年，侵华日军占领门城煤矿后，原宛平县 6 区及里、外十三地区成为沦陷区，当时所有国民小学曾被迫暂时停办，直到 1945 年日本宣布无条件投降后才被国民政府重新接管。

赵家台小学　中华人民共和国成立以后，党和政府为提高国民素质，更好地当家作主人，更加重视办教育，赵家台村的“宛平县第二十七国民小学”也更名为“潭柘寺中心赵家台小学”，学堂设在村娘娘庙。1952 年，村里动员村民有钱出钱、有力出力，把原学堂进行扩建，增

图 12-1　老村小学教室（2021 年 7 月 27 日摄）

加校舍面积，加固房间，更新门窗，添设新桌椅，改善学生就读条件。扩建后第一批招生 30 余名学生，男生、女生都招收。学校分为 1 ~ 4 年级，没有上过学、不认识字的分到 1 年级；上过学的，根据识字程度分别分到 2 ~ 4 年级。赵家台村第一任公派老师安芳，第二任老师谢印川。谢老师在村任教 10 余年，后来又先后有 10 余位老师到赵家台小学任教。1956 年，赵家台小学第一届学生毕业，到南辛房小学就读 5 ~ 6 年级，村民陈天柱等为第一届赵家台小学毕业生，第二届毕业生有村民刘彦忠、李长来等。

1958 年，为适应上学人数不断增加的情况，村里把原娘娘庙拆除，在原址盖上面积更大的新学校。至 20 世纪 80 年代，赵家台小学在校生达 50 余人。当时，老师认真施教，学生勤奋好学，使学校的教育质量不断提高，1989 年，该校一名小学生的作文获第四届全国中小学生作文竞赛三等奖，其指导老师李长来获该届比赛“育才奖”。学校的文体活动也很活跃，学生经常唱歌跳舞、文艺演出，1986 年 5 月，该校老师的口琴表演获潭柘寺中心学校“红五月文艺比赛”特别奖。1990 年，门头沟区委区政府实施“科教兴区”战略，大力发展基础教育，全区教育经费投入占到全区财政支出的 25%。全区学生人均占有教育经费由 1986 年的 291 元增加至 548 元。这一年，赵家台村也得到区财政拨款，选新址盖起拥有 10 余间平房的更现代化的新学校。校舍均为砖瓦结构、宽敞明亮，置办新桌椅，课堂、办公室、校厕、操场等齐全，校园进行绿化，栽种有槐树等树木、花草。师生们从娘娘庙旧校喜迁新校，举办了由村领导和全校师生参加的搬迁庆典。1992 年，门头沟区教育局领导到赵家台小学视察工作，送给学校 1 台录音机和 1 块匾，匾上写着“扎根山区，辛勤耕耘”8 个大字。2001 年，门头沟区为优化教育资源，提高学校教学质量而深化教育改革，全区撤销一些村办小学，合并到各自的地区中心小学读书，再加上赵家台村将实施整体搬迁，因而赵家台小学也被列入撤销之列，学生开始到鲁家滩中心小学就读，从此潭柘寺中心赵家台小学成为历史。

赵家台中学班　1968 年，赵家台小学设立初中班。初中班学制 3 年，当年招生 20 余人。1972 年，因生源不足等原因而停办。1977 年，赵家台小学校又按上级统一部署设立高小和初中班，学生小学毕业后，就地上高小、初中。当时学校与村的关系进一步密切，实行“贫下中农管理学校”，出现了“赤脚老师”这一新生事物，教师不断增加。改革开放以后，为提高教育质量、规范办学管理，赵家台村高小班、初中班亦被撤销，学生到考取的市区镇高小、中学就读。

成人教育

村办民校　20 世纪 50 年代初，为提高村民的文化素养，更好地进行新中国建设，京西矿区成立“识字运动委员会”，推广速成识字法。赵家台村也根据上级的统一倡导和要求，成立以扫除文盲为目的的“民校”，由村民陈天柱任校长，设老师 3 ~ 4 名。全村入民校的学员有 60 余人，根据每个人的文化水平分别被编到“文盲班”“初小班”“高小班”。民校主要是利用每天晚上 7 点到 9 点的时间上课识字，白天下地干活。白天干活时，老师也带上小黑板和粉笔，在工间休息时间上课识字，识的字一般都是当天干活所在地的地名、所干农活的名称等，对农民记“出工本”有直接帮助，这种接地气的实用识字方法很受村民欢迎，有效调动起大家的学习热情和积极性。对那些因有孩子等，晚上不能去夜校识字，白天又不能出工在地头学习的妇女，老师则想办法送学上门，或请其邻居、亲属去教她们识字。当时已加入互助组的农民，在学习文化上也发扬团结互助精神，识字多的帮助识字少的，高年级的帮助低年级的，大家一起进步。民校除教学员识字以外，也学习选种、施肥、防病虫害等生产技术知识，还开展唱革命歌曲、政策宣讲、读报纸等有益活动。

赵家台民校坚持3年多，取得很大成绩，村里加强领导，老师认真施教，农民们则以“宁可赶红眼，不当睁眼瞎”的劲头学习，使不少原来是文盲的人已能认识数百个字；不少是初小文化程度的达到了高小毕业程度。因而，赵家台村民校被上级有关部门评为“铁民校”称号，还得到过汽灯、识字课本、字典、幻灯片等物质奖励。

图12-2 潭柘寺农村青年面点师培训班（2007年11月19日摄）

成人培训 改革开放以后，赵家台村更重视本村成人教育事业，特别是2004年，确立以民俗旅游业为新的主导产业以后，为了提高村民的有关实用技能，提高他们兴办民俗旅游业、发展阳台庭院经济、研制紫石系列工艺品及手工编织等的本领，村“两委”与市区镇有关单位、部门联合举办或自己单独举办的各类成人培训活动接连不断、红红火火、扎实有效。2004年，赵家台村被门头沟区教委评为“门头沟区成人教育工作先进单位”。

2005 年至 2021 年部分年份赵家台村成人培训一览表

表 12–1

时间	培训内容	培训对象
2005 年 9 月 8 日	民俗旅游相关问题	村民
2005 年 9 月 15 日	民俗旅游服务管理知识	民俗旅游户
2006 年 6 月 15 日	急救知识	相关村民
2006 年 7 月 12 日	文明礼仪	党员、团员、村干部
2006 年	信访条例	村干部
2007 年	电脑培训	民俗旅游户
2008 年 11 月 2 日	礼仪常识	和谐家庭户
2008 年	面点制作技术培训	团员
2009 年 1 月至 6 月	紫石雕刻技艺	紫石文化产品开发经济合作社成员
2009 年 2 月	食品安全知识	民俗旅游户
2009 年 7 月 30 日	丝网花制作工艺	残疾人
2009 年 9 月 17 日	法律知识	村干部、党员团员
2010 年 4 月 15 日	食品安全、文明礼仪	民俗旅游户
2010 年 8 月 10 日	如意球编织技艺	残疾人
2010 年 9 月	垃圾分类培训	村民
2010 年	安全技能知识培训	相关村民
2011 年 12 月 14 日	水果梨种植技术	果农
2011 年	实用英语培训	团员
2012 年 12 月 14 日	核桃树管理技艺	果农

续表 12-1

时间	培训内容	培训对象
2012 年	实用英语培训	团员
2013 年 4 月 12 日	计算机培训	团员
2013 年 4 月 28 日	素食制作技艺	民俗旅游户
2013 年 5 月 11 日	阳台芽菜种植技术	妇女
2014 年 3 月	芽菜技术考察	妇女
2014 年 12 月 14 日	果树剪枝技术	果农
2015 年	美容美发培训	团员
2016 年 3 月 5 日	花卉种植与护理	妇女、团员
2016 年	电脑、美容美发培训	团员
2017 年 10 月 10 日	小麦苗、豌豆芽种植	妇女
2018 年 4 月 18 日	盆栽蔬菜技术	妇女
2019 年 5 月 30 日	泥塑雕刻技艺	团员
2021 年 7 月	参观房山“姥姥家”精品民宿	村民、干部

村（社）助学

物力、财力助学　赵家台村历史上曾多次“有钱出钱、有力出力”地修建学堂。改革开放以后，村民们更重视从物力、财力上支持对村内娃娃的培养教育。早在 20 世纪 50 年代就建起来的村叶蜡石矿，连续多年生产小学生用的石笔，质量上乘、物美价廉。这种石笔比铅笔便宜，写出的字迹清晰，而且对北京地区实行价格优惠，被赞誉为对地区教育事业的贡献与支持。1995 年，赵家台村，为解决村内学生上学路远的问题，村里购买一辆面包车，专门接送学生，是全区农村唯一有“校车”的村，以使学生们不迟到、不旷课，顺利完成学业。2014 年，制定赞助学生上大学的政策，规定凡是本村考上大学本科以上学生，每人一次性奖励 1000 元。已有不少符合条件的学生得到这种奖励，其中 2015 年 2 名（孙利昂、李俊孝）；2017 年 3 名（李轩、孙莫晨、王博）；2018 年 2 名（孙丽雅、孙开顺）。2015 年，村内开展“困境未成年人调查”工作，以便更精准地利用“六一”等契机，对村内困难儿童进行救助，2017 年“六一”慰问资助 3 名困难儿童。赵家台新村建立以后，村里配套建起图书室、电脑室，并实现互联网、有线电视入户，不仅方便满足村民的文化、精神需求，也特别有助于村内孩子们用现代化设备进行网上学习。

思想精神助学　该村始终重视对孩子们的思想精神哺育，在老村不少影壁上、墙壁上，广留教育后代要勤奋向上的告示语，如“岁新绵甲子，德厚富春秋”等。战争年代，成立由 20 余人组成的儿童团，组织他们投入抗日救国斗争。该村把抽陀螺称为“抽汉奸”，孩子们一边抽一边说“抽汉奸、打汉奸，棒子面涨一千”，以此对孩子进行爱国主义和抗战精神教育。中华人民共和国成立以后，特别是改革开放以后，村“两委”更加自觉地落实门头沟区委关于建立学校、家庭、社会三位一体的教育体系，促进青少年健康成长的举措精神，进一步实施精神助学。村妇联经常利用节假日，组织村内小学生开展有益活动，促其健康成长。2013 年，开展世界读书日“笔墨书香润家风”活动。2014 年，组织本村“环保小卫士”开展“垃圾分类，我们小手拉大手一起来”活动。2016 年，在孩子们中开展“光盘行动”，进行倡导节约，杜绝浪费教育。2017 年，协助镇妇联到村开展“庆六一亲子活动”，组织孩子们做衍纸画感恩卡，送给父母。2019 年 5 月 31 日，开展“庆六一 • 绘彩蛋”活动。2020 年，开展“庆六一 • 丢沙包”趣味体育活动。同年 9 月，开展“迎国庆 • 爱祖国”儿童绘画活动。2021 年 8 月 17 日，为让村中未成年人平安快乐度暑假，村中围绕居家安全、交通安全、防控新冠肺炎疫情及防溺水等问题对孩子们进行暑期安全教育活动。

特色资源助学　2007年以来，赵家台村充分利用自己的特色资源优势支持社会层面的教育事业。先后接待过中国矿业大学、中国民族大学、北京城市学院、北京中青年干部培训班、北京体育大学研究生院等院校教授、研究生、学员，研究考察社会主义新农村建设、城市化农村的社区化管理、乡贤文化与民俗文化建设等专题。2011年12月2日，中央民族大学经济学院研究生到村进行传承民族文化、发展民俗旅游接待产业调研，师生们上午入户，下午座谈，收获满满。2014年，接待北京城市学院大学生前来考察农村社区化管理问题，师生反映“更好地解决了理论联系实际问题”。同年8月7日，接待北京体育大学研究生院师生到村考察社会主义新农村建设中体育设施使用情况，写出《新农村体育设施使用现状分析——以门头沟区赵家台村为例》的论文。2016年，接待北京第58期中青年干部培训班学员到赵家台村考察社会主义新农村建设的若干问题，师生们高兴而来，满意而归。

在学校、家庭、社会的共同努力下，赵家台村的后代们茁壮成长。据2003年至2016年的不完全统计，赵家台村的孩子们在各自求学的学校里，获市区校级“三好学生”“优秀班干部”“学习标兵”等荣誉称号的有20余人，其中市区级的4名。获得市区校级各种学业奖项的10余人，其中省市级4人，区级3人，三等奖以上7人。很多人学业有成后，回村报效社会主义新农村建设。孙继青，幼年在赵家台村读小学，1983年于北京建工学院大专毕业，2000年回村任党支部书记兼村委会主任，一干就是17年。他多次被评为区镇“优秀村干部”“优秀共产党员”“创业优秀青年”。刘忠英，幼年在赵家台村读小学，1993年高中毕业，2006年回乡，2013年担任党支部书记兼村委会主任，一直干到如今。他多次被评为区镇“优秀共产党员”，2013年、2016年均被评为“北京市先进村委会主任”。孙永革，1962年在村读小学，1977年在北京大学经济系毕业，1979 年回村任小学校长，一干就是 10 年。该村李长来也是 1985 年“游子还乡”，在村小学工作 13 年，1992 年，被评为门头沟区“优秀教育工作者”。

第二节　卫生

民间中医

历史上，赵家台村村民最早主要靠民间中医看病。该村邻近古刹潭柘寺，清代以前该寺就设有僧医，在寺前开设慈悲院，免费为附近村村民治病，赵家台村村民有病亦前去诊治。另外，当时潭柘寺地区最早的行医之人，还有孙姓“三先生”，他也艺高望重，村民经常请他诊病下药。

20 世纪 30 年代，有一位祁先生，因家庭纠纷离家出走，来到赵家台村，先以教书为业，后改行医。此人擅长号脉，诊病精确、下药灵验，被村民视为名医。中华人民共和国成立以前，赵家台村民间医生还有本村村民安会珍，她经常为村民用偏方、针灸、中药治病。50 年代，经过正规学习培训，安会珍成为村内新法接生员，继续医务工作。中华人民共和国成立以后，特别是改革开放以后，村民依然看重中医，2015 年，赵家台村被北京中医管理局定为“北京中医健康乡村（社区）建设试点基地”，促进中医在整个地区的生根开花，造福民众。

合作医疗制度

赤脚医生　中华人民共和国成立以后，潭柘寺地区的医疗卫生事业有长足发展。50 年代初，京西矿区卫生局成立。1954 年，在南辛房建立卫生所，属于石门营联合诊所分所。1958 年，成立南辛房医院。1964 年，成立潭柘寺公社卫生所。赵家台村民生病开始到这些公立正规卫生医疗单位诊治，极大方便了村民的医疗需求，提高了疾病的治愈率。

20世纪60年代末，为响应毛泽东“把医疗卫生工作的重点放到农村去”的号召，解决农村缺医少药问题，赵家台村与全国农村一样，1969年开始推行合作医疗制度，资金由村集体和村民共同承担。村民在大队就医，免收或部分免收医疗费用。需在外求医时，经村医务室审核批准，可按一定比例报销医疗费用。当时赵家台村建立起村医务室，选拔培养出一批赤脚医生。在村里担任赤脚医生的先后有刘彦聪、纪桂珍、安淑兰等人。赤脚医生没有固定薪金，每天与其他村民一样挣工分，每天记10分～13分，按当时该村的分值计算每天收入不到1元钱。赤脚医生实行半农半医，有病人或有其他医务事务则从医，反之则下田劳动。赤脚医生们利用晚上的时间挑灯自学医务知识，当时，每位赤脚医生都发一本诊治常见病的百科全书——《医疗手册》，被赤脚医生视为“宝书”。还要定期接受上级医疗单位的业务培训，以不断提高服务水平与质量。

赵家台村的赤脚医生认真负责、服务热情，不论白天、黑夜或是晴天、雨天，只要有病人他们就会及时赴诊。遇到自己能诊治的则自己诊治，遇到大病、难病，就及时陪送病人上医院。他们不辞辛苦，经常到数十里地以外的门头沟医药公司购药。由于当时公共汽车只通到南辛房村，他们每次都需要从南辛房背药回村。赵家台村中草药资源丰

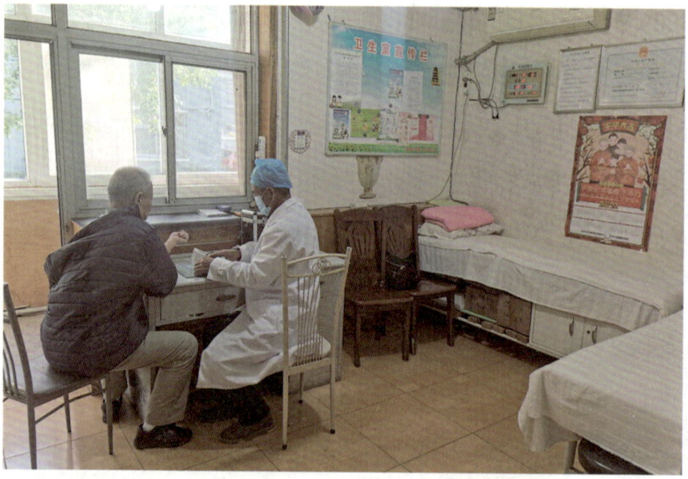

图12-3　北京中医健康乡村（社区）建设试点基地（2021年10月19日摄）

富，有蒲公英、茵陈、小黄柏（三棵针）、玄参、丹参、柴胡等，赤脚医生经常采集中药，用来为村民治病或降暑防瘟疫。除为村民诊治疾病以外，还从事新法接生、儿童免疫等工作，并经常主动到家中为村民体检、巡诊，得到村民欢迎、好评和敬重。

20 世纪 80 年代以后，随着改革开放的兴起，村医务室承包给赤脚医生个人经营，赤脚医生改称乡村医生，但还行医在乡村医疗第一线。2003 年，赵家台村医务室搬到新村老年公寓 2 号楼 1 单元 103 室，乡村医生刘彦聪继续行医，医务室增加药品，医疗器具设备也有增加与更新，有了紫外线灯等物理医疗设备。

新型农村合作医疗制度　1996 年，为了深化医疗卫生体制改革，门头沟区开始试行新型农村合作医疗制度。2004 年，全区正式启动，全面推开，打破了几十年来“村办村管”的模式，历史上第一次把市区政府财政投资用于农民的医疗保障，农民的医疗费用实行市、区、乡、村及村民个人分级统筹，减轻了农民医疗的经济负担。2005 年，赵家台村正式实施新型农村合作医疗制度，村集体每年出资 1 万 ~ 2 万元，为每位村民补贴合作医疗保险 70 元，到 2021 年，逐年增至每人每年 200 元，该村村民的新型农村合作医疗参保率一直保持在 93% 以上。2008 年，村集体出资 3 万余元，对村卫生室进行改造、装修，并增加医疗设备，补足常备药品，极大改善优化村民的就医条件和环境。同时，进一步提高乡村医生的待遇，除享受国家给予的待遇外，村里每天还给一定补助。在新型合作医疗条件下，农民小病可以不出村，大病难病可自由选择在指定城镇医院就诊，其医疗费用按新型农村合作医疗制度的规定给予报销。

医疗下乡

改革开放以前，城镇各国立大中型医院就响应党“把医疗卫生工作的重点放到农村中去”的号召，经常组成巡回医疗队到农村巡诊，赵家

图 12-4　广安门医院到村义诊（2016 年 4 月 2 日摄）

台村也深享其利，经常有医疗队光临。他们除为农民诊病治病以外，还挖采中药，代培赤脚医生。改革开放以后，国家进一步推进包括卫生下乡在内的“三下乡”活动，使这种巡诊工作更活跃。潭柘寺镇卫生院几乎每年都到村巡诊和举办健康知识讲座、村民健康情况调查等。2015 年 10 月 20 日，中国中医科学院广安门医院到村巡诊。2016 年，请名医到村专门讲解“如何读懂体检报告”。2017 年 6 月 29 日，潭柘仁寿中医院名医前来义诊。2019 年 4 月 11 日，区慈善超市携医疗公益组织到村义诊，为 80 余名村民检测视力、耳、喉等。2020 年 12 月 14 日，协助北京慈善协会善德基金组织到村为老年人和残疾人进行眼疾义诊，宣传爱眼、护眼知识。

爱国卫生运动

20 世纪 50 年代，开展除“四害”（老鼠、麻雀、蚊子、苍蝇）活动，做到了全民动员齐上阵（后麻雀被摘掉“害鸟”帽子，则重在灭老鼠、蚊子、苍蝇）。60 年代，积极开展“一户一厕所”“有猪必圈”等活动，防止人畜随地大小便，保持村容街貌的文明、清洁。70 年代，开展刷白墙活动，全村临街墙面全刷上白灰，使整个村庄显得清洁、卫生、漂亮。还发动群众，人人动手填埋积水坑、堵树洞、翻盆倒罐，以去除蚊蝇滋生地。80 年代，开展“三管一灭”（管饮食、管饮水、管粪便、灭蚊蝇）活动。50 年代至 80 年代，在区镇爱国卫生运动检查中，赵家台村多次得到好评。

进入 21 世纪以后，在建设社会主义新农村、创建市区级卫生村、创建全国文明城区等工作推动下，赵家台村以党员责任区、责任岗，党员志愿服务队，全民卫生清洁日等为形式和载体的爱国卫生运动更是接连不断，国庆大扫除、新年大扫除、迎新春大扫除、周末大扫除、创城大扫除、党员活动日大扫除、回村报到党团员大扫除、志愿服务大扫除等形成常态，成为全体村民、各个部门的共同行动，也成为村“两委”的日常工作、重点工作之一。同时还组织村民积极参加全镇的清除卫生死角、治理堆物堆料、清除小广告、拆除违章建筑等活动。2008 年 4 月 26 日，国家机关爱国卫生运动委员会副主任、北京市爱国卫生运动委员会副主任，在区镇有关领导的陪同下，参观视察赵家台村的村容村貌和爱国卫生运动开展情况，给予“真抓实干、成效突出”的评价。2003 年，被评为潭柘寺镇“环境整治先进村”。2005 年，赵家台村被评为“北京市卫生村”“门头沟区环境综合整治先进村”。2014 年、2015 年，又被评为镇“环境综合整治先进村”“环境建设先进村”。2021 年 12 月，在全区以村庄整体环境为主要内容的“农村人居环境综合考评”中，赵家台村在全区 200 余个村庄的前 20 名中榜上有名，而在前 20 名中，赵家台村又以 99.18 分的高分名列第 2 名，夺得全区亚军。

疾病防控

从 20 世纪 60 年代开始，村中儿童积极接种疫苗，使麻疹、脊髓灰质炎等严重危害儿童健康成长的传染病在村内绝迹。2003 年，采取一切举措，有效防控非典型肺炎，村集体出资 2.5 万元，购买 1500 服中药，无偿送村民服用，全村没有一个人发病，年内，该村获门头沟区“防非典环境整治先进村”称号。2015 年，为在全村建立起疾病群防群治体系，在若干家庭建立起 30 余名家庭保健员，并经常对他们进行科学用药、科学健身、科学饮食、日常急救等方面的培训，切实使村民把健康掌握在自己手里。

同时，赵家台村“两委”也紧抓预防其他传染病的工作。2009 年，村内多次进行防治禽流感、猪流感宣传及知识讲座。2014 年、2015 年，村内先后采取发放安全卫生的取水用具，实施饮水机安装工程等举措，让每户村民都喝上有利健康、防止病从口入的洁净水。

第三节　科技

科技知识普及

自学科技知识　20 世纪 50 年代举办民校时，赵家台村就注重实用农业科技知识的学习教育。从 90 年代开始，村“两委”更注重引导村民自学科技知识，并不断为其创造、提供自学条件。90 年代初，村里为每户村民都订阅一份《北京日报（郊区版）》，使村民随时了解国家大事，了解党对农村的方针政策，也获取急需的生产信息，学到各种实用科技知识。2008 年，赵家台村“两委”在建村历史上第一次办起自己的村报——《赵家台村报》，其中重要栏目之一，就是推介一些村民急需的实用科技知识，特别是科学养生与健身知识。新村建立以后，村中建起图书室，藏书达 5000 余册，以后又多次扩充图书藏量，2009 年扩充图书 200 余册。其中科技书籍是图书室必备的、较多的藏书种类之一，经常有村民、特别是年轻村民前去借阅。村中心大街设立的宣传图窗也经常张贴科技知识、生活小窍门。新村建立以后，大力实施有线电视、互联网入户工程，一方面满足村民的娱乐需求，另一方面也使村民通过现代媒体获取更多的实用科技知识，村民称这些为“电老师”“影先生”。

特色科普活动　2014 年，赵家台村围绕发展民俗旅游和阳台芽菜种植等经济项目，开展“专家科技服务月”活动，对村民进行集中、强力科技宣传。同年5月19日，区科协进村开展以“科学生活，创新圆梦”为主题的“科技周”活动，有100余名村民参加。2015年至2016年，多次与门头沟区科协、西城区科协携手，在村内开展以发展经济、科学健身、防诈骗等为内容的特色科普活动。2017年，区科协到村进行“2017年科普报告进农村活动”。同年2月24日，北京市科协水利协会到村宣传水务科普知识。2018年，参加全区“科普之夏”系列活动，获“优秀组织奖”，同年，协同镇政府举办“全国科普日科普宣传走进赵家台村”活动，发放科普材料，进行科普知识有奖竞答。2019年，迎接专家围绕科学健身、科学饮食开展“科普下基层、进家庭”活动。2021年，协助有关部门开展全民“防上当、反诈骗”科普宣传活动。

参观考察　2006年，组织村民到丰台花卉科技示范园参观学习花卉栽培养护技术。2012年3月28日，赵家台村组织30余名民俗旅游户到北京绿山谷总部基地进行芽菜种植实地观摩学习。2012年4月，组织民俗旅游户参加区第三届“食在门头沟——素食主题技能大赛”，让他们现场学习观摩门头沟区一些大饭店高级厨师的素食制作技艺。近些年来，这样的实地参观学习几乎每年都举办。

科技培训　自村“两委”确定以民俗旅游业为新的主导产业以后，该村的实用科技知识培训红红火火、广泛深入、内容丰富、长年不断。最集中最成规模的培训有民俗旅游户的厨艺培训、芽菜种植技术培训、紫石工艺品制作技艺培训、果园果树管理技术培训、农村编织工艺培训、安全知识的培训等。仅2005年以来，这样的培训就有数十次，培训数千人次。

与科技单位和科技人员挂钩　2004年以后，赵家台村“两委”注重利用北京市科研单位多、科技人才雄厚的优势，与区内外科技单位和技术人员建立长期、稳固的联系。与北京国际饭店建立联系，请其资深人士前来传技，办起京城首家农户“分体式”酒店。与北京农学院建立联系，请其教授经常到村传授水果的种植与管理技术。与北京绿山谷芽菜有限责任公司建起联系，请其专家多次到村传授芽菜种植技术，与北京彩艺星空工艺公司建立联系，经常到村向妇女传授手工编织技术。与西城区科协、门头沟区科协结成“科普手拉手，共筑中国梦”的对子，建立长期稳固联系。这些都使赵家台村爱科学、信科学、学科学、用科学成为自觉，形成风气。

科技推广

20世纪60年代，积极参与全区开展的包括科学实验在内的“三大革命斗争”，推广应用粮食种植的改良品种、合理密植以及养羊业的分群放牧等新技术。70年代，为增加粮食产量，努力从事科学试验，成功制造“5406”菌肥5万余斤，使庄稼吃上“科学饭”。80年代，推广叶蜡石的深加工技术，开始由生产出原石，变为生产出售粉压块，使其质地更稳定，原材料更节俭，经济效益提高数10倍。90年代，大力推广玉米地膜覆盖、玉米谷子种植品种更新等新技术，大幅提高粮食的亩产与总产。

2000年以后，赵家台村学科学、用科学的氛围更浓。他们利用科学方法，发展阳台、庭院芽菜种植，成为门头沟区开发阳台经济，并使之产业化第一村。开发研制出多种特色菜。2005年，该村正式推出民俗旅游户16道特色菜谱，在用料、烹制、名称、美味上都有独到之处，受到游客的欢迎与好评，在全区农家乐菜谱上也榜上有名。学习、运用紫石雕刻技术，生产紫石系列工艺品；学习、运用家庭编织技术，精心编织如意球、拖鞋、毛巾帽等手工艺品，向游客出售，也赠送给村中的娃娃和老人。推广生活科学化，利用《赵家台村报》、“红色广播站”等渠道推广科学生活小窍门，倡导科学健身、科学饮食、科学用药等。至于在基本建设、科技保安等方面，更是坚持科技领先，处处显示着科学技术的威力与风采。

科学技术的推广应用，也极大推动了村民就业创业能力，2003 年，全村外出就业青年 46 名，其中从事各类技术型工种的人员有 16 名，占外出就业人员总数的 35%。2007 年，全村有科技实用人才 8 人。

第十三章 村民生活

中华人民共和国成立以前，赵家台村村民深受“三座大山”的压迫，过着饥寒交迫的生活。中华人民共和国成立以来，特别是改革开放以来，由于社会主义现代化建设事业的全面发展，使村民的经济收入不断增加，生活质量不断提高，村民吃穿住行都发生着巨大变化，日趋城镇化、现代化。精神生活亦日益丰富多彩，不断得以满足，展示出社会主义新农村的繁荣兴旺景象，老百姓的生活如同芝麻开花——节节高。

第一节 村民生活的经济基础

经济收入

中华人民共和国成立以前，赵家台村村民过着吃不饱、穿不暖的贫困生活。在中国共产党领导下，建立中华人民共和国，经过土地改革、合作化、人民公社，特别是经过改革开放，村民们政治上翻身作主人，其经济收入也逐年提高，并带来生活水平、生活质量的根本变化、巨大提升。据史料记载，早在20世纪80年代，赵家台村的年经济总收入和农民年人均收入都为潭柘寺乡内各村最高。据区统计局资料显示，从

1993 年至 2020 年，赵家台村多数年份的经济总收入和村民的人均年收入，依旧位于全镇 12 个村的前列。

1993 年至 2020 年部分年份赵家台村经济收入潭柘寺镇排位一览表

表 13–1　　单位：名

年份	总收入在全镇排位	人均年收入在全镇排位
1993	5	1
1994	4	1
1995	4	1
1996	4	1
1997	5	3
1998	5	3
1999	3	3
2000	4	3
2001	4	3
2004	5	2
2006	5	1
2007	6	1
2008	4	1
2009	3	1
2010	5	1
2011	9	2
2012	6	1

续表 13-1

年份	总收入在全镇排位	人均年收入在全镇排位
2013	6	1
2014	6	1
2015	6	1
2016	8	1
2017	2	1
2018	3	1
2019	1	1
2020	2	1

惠民政策

20 世纪 50 年代至 70 年代，村中就建有“五保户制度”“优抚军烈属制度”“遇灾救助制度”等。“五保”为保吃、保住、保穿、保医、保葬，五保户其生老病死全由集体负责。为更好地照顾五保户，1959 年，潭柘寺公社在南辛房大队建立起公社敬老院，赵家台村有 3 户五保户入住。改革开放以后，村民享受上国家一系列更广泛的社会福利政策，有发放过节费政策、60 岁以上老人补

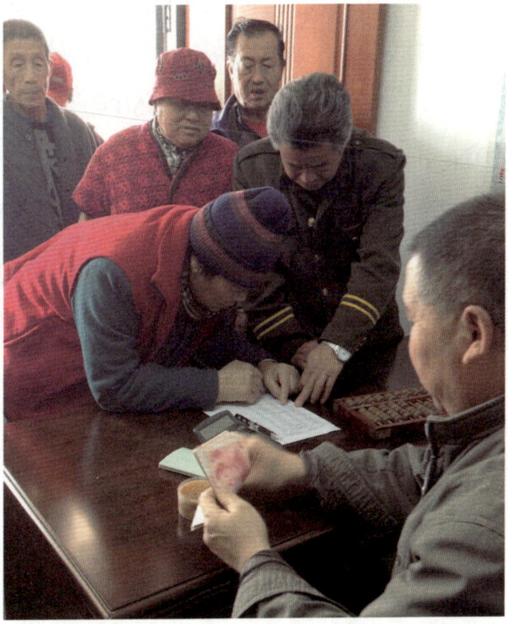

图 13-1　2015 年 3 月 2 日，发放 60 岁以上老人养老金（2015 年 3 月 2 日摄）

助政策（老人福利金、老人优待证等）、老年人丧葬补贴政策、农村最低生活保障政策（2006年，全村共有低保户7户）、残疾人护理补贴政策、新型农村合作医疗补贴政策、农村老党员补助政策、困难党员补助政策等。随着国家“城乡一体化”政策的实施，在补贴数额上，农民与城镇居民的差距不断缩小，直至消失。特别是随着农村改革的不断深入，国家越来越重视和关注“三农”（农业、农村、农民）问题，赵家台村民亦享受上国家越来越多，越来越广泛的惠农政策，主要有减免农业税、危房改造补贴、新能源补贴、农业补贴、水利富民、林业富民等。

2000年以后，区委、区政府为推进社会主义新农村建设，先后启动由区财政财力支持的“农村基础设施建设五项工程”“三起来（暖起来、亮起来、循环起来）工程”等。赵家台村在实施社会主义新农村建设有关利民工程项目中，如老村搬迁、新村建设工程，新村外墙保温工程，煤改电工程，旅游厕所改造工程等，亦得到区镇政府及相关职能部门的财政支持。有据可查的补贴数额为：2000年30万元（含打水井），2008年74万元，2009年350万元，2014年52万元，2015年50万元，2016年9万元，2017年6万余元，2018年上半年4万余元。

除享受政府惠农政策外，赵家台村也依据集体经济实力，依据上级有关政策精神，推出村内系列惠及村民的政策。1990年，私人承包土地流转为集体适度规模经营后，村里实施土地补偿政策，每年都向村民发放土地补偿金，2008年共发7万元，2014年共发10万元，2015年共发14万元，2019年共发21万元。村里成立紫石合作社和开办集体饭店以后，每年坚持照章给村民分红。2006年，生态核桃观光园建成以后，村里进一步实施林业富民政策，安排劳动力、特别是有劳动能力和愿望的残疾人劳动力到基地上班就业。其中，基地办公室值班人员日工资20元，基地库管员年工资1.44万元，基地看护人员日工资20元，一线人员年工资6000元，病虫害监测员月工资500元。村内“墙体保温改造工程”完成以后，村里采取集体免费统一供暖，使每户村民每年可节省冬季供暖支出 2000 余元。

为把这些福利政策和惠民政策落实到位，2000 年，赵家台村成立“赵家台村福利保障部”，其主要职责是确保国家及村集体对农民的福利、惠民政策所涉款项，足额、及时发放到应得村民手中，坚决做到不截留、不挪用、不扣减、不拖延。多年来，该村没有发生任何由这类问题引发的纠纷事件，2007 年，赵家台村被评为“门头沟区无诉讼示范村居”。国家和村集体的福利及惠民政策，使村民生活水平和质量的提升有了坚实的物质保障和可能，村民深感社会主义制度的优越和改革开放的英明，进一步懂得了“大河有水小河满，大河无水小河干”的道理。

第二节　吃穿住行乐

饮食

中华人民共和国成立以前，赵家台村穷困的村民吃了上顿没有下顿，常年不得温饱，甚至常有饿死人的情况发生。20 世纪 50 年代、60 年代，村民们虽然解决了温饱问题，生活水平发生了极大变化，但由于生产力水平低下、土地贫瘠、靠天吃饭、耕作条件差，该村生产的粮食一直不能自给，农民

图 13-2　村民包的彩色饺子（2017 年摄）

常年吃国家返销粮，所以村民依然是“忙时吃干，闲时吃稀”，糠菜半年粮，有的人家冬天一天只吃两顿饭。70年代至80年代初，村民生活水平进一步提高，但由于物资缺乏，国家对居民生活日用品实行凭票、凭证供应。所以村民日常口粮的种类，则主要是自产的玉米、小米、豆类、薯类等，玉米面窝窝头、贴饼子、玉米棒渣粥、小米饭几乎是各家各户一日三餐的主食。那时，逢年过节或是平常家里来客人改善伙食也是粗粮细作，如炸糕、玉米面压饸饹等。多数村民家中除春节国家供应的一些细粮外，常年见不到大米白面。在副食上，夏秋季村民多食用自产的时令蔬菜，如倭瓜、扁豆、白菜、荠菜、土豆等。到了没有新鲜蔬菜季节，就只能食用储存菜，甚至只有腌制菜下饭。普通人家平常很难有肉蛋吃，即使家中有鸡蛋，也轻易舍不得吃，要留着卖钱补贴家用。

改革开放以后，随着社会生产力的发展和村民家庭收入的增加，村民的饮食发生根本性变化，不仅完全解决了温饱问题，而且出现了四大转变，这就是由吃饱向吃好转变，由食用粗粮向食用细粮转变，由以主食为主向以副食为主转变，由自己下厨做饭向经常下饭馆或外购成品、半成品食物转变。由吃饱向吃好转变，就是热衷追求饮食的营养与口味，追求饭菜多样化，追求烹饪技术，讲究各种食材的质量和搭配食用。由食用粗粮向食用细粮转变，就是一日三餐基本上是大米白面，大米白面可以自由从市场购买，村里每逢春节、“十一”还向每户发放米面油。村民们讲：“过去有个头痛脑热才能吃碗片汤面，现在偶尔吃顿粗粮反倒成为改善生活。”由以主食为主向以副食为主转变，是讲究几菜几汤，当地及全国各地的时令蔬菜、肉奶蛋鱼随便购买，2005年，建立核桃观园区后，有许多蔬菜甚至由村里无偿供给，主要有白薯、土豆、萝卜、白菜、豆角、瓜类等。由自己下厨做饭向经常下饭馆或外购成品、半成品食物转变，目的是留下更多的时间工作、学习和娱乐，并满足家人对美味、美食的追求。

在日常小吃上，改革开放以前十分单调，多为村民自己制作的油条、麻花、排叉，从供销社购买的桃酥、蛋糕、大米花、糖豆、块糖之类，还有自家炒制的瓜子、杏仁、核桃仁等。改革开放以后，随着经济的发展和村民生活水平的提高，本地及外地传统的或新创的各类特色美味小吃五花八门、应有尽有，随时可以到市场购买。

旧时，贫困的村民只喝凉水、白开水，很少喝茶，盛夏时节，一般家庭都是用熬制的绿豆汤消暑，有的人家逢年过节一般都喝自制的山茶，即使买些茶叶也是买“高末”（茶叶末）之类。改革开放以后，村民们也开始有了饮茶和以茶待客的习惯，而且追求茶叶的高质量和茶具的上档次，讲究者还讲究茶道。

旧时，赵家台村农民吃的水果，一般都是自产的季节性水果，家人生病或访亲拜友时才从市场买一些水果罐头、果脯之类。改革开放以后，各种水果更是成为各户的必备食品、保健食品，不仅本村、本地区的名特水果应有尽有，而且全国各地，特别是南方的名贵水果也进入百姓家。村里建立特种养殖基地后，还无偿分发本村自产的特色核桃、李子、柿子、山楂等干鲜水果。2021年，全村每户分苹果100斤以上，村民高兴地说：“劳作果实入仓，分瓜分果真忙。”

旧时，村民饮酒，比较上讲究的就是北京二锅头，比较好的烟也就是大前门、恒大之类。改革开放以后，村民享用的烟酒档次、种类也发生了翻天覆地的变化，各种香烟及白酒、啤酒、红酒、饮料随便享用。

这些都表明该村村民饮食已日趋城镇化、现代化。

衣着

在旧社会和中华人民共和国成立初期，赵家台村村民衣着是“新三年、旧三年，缝缝补补又三年”。一般家庭都是大孩子穿过的衣服留给小孩子穿，一件衣服絮上棉花是冬装，拆去棉花是单装。衣服款式多为缅裆裤、对襟褂，毛毡帽、老山鞋、布腰带等。其布料多为粗棉布，衣服多为家庭主妇手工缝制。新衣服要一针一线缝制，衣服破了要一针一线地缝补，做鞋还要用细麻绳纳鞋底，用黑线纳鞋帮，然后组合，费时、费工、费力。因此旧时针线活是家庭主妇的一项沉重负担，针线活做得好不好，是衡量妇女是否优秀的重要标准，女儿未出嫁，就要向母亲学会做针线活儿。

20 世纪 60 年代至改革开放以前，村里的衣着开始发生变化，衣着款式改为制服、建设服、中山装，“文化大革命”期间则流行军大衣、军帽、军挎包等军装。布料也开始有“的确良”“的卡”“人造棉”“斜纹”“平纹”“华达呢”等化纤类、混纺类，村民也多为买衣买鞋帽穿用了。但由于当时受布票和观念的限制，村民的服装还是不能随心所欲，特别是衣服颜色上基本是蓝、白、黑、灰少数几种，号称“天下一片蓝”。

改革开放以后，随着生活水平和生活质量的提高及农民思想观念、审美标准的转变，该村村民的衣着进一步发生着巨大改变，开始讲究新型款式、追时髦，皮鞋、裙子、紧身衣、休闲装、保暖内衣、牛仔服、运动服、西装、T 恤衫、夹克衫随处可见，颜色是五颜六色。衣料开始追求质量与档次，化纤、绸缎、麻料、毛料、羽绒、裘皮等各种高档服装进入寻常百姓家。妇女做针线活早已成为历史，村民衣着基本实现城镇化、现代化。

赵家台人也喜欢饰物，旧时妇女常戴耳坠、手镯、戒指等，还讲究戴“三设”（链组成一套的挖耳勺、剔牙钩、刀等三件小具）。婴儿则多挂长命锁，其质地富裕家庭是金银、宝石等，清贫人家只能用合金、铜等。中华人民共和国成立后，特别是改革开放以后，村民的饰物除耳坠、手镯、戒指外，更讲究项链，质地也多为金、银、宝石等，妇女还讲究配以各种高档手提包。

住房

中华人民共和国成立前及成立初期，赵家台村村民住宅多为土坯墙、

图 13-3　赵家台新村民居（2021 年 7 月 27 日摄）

石头墙房。一般高约 4 米，多数人家的住房是一排正房（3 ~ 5 间），另加耳房，只有少数三合院、四合院。20 世纪 60 年代，开始出现“灯笼框”“砖抱角”房屋，即墙的四角用砖垒砌，其余部分仍用土坯或石头垒砌。从 70 年代，开始出现一砖到顶的住房，即全部用砖垒墙、用瓦或石板作顶的砖瓦房。2000 年至 2007 年，村民分四批从老村搬迁进新村，搬迁的主要原因是老村地理位置偏僻、生存条件差，特别是由于地质结构的原因，使全村房屋整体滑坡下沉、地表开裂，部分房屋倒塌，属于泥石流滑坡险村，雨季汛期居住十分危险。90 年代，赵家台村“两委”决定实施老村整体搬迁，市区镇领导也多次到赵家台村查看险情，请专家反复论证，最后同意并支持该村整体搬迁的意愿，并选定新村建在门潭公路东侧、南辛房村牛口峪的小台上。

新村历时 8 年，分四批建成，共有 70 余栋二层住宅楼。新村的建成，使村民的住房条件发生脱胎换骨的变化，就地一步实现城镇化，加快了社会主义新农村建设步伐，引来社会各界人士的参观考察。

中华人民共和国成立前和成立初期，赵家台村一般家庭几乎没有什么像样的家具，有的只是“旧三件”——炕上一张破芦席，地下一口破铁锅，屁股下一只小板凳。至 20 世纪 70 年代、80 年代，开始有了“老三件”——手表、自行车、缝纫机。改革开放以后，特别是村民搬进新村以后，逐渐实现着家庭现代化，每户住房都是用瓷砖、铝合金、高档灯具等现代化材料进行装修，不仅豪华、漂亮，还环保、节能、实用。手机、洗衣机、电冰箱、电视、电脑、音响、空调等现代化电器早已普及，高档衣柜、床、沙发、茶几、餐桌、写字台、组合柜等成为村民必备家具。

出行

旧时，赵家台村老村没有公路，只有一条多年被行人踏踩出来的、沿沟延伸的乡间小土路，人们出行靠步行或骑牲畜，中华人民共和国成立后，村中道路发生了根本变化。从 1958 年开始，村集体组织人力，依靠集体的力量和国家的帮助、支持，先后修建起从南辛房到赵家台老村的土公路，从叶蜡石场至赵家台老村的水泥公路，从新村至老村的柏油路，这条柏油路达到乡村 3 级、4 级公路标准。还在老村村内修建水泥路和人行步道。2000 年开始，修建起新村的主街路和各楼之间的街巷路，所有道路全部硬化、美化、绿化、亮化，形成现代化街市景观，这些都极大方便了村民的出行、娱乐和健身。

赵家台村新村，紧邻潭柘寺镇镇政府和 108 国道，每天数趟的公交汽车通过家门口，坐车可达四面八方，村民自驾车可沿 108 国道通往全国各地。村中备有大小客车，负责接送温馨家园的残疾人、到老村“核桃观光生态园”上班的村民、外出参加集体活动的人员等。多数村民家中有小汽车，有的户达 2 辆。村民出行十分通畅便利。

娱乐

丰富精神生活　中华人民共和国成立以来，特别是改革开放以来，赵家台人的经济与社会生活显著提高，其精神生活的需求也日益高涨和多样化，并不断得以落足。其新村建成以后，实现有线电视、互联网入户，满足了村民收看多频道、高质量电视和网上娱乐的需求。村里组建起各种群众性业余文化、体育队伍，修建起健身广场、篮球场、图书室、棋牌室等各种文化、体育活动场地、设施，群众文化体育活动队伍或在村内自娱自乐，或外出参加比赛、演出，常年活动不断。1998 年以来，该村仅有记载的大型文体活动就有近百场之多。2007 年以来，就有 20 支市级或区街级、正规或业余文艺团队先后到村演出。经过多年坚持不懈地开展文化体育活动，该村形成了自己传统、特色的保留文化体育项目，这就是拔河比赛和扑克大赛。拔河比赛受到村民喜爱，经常举办。扑克大赛在每年春节前举办，全村村民分成若干组，用一整天的时间实行淘汰赛，决出前 3 名给予奖励，已连续举办多年，这些都给村民带来欢乐和艺术享受。除开展文化体育活动以外，村民平时逛马路、游公园、进商场，有条件和机会就去国内外旅游，村民讲："吃喝穿住都不愁，抽个空去旅游。"其精神生活多彩、红火程度，在全区农村可称得为佼佼者。

净化精神生活　赵家台村"两委"注重群众精神生活健康向上。在抗日战争、解放战争年代，就不断向村民进行爱国护家、反侵略教育。中华人民共和国成立以后，特别是改革开放以后，村"两委"注重利用多种创新形式，向村民深入进行社会主义核心价值观及社会公德、家庭道德、个人美德教育，坚决打击歪风邪气，尤其是坚决打击"黄赌毒"、邪教等违法犯罪行为，杜绝封建迷信等不良现象的滋生蔓延。20 世纪 90 年代，村"两委"专门成立"赵家台村扫黄打非（文化市场管理）工作站"，制定出《赵家台村扫黄打非工作站职责》《赵家台村扫黄打非工作人员巡查行为规范》等制度，围绕清除精神污染，健康村民精神生活开展大量工作。

近些年来，村"两委"不松懈地与封建迷信和邪教作斗争，努力净化村民的精神文化生活。2000 年以后，村党支部明确规定：村内一切文化体育活动，都要以弘扬唯物主义、社会主义为主旋律，必须自觉抵制唯心论、有神论，并经常开展相关活动。2006 年 9 月 26 日，组队参加全镇举办的"反邪教知识竞赛"。2011 年，村"两委"制定《赵家台村民自治章程》，把反对封建迷信等陋习作为重要内容。2013 年，开展"科学健身求健康，反对迷信净灵魂”等教育活动，发动全村村民跳健身舞，做健身操，用健康的文体活动占领全村文化阵地。2018 年，组织全村党员集中学习《农村党员反邪教读本》。2021 年，与市区有关单位和部门配合，开展“反邪净土、守卫家园”教育，还组织村民开展反对邪教“定约签名”活动，促使、引导村民远离封建迷信和邪教。2022 年，发放“知荣辱、讲科学、反邪教、护平安”挂历宣传品。

2007 年，赵家台村获北京市“中华老年康乐文化先进集体”称号，其中就含有对该村保持群众性文化体育活动健康向上的肯定与表彰。

第十四章　民　俗

赵家台村民风淳朴，崇尚节俭，勤于农事，讲究诚信，民俗风情内容丰富、多姿多彩。在封建社会人民信命运、看风水、拜神佛、重男轻女、男尊女卑的陈俗陋习普遍存在，家长专制、小富即安的封闭思想，世代传袭。中华人民共和国成立后，村民移风易俗，破除迷信，革除封建陈规陋习，新风俗、新风尚蔚然成风。

第一节　节日风俗

元旦

1 月 1 日为元旦，俗称“阳历年”，是新一年的开端。村里组织开展文娱活动。青年结婚选在这一天的为数不少。

春节

赵家台村民过春节，一般从农历腊月（十二月）初八日开始，至正月十五日结束，其中除夕为重要节点，最隆重。

农历腊月初八称腊八节。从这天开始，拉开春节序幕。俗话说“过了腊八就是年”。腊八这天，赵家台村多数人家都熬煮腊八粥、泡腊八蒜。

村里的妇女多在清晨 4 点多起床，把高粱米、黄米、大米、江米、小米、红豆等五谷杂粮加上红枣、花生、莲子、核桃仁等一起放进锅里熬腊八粥。除腊八粥外，村民在腊月初八还有用醋腌泡大蒜的习惯，俗称腊八蒜。

农历腊月二十三日称为小年。二十三，糖瓜粘。小年是民间祭灶的日子。传说这一天，灶王爷要上天向玉皇大帝报告这一家人的善恶，让玉皇大帝赏罚。新中华人民共和国成立后，"祭灶"风俗逐渐淡化，至 20 世纪 60 年代被破除。

腊月二十四，村民依照习俗把家里彻底打扫一遍。春节扫尘，是村里素有的传统习俗。家家户户都要打扫房间、院子，清洗各种器具。打扫房间时，先用扫把、掸子等将屋顶、房梁、墙上的尘土、蜘蛛网等掸干净，然后把家里所有的家具器皿擦洗一遍，最后把衣服、床单、被套等清洗干净，被褥拿到院子晾晒。

腊月二十五，全村家家户户都要做豆腐，准备过年吃。中华人民共和国成立初期，赵家台村有几家豆腐坊。1984 年生产队解体后，自磨豆腐的人家已经很少了，村民一般到市场上买豆腐吃。

二十七宰猪鸡。旧时过年，村里人家多要杀猪宰鸡。腊月初八开始就有人家杀猪准备过年。有的人家宰杀的猪全部留给自己吃，过年吃不了的肉就用盐腌后吊放起来，可以吃到来年八月；有的人家杀猪后一半留着自家吃，一半卖给没有养猪的人家。过年时，村里人家还要杀鸡炖汤或做成鸡肉冻保存起来待客用。搬迁新村后随着养殖业的消失，宰猪鸡的习俗不复存在。

二十八把面发、二十九蒸馒头。腊月二十八发面准备蒸馒头，寓意来年发财。蒸馒头发面时，多在晚上将和好的面装在大盆子里，并盖上棉衣或棉被放到热炕上发酵，次日，开始蒸馒头。馒头蒸好后，揭锅时趁热给馒头点上红点（用胭脂或食用颜料），以示喜庆吉祥。

除夕，全家人在一起吃"团年饭"，有一家人团聚过年的味道。桌上的“鱼”代表“富裕”和“年年有余”，象征来年的“财富与幸运”。人们在自己家院子里，铺上芝麻秸，全家人都去踩，叫“踩岁”，取长命百岁之义。除夕夜通宵灯火齐明，人们辞岁守岁。当新年的钟声敲响时，各家的饺子也下锅了。中华人民共和国成立后破除迷信思想，村民家的佛像、佛龛被拆坏烧毁，因此村民除夕夜免去了供神佛、接神等习俗，但至今人们还习惯在除夕守岁迎新。

正月初一这天，村民们早早起来，吃完早饭，打扮得整整齐齐（穿新衣），在本村走亲访友，相互拜年，恭祝“新年好”，新儿媳妇还要由婆婆带着给本族的长辈拜年。在正月初四，村民开始出村给亲戚朋友拜年。

农历正月十五称为元宵节，又称上元节、灯节。赵家台村民有吃元宵的传统。元宵分有馅、无馅两种，无馅的个小，味甜，以白糖、桂圆、桂花、藕丁、蜜饯为佐料，又称“珍珠汤圆”；有馅的个大，状如核桃，多为甜馅，有白糖、豆沙、芝麻、山楂等类。

国际妇女节

3 月 8 日为国际妇女节。村妇联组织评选“三八”红旗手，表彰先进。女干部、女职工放假半天，或组织女职工看文艺节目或电影等。

二月二

赵家台村流传着“二月二，龙抬头；大仓满，小仓流”的民谚。村民有吃春饼、摊黄、面条的习俗。

清明节

赵家台村有上坟祭祖、捏纸钱、打秋千的习俗。

国际劳动节

5 月 1 日为国际劳动节。一般放假一天，组织村民召开座谈会、表彰会、联欢会等活动，进行庆祝。

青年节

5月4日为青年节，村共青团组织团员、青年开展多种活动，如报告会、联谊会、文艺会演、体育比赛和学雷锋做好事等。

儿童节

6月1日为国际儿童节。节日期间，村小学校为主开展多种形式的庆祝活动，如组织儿童文艺演出、演讲比赛、学习成绩展览、旅游参观、看电影等。学校还在这天举行少先队新队员入队仪式。

端午节

农历五月初五，俗称“端午节”，也称端阳节。村民在这天吃粽子、插艾蒿。

中国共产党成立纪念日

7月1日为中国共产党成立纪念日。这天村党支部多召开报告会、纪念会，组织新党员举行入党宣誓，上党课，组织党员观看有关党的建设内容的电影。

建军节

8月1日为中国人民解放军建军节。村领导到驻军部队慰问，举行军民联欢，开展拥军优属活动。

教师节

9月10日为教师节。村干部到学校慰问教师，组织优秀教师参观游览，总结为教育办实事的落实情况等。

国庆节

10月1日为国庆节，是一年中和春节一样盛大的节日。节日期间，村域内悬挂国旗，村民住户大搞卫生，美化环境，青年多在节日中举行婚礼。村里举行秧歌比赛等多种文体活动，进行庆祝。

中秋节

农历八月十五称为中秋节。八月十五的月亮比其他几个月的满月还要圆，还要亮，所以又叫作“月夕”。中秋前夕，人们都尽可能和家人团聚，取人月双圆之义，所以八月十五又叫“团圆节”。旧时，八月十五夜晚月亮当空时，各家各户把准备好的月饼、水果等摆放在院子里的供桌上，并将“兔儿爷”神纸像请出祭拜。上供完毕后，将“兔儿爷”神纸像焚化送上天，再将供品撤下，全家分食赏月，团团圆圆，其乐无穷。

重阳节

中华人民共和国成立后，逢重阳节，赵家台村干部组织开展敬老活动，包括送慰问品，为老年人体检，举办文艺演出等。

另外，一些外国节日也开始影响赵家台村民百姓生活，如平安夜、圣诞节、父亲节、母亲节、情人节等。

第二节　婚姻家庭习俗

订婚

清代以来，受封建思想束缚，赵家台村有指婚童养媳、招女婿等婚姻习俗，男女婚姻不能自主，由父母包办，讲究门当户对，命不相克。媒人提亲时要介绍男女方年龄、属相、长相、生辰八字及财产情况等。通过媒人介绍，双方到第三方家中见面。相亲满意后，由媒人向男方转达女方所要结婚彩礼。彩礼确定后，男方要择日备双数酒、米、面及糕点等礼物到女方家“下小定”，所选礼物讲究四个礼盒，取“四平八稳”之意。女方收下“小定”，就表示同意嫁出女儿。然后男方准备“下大定”，双方各自准备结婚事宜。中华人民共和国成立后，旧时订婚习俗逐渐消失。

结婚

赵家台村选择结婚日子，简称为“定日子”，男方家选择吉日后，到女方家商定，并把娶亲安排各自告知亲友。婚礼的前两天，女方家要请厨子准备迎亲前一天的宴席，称为“落桌”。待嫁之女的姑、姨等亲友要给她的嫁妆里添加点心盒或者衣服鞋袜等穿戴用品，俗称“填箱”。婚礼之日，女方负责“送嫁妆”，女方家人将嫁妆送到男方家的村口，等待男方出来接嫁妆，男方接嫁妆的人数须与女方送嫁妆的人数相等。待把女方送嫁妆的人接到家中，把嫁妆抬进新房后，女方家押嫁妆的人（通常是女方的弟弟或者晚辈)负责挂门帘,男方需给押嫁妆的人喜钱。

旧时，赵家台村新郎迎娶新娘多用轿子（也称“花轿”），有钱人家雇八抬大轿，并附有八面鼓、长号喇叭、锣鼓等；赵家台乡村道路狭窄，八个人抬的轿走起来很别扭，为行走方便，花轿抬新娘出了村庄到路上换成四个人倒班抬，临近新郎村时再换成八个人抬。

花轿到新郎家堂屋门口停轿，新娘被搀扶下轿并送入洞房歇息。吉时到，新娘便走出洞房与新郎“拜天地”。结婚仪式由村内威望高且儿女俱全的长辈主持，新郎新娘三叩首，在场长辈亲戚给新娘红包。结婚仪式结束后，婚宴开席。新婚之夜，新娘的婆婆亲自下厨煮“子孙饺子”（由媒人从女方娘家带过来的离娘肉和离娘面做成），煮到半熟时，捞六至八个送至洞房给新娘尝，此时婆婆会问：“生不生？”新娘必须回答：“生！”表示能够生儿育女。

中华人民共和国成立后，随着人们生活水平的提高，婚俗发生了巨大变化。人们不再只选择“黄道吉日”，而选择年节、双休日等方便亲友聚集的日子；花轿娶亲已经绝迹，人们改用自行车、拖拉机、摩托车娶亲。90 年代后，汽车迎亲渐兴；新娘子不仅穿红衣红裤，还有漂亮的婚纱和旗袍；婚礼多在饭店举行；婚后第二天或婚礼当天下午，新婚夫妇便回门。近年来，结婚礼仪中的繁文缛节趋于简化。

再婚

旧时，已婚妇女丧偶被称为“寡妇”，寡妇不允许改嫁，要在婆家“守节”。如若再嫁，则会受到家庭的歧视和社会舆论的刁难与非议。中华人民共和国成立后，赵家台村再婚人员逐渐增多，20 世纪 90 年代以后，离异、丧偶的中老年人再婚得到家庭和社会的理解和支持，出现“黄昏恋”、老少婚等，形成老年人婚姻的新模式。

生育

中华人民共和国成立前，生活贫困，医疗卫生条件差，产妇和婴儿死亡率较高。中华人民共和国成立后，赵家台村逐渐形成一套有序的生育习俗：小孩出生前，婆家要准备好产房，将门窗糊严，褥子垫厚，让产妇舒适。产妇分娩时请接生婆到家里接生。生下小孩后，产妇要“坐月子”，一个月不能做家务，不能着凉受风，忌和长辈或外人说话，以免“踩奶”没有母乳。婴儿出生后第三天，接生婆要给小孩洗澡，俗称“洗三”。产后七天，产妇母亲给产妇捏合身体，称“捏骨缝儿”，使产妇日后不落下月子病。婴儿出生后第十二天，产妇的娘家人（通常为女性）要带上鸡蛋等营养品去姑爷家贺喜。在婴儿满月时，婴儿的外祖母会带着虎头鞋、虎头枕、斗篷以及婴儿用的被褥等物品，到姑爷家贺喜。姑爷要备席款待岳母和本家族的亲友，即满月宴，举行“满口”仪式。

中华人民共和国成立后，医疗条件改善，改革开放后产妇大多在医院生产，由护士给婴儿洗澡。

认干亲

明清以来，赵家台村，一些婚后没有儿女的家庭或者已经有儿女但孩子还没长大便夭折的家庭，通常会通过媒人认一个干儿子。此外，也有儿女都健康的家庭再为儿女拜认一个干爹干妈，意在多一人疼孩子，孩子能健康成长。认干亲时，需先备礼托媒人说和，经双方同意后，在孩子一岁左右时，择日准备酒席，将干爹干妈请进本家，由奶奶和亲妈将孩子从宽松的裤子上面放下来，认干亲仪式就算完成。认干亲后，干儿子干女儿不改姓；干爹干妈去世时，干儿子干女儿皆披麻戴孝，但不继承遗产。随着社会的进步和经济发展，赵家台村认干亲习俗的逐渐淡化。

抱养

明清以来，赵家台村婚后不生育的家庭通常会抱养孩子，也有生育几个孩子都夭折的家庭会抱养健康人家的孩子，希望再出生的孩子能够存活。有了抱养孩子的意愿后，需抱养孩子的家庭要备礼托媒人说和，经双方同意后，再请 2 位或 2 位以上先生立字据证明，并经过村里有威望的人做见证人。所抱养子女改为抱养家庭姓氏，称呼抱养夫妇为爸妈，随抱养家庭生活居住。抱养夫妇去世时，披麻戴孝等同亲生，并继承遗产。改革开放后，随着社会保障制度的不断完善，抱养孩子的村民越来越少。

本命年

本命年在赵家台村有着广泛的影响，村民有本命年挂红避邪躲灾的传统，人们对红色特别钟爱，尤其认为红色有驱邪护身的作用。赵家台村民在大年三十，人们早早地穿上红色内衣，或系上红色腰带，有的随身佩戴的饰物也用红丝绳系挂，来迎接自己的本命年，认为这样才能趋吉避凶，消灾免祸。这些为本命年辟邪的红色饰物就是人们常说的“本命红”。此习俗在改革开放后，逐渐淡化。

分家

赵家台成村后，赵家台村兄弟们长大成人娶妻生子，家庭人口增加，常常发生矛盾，矛盾产生后会有人提出分家。分家仪式通常由亲娘舅主持，请一位账房先生记账，再请家族的嫡长、数名邻居等在一旁见证。分家时，本着公平的原则分房屋、分土地、分家具、分农具等，按兄弟长幼顺序分配，土地根据好赖平均分配。分家完毕后，要请在场人同家人一起吃散伙饭。中华人民共和国成立后，尤其进入 21 世纪后，赵家台村分家的程序变得越来越简单。

第三节　礼仪习俗

拜师收徒

中华人民共和国成立前，赵家台村村民通常会让孩子拜认师傅学习手艺。拜师前，家长或学徒本人要向师傅介绍徒弟的具体情况。师傅决定收徒后，择日举行拜师仪式。拜师时，徒弟向师傅磕头，木匠师傅、瓦匠师傅分别赠予徒弟斧头和瓦刀，寓意认收此徒弟之意，随后师傅会摆宴席请师叔师兄等，向大家介绍新收之徒。拜师后，徒弟无论在工作中还是在生活中都需要尊敬师傅。工作时，徒弟需为师傅清洗工具；出门时，徒弟应替师傅拿工具；陪师傅吃饭时，徒弟应给师傅斟酒盛饭；大年初一徒弟要给师傅拜年。收徒后，师傅也要关爱徒弟。在技艺传授中，师傅要给予徒弟严格的指导和中肯的批评。大年三十晚上，师傅也需给徒弟留饺子，待徒弟大年初一来拜年时食用。

寿庆

民国以来，赵家台村有钱人家有寿庆习俗，穷苦人家一般没有。改革开放以后，日渐富裕的村民们开始给老人过大寿（整十寿辰，如六十大寿），有的村民每年都给老人过生日。寿宴上要吃寿糕（生日蛋糕）、长寿面、喝庆寿酒，菜要双数，话要吉利。席间晚辈献歌祝寿，宴后拍“全家福”照片，留作纪念。还有的将寿庆的整个过程摄像纪念。现今不少人家在饭店、酒楼设宴庆寿，一家团聚，举杯共祝。

探望病人

赵家台村民有着悠久的探望病人的传统。探望病人时注重交谈内容，与病人交谈的话题多是让病人心情愉快的内容，特意多说些吉祥之言，安慰并祝愿早日康复，嘱咐些注意事项，绝不说影响病人情绪和不吉利的话。交谈中尽量倾听病人的叙述，了解病人的心理，多鼓励、开导病人。同时介绍一些治疗后康复的病例，解除病人的疑虑。

人们探病时所带的礼物，一般根据自己与病人的亲疏远近、感情厚薄和自己的经济能力以及病人的病情而定。中华人民共和国成立初，看望病人一般送些鸡蛋、挂面之类的东西。20 世纪 70 年代后，看望病人所送的礼品增加了水果罐头、人参鹿茸等营养滋补品，或送鲜花和书籍等。

赵家台村探视病人的时间一般选择上午，少有下午或晚上。因为上午阳气上升，有利于病人的病情好转，是吉利的时间。下午则阴气、暮气渐浓，会给病人带来不吉利，故而忌讳下午对病人探视。

开张与送行

中华人民共和国成立前，赵家台村商家开业或更换门面，多邀请权贵、同行、亲友等参加开业仪式，以制造影响，寓意买卖兴隆。主家以礼相待，备宴招待来客，祝贺开张之风日盛。旧时，民间逢喜事出门，如委任外地就职、会考中榜等，要告知亲友，择日邀请来家，备酒席相待。被邀者备礼物前往祝贺。进入 21 世纪后，赵家台村送礼的乡俗扩大到学生考上大学，应征入伍者欢送规模更为隆重。

乔迁

赵家台村民迁入新居，亲朋相约备礼前往祝贺。礼品多以炊具为主，配以食品、烟酒之类。主人要置办酒席宴请祝贺者，以示感谢。

此外，儿女若迁新居，通常在迁入新居的一两天内，岳父、岳母要备点心等礼物到新居向姑爷、女儿祝贺，俗称给闺女家“安锅”。爷爷、奶奶或父母，在子女入住前需住几天，俗称“暖房”。

丧葬

赵家台村丧葬习俗变化较大。旧时，老人死后，亡者儿女穿重孝，要戴孝帽、穿孝衣、穿孝鞋。乡邻亲朋闻丧，要前往吊唁，吊唁或带纸、炮，或送礼金，也有送挽幛的。亡者安葬后，一七至四七逢七这天，多是孙男娣女到坟前烧纸摆供，五七这天最为隆重，丧主家要款待烧纸客，以祝愿死者得安。一周年是五七之后第一个大祭，届日，亲朋故旧要到坟前烧纸上供祭奠亡魂。中华人民共和国成立后，赵家台村丧葬习俗不断改革，破旧立新，丧葬礼仪从简，封建迷信做法多已废除。逢丧事多戴黑纱、佩白花、送花圈、开追悼会。

第四节　禁忌

自然忌讳

旧时，赵家台村忌用手指彩虹，怕生恶指甲疮；天上出现彗星（俗称扫帚星）被视为不吉利，传说本年内人们不平安；住宅周围黑夜忌猫头鹰叫，怕祸事临头；出门遇乌鸦叫，是不祥之兆，应尽早返还；在野外忌打白头山蛇和七寸蛇；忌养头上有一撮白毛的驴马等。

时节忌讳

清代以来，赵家台村过春节民间做豆腐、蒸馒头、包饺子等，忌说“完了”“破了”“断了”等认为不吉利的字眼；农历正月十三忌出远门，尤其不办嫁娶喜事；大年初一起五更，忌说不吉利话，说话忌高声，忌训斥打骂子女，忌往院子里泼水，忌打碎用具或毁坏家具，忌走亲戚，忌做一切活计，更忌动笤帚、剪刀。正月、腊月里忌娶亲结婚，民间说法为“正月不娶，腊月不聘”。

礼节忌讳

成村以来，赵家台村孩子取名忌和长辈同字同音；走亲戚送食品忌送单数；不说“酒完了”，而说“壶大了”；兄长忌同弟媳开玩笑；弟媳忌和兄长不恭，或者言行过于随意亲密，民间有“宁在小叔腿上坐，不在大伯哥眼前过”的说法；忌面对人脸咳嗽，忌面对人吐唾沫。

婚姻禁忌

旧时，赵家台村民忌甲子年成婚，认为甲子年是寡妇年。一年两个立春也忌结婚。要忌属相，如龙虎相斗、鸡狗不合、羊与羊抵触等，双方属相最好是相生的，相克则不能缔结良缘。结婚时，迎新娘进门，怀孕和服孝的妇女不能参加，“双身不能压炕”，“白虎”（戴孝者）不能拦门，新娘花轿不能碰青龙（石头类磨碾，如碰到则用红布盖着），不能碰上出殡上坟。产妇不能看新媳妇。人们送礼忌送梨、钟等，因为“梨”和“离”同音，“送钟”音同“送终”，都是不吉利的。婚礼上不能说不吉利的话，如“散伙”“好不到头”“断子绝孙”等。

建造忌讳

成村以后，赵家台村民房忌门外对直路；房前忌栽桑树，房后忌种柳树；主房忌建四六间；忌在正庙前后建房，俗言“能住庙左右，不住庙前后”；民房的方位忌占正方位；配房忌高出主房等。

生活禁忌

成村以来，赵家台村民借别人的药锅忌送还，等人家用时来取；嫁出去的闺女不准在娘家过腊月二十、过春节和生孩子；产妇未满月，忌登他人家门，也忌讳他人到自家串门；小孩正月里不剃头；老人忌说“73岁”“84岁”，老人活到百岁忌说“一百岁”，多称99岁，因忌讳“人活百岁终须死”；人死了忌说“死”，说“老了”或者“去世”，年轻人死了说“不在了”；丧期孝子忌穿白孝服进他人家门；忌半夜叫人名；给人写信忌用红色字迹；忌逢七出门、逢八归家。

饮食禁忌

明清以来，赵家台村在饮食民俗中有很多禁忌和约定俗成的规矩，人们习惯叫“忌讳”或者“讲究”。做客喝酒时，不得将酒杯倒扣，否则是对其他人的不敬；最后一杯要等到饭端上来再一饮而尽，不得空杯等饭，因为那是对主人家的不满。饮酒划拳忌用小指，小指比喻“小人”，用大拇指表示对对方的尊重；给别人倒茶，忌壶嘴对着别人。在吃饭时忌把筷子分放在杯盘两边，忌讳“筷（快）分开”了的说法；吃饭忌将筷子插在有饭的碗里；忌用筷子敲空碗，因为乞丐讨饭时是这样敲的，敲碗意味着没饭吃；待客上菜忌单数；祭祖或供神忌双数；忌从窗口递进食品，因为送牢饭都是从窗口传递；盛饭忌勺子往外翻，因为这是旧时给犯人盛饭的舀法；招待客人吃水果不能两人吃一个梨，以避讳“分离”；忌人没吃完饭或筵席未散收拾碗筷，客人在时不能扫地，因为这样做意味着赶客人走。吃饭忌剩碗底，有“小孩剩碗底，长大娶麻妻”之说。有的禁忌对人有劝诫作用，也就是俗话说的“劝人方”。

第十五章　人物　荣誉

人物传略共收录6名，均为村籍人士，以出生先后为序排列。人物表收录革命烈士5名，以出生年月为序。记载荣誉范围为省部级、北京市系统及以上、门头沟区级及门头沟区级系统、乡（镇）级集体荣誉和北京市级、门头沟区级及门头沟区级系统、乡（镇）、村级个人荣誉。

第一节　人物

人物传略

孙玉芹　（1881—1942），赵家台村人。自幼家境贫苦。为挽救民族危亡，在他年近60岁时，毅然走上抗日战场。在他的影响和带动下，两个儿子也先后参军，父子三人前仆后继，先后英勇牺牲。孙玉芹为门头沟抗日战争时期828名革命烈士中年龄最大的革命烈士之一。

刘廷顺　（1904—1985），赵家台村人。1943年，加入中国共产党。1946年，赵家台村农会成立，刘廷顺担任农会主任。1963年12月20日，任赵家台村贫协筹备小组组长。1964年5月8日，当选为赵家台贫下中农协会（贫协）主席。

刘福堂 （1919—1979），原名刘常顺，赵家台村人，出身贫农。1944 年，经杨无力、宋怀同介绍，在贾沟村加入中国共产党。1949 年至 1950 年，任赵家台党支部书记。1955 年，任赵家台经济合作社主任。

王春明 （1925—1989）赵家台村人。1945 年 4 月，经孙天庆、刘福堂介绍加入中国共产党。1946 年，任赵家台村民兵队长。1946 年 11 月，率队在村大道两旁埋地雷，地雷突然爆炸，身受重伤。1951 年，任赵家台村党支部书记。

孙天照 （1928—2016），赵家台村人。抗日战争爆发后参加革命，在区小队打游击，1944 年，参加八路任通讯员。1946 年 1 月 1 日，加入中国共产党。1948 年，任副班长。1949 年，从电台工作转到前方打仗，在侦察连任侦察员，先后参加太原、张家口、怀来等多次战役。参加了中华人民共和国成立大阅兵。1950 年至 1952 年，在高级步兵学校学习。1953 年，复员回村参加钻探队学习 3 个月，在大台矿工作 2 个月。1954 年，任赵家台村党支部书记。1955 年，任初级社社长。1956 年至 1957 年，在村农业社劳动。1958 年至 1961 年，在钢铁营工作。1962 年至 1964 年，任门头沟区潭柘寺公社联矿矿长、党支部副书记。1965 年至 1966 年，任联矿监车工。1967 年回赵家台村任林业组组长，带领村民看护果园。

刘正宇 （1963—2000），赵家台村人。在潭柘寺建筑队工作期间，被送到北京建工学院预算专业脱产学习半年。2000 年，建设赵家台新村时铲车翻车不幸身故。

人物表

赵家台村共有革命烈士 5 名。

赵家台村革命烈士英名录

表 15-1

姓名	性别	出生年份	牺牲时间、牺牲地点	职务
孙玉芹	男	1881	1942 年昌宛县	昌宛县六区区小队战士
孙田蔡	男	1923	1941 年曹家坊	平西五支队战士
孙永山	男	1923	1945 年黄塔	昌宛县大队排长
孙永田	男	1923	抗日战争期间张家口	晋察冀军区七团战士
孙天奇	男	1909	1942 年昌宛县	昌宛县六区区小队战士

第二节　荣誉

据不完全统计，1984 年至 2020 年赵家台村共获集体荣誉 119 次，1984 年至 2021 年，赵家台村 141 人次获得个人荣誉。

集体荣誉

2004 年至 2020 年赵家台村获省部级、北京市系统及以上集体荣誉一览表

表 15-2

获奖单位	荣誉	时间（年份）	颁奖单位
赵家台村	首都文明村	2004	首都精神文明建设委员会
赵家台村治保会	北京市先进治保会	2004	北京市公安局
赵家台村	北京市人口和计划生育示范村	2005	北京市人口和计划生育委员会
赵家台村	北京市敬老先进村	2005	北京市老龄工作委员会
赵家台村党支部	创建“五个好”先进村党组织	2003—2005	中共北京市委组织部 中共北京市委农村工作委员会
赵家台村治保会	北京市先进治保会	2006	北京市公安局
赵家台村	北京郊区生态文明村	2006	北京市农村工作委员会 北京市环境保护局
赵家台村党支部	北京市“五个好”村党组织	2006—2008	中共北京市委组织部 中共北京市委农村工作委员会
赵家台村	全国美德在农家活动示范点	2007	中华人民共和国文化部 全国妇联
赵家台村	北京市村务公开民主管理示范村	2007	北京市社会主义新农村建设领导小组、村务公开工作办公室

续表 15-2

获奖单位	荣　誉	时间（年份）	颁奖单位
赵家台村	中华老年康乐文化先进集体	2007	中国老教授协会等单位联合颁发
赵家台村	市村委公开民主管理示范村	2007	北京市社会主义新农村建设领导小组、村务公开工作办公室
赵家台村	首都文明村	2007	首都精神文明建设委员会
赵家台村	无偿献血先进单位	2008	北京市公民献血委员会
赵家台村	平安农机示范村	2009	北京平安农机创建活动领导小组
赵家台村	国庆安保工作先进集体	2009	国庆社会治安与安全警卫指挥部 北京市“国庆平安行动”指挥协调小组
赵家台村	北京市健康促进示范村	2009	北京市爱国卫生运动委员会
赵家台村	首都平安示范村	2009	首都综治办、市公安局、市民政局
赵家台村	首都文明村	2009	首都精神文化建设委员会
赵家台村	诚信服务示范单位	2010	北京市消费者协会
北京兴龙致业旅游服务中心	诚信服务示范单位	2011	北京市消费者协会
赵家台村	全民健身明星村	2011	北京市第八届全民健身体育节组委会

续表 15-2

获奖单位	荣誉	时间（年份）	颁奖单位
赵家台村	首都绿色村庄	2011	北京市人民政府首都绿化委员会
赵家台村	北京市健身明星村	2011	北京市第八届全民健身体育节组委会
赵家台村	首都文明村示范村	2012	首都精神文明建设委员会
赵家台村	首都绿色村庄	2012	北京市人民政府首都绿化委员会
赵家台村残疾人职业康复劳动项目	2011 年度北京市残疾人职业康复劳动项目考核，评为“优秀”	2012	北京市残疾人联合会
赵家台村	优秀残疾人职业康复站	2012	北京市残疾人联合会
赵家台村	先进村民委员会	2012	北京市民政局
赵家台	2011—2012 年度北京市私营个体经济协会系统先进小组	2012	北京市私营个体经济协会
赵家台村党支部	北京市“五个好”村党组织	2012—2014	中共北京市委组织部 中共北京市委农村工作委员会

续表 15-2

获奖单位	荣　誉	时间（年份）	颁奖单位
赵家台村	北京最美的乡村	2014	中共北京市农工委 北京市农委 北京市旅游委 首都文明办 北京市文化局 北京市园林绿化局
赵家台村	京郊旅游农家院特色美食品鉴活动“十佳特色餐饮民俗村”	2014	北京市旅游委
赵家台村	中国乡村方面旅游模范村	2015	中华人民共和国旅游局
赵家台村	首都文明村	2015	首都精神文明建设委员会
赵家台村	生活垃圾示范村	2016	北京市生活垃圾分类推进工作指挥部
赵家台村村委会	北京市先进村民委员会	2017	北京市民政局
赵家台村	首都文明村镇	2020	首都精神文明建设委员会
赵家台村	第六届全国文明村镇	2020	中央精神文明建设指导委员会

1984 年至 2018 年赵家台村获门头沟区级及门头沟区系统集体荣誉一览表

表 15–3

获奖单位	荣誉	时间（年份）	颁奖单位
赵家台村党支部	门头沟区先进党支部	1984	中共北京市门头沟区委员会
赵家台民兵队	先进民兵连	1989	门头沟区人民武装部
赵家台村	敬老先进村	1999	门头沟区政府老龄工作领导小组
赵家台村党支部	“五好”村党支部	1999	中共北京市门头沟区委员会
赵家台村	小康示范村	2002	中共北京市门头沟区委员会 北京市门头沟区人民政府
赵家台村治保会	区级先进治保分子	2002	公安门头沟分局
赵家台村	敬老模范村	2002	门头沟区老龄委
赵家台村	文明示范村	2003	门头沟区文明建设委员会
赵家台村	门头沟区文明村	2004	北京市门头沟区人民政府
赵家台村	人口与计划生育工作示范村	2004	中共北京市门头沟区委员会 北京市门头沟区人民政府
赵家台村	门头沟区成人教育工作先进单位	2004	门头沟区教委

续表 15-3

获奖单位	荣誉	时间（年份）	颁奖单位
赵家台村	基层计划生育优质服务先进集体	2004	门头沟区计划生育委员会、计生协会
赵家台村	北京市卫生村	2005	区创卫领导小组、区爱国卫生运动委员会
赵家台村	森林防火工作先进单位	2005	门头沟区森林防火指挥部
赵家台村民俗业	先进农民专业合作经济组织	2005	门头沟区委、区政府
赵家台村	环境综合整治先进村	2005	中共门头沟区委员会 门头沟区人民政府
赵家台村民俗旅游协会	先进农民专业合作经济组织	2005	中共门头沟区委员会 门头沟区人民政府
赵家台村党支部	“五个好”农村党组织	2005	门头沟区农村基层组织建设领导小组
赵家台村	生产发展先进村	2006	中共门头沟区农村工作委员会 门头沟区农业委员会 门头沟区人事局
赵家台村党支部	先进党支部	2006	中共门头沟区委员会
赵家台村	门头沟区健身项目表演赛优秀表演奖	2006	区体育局

续表 15-3

获奖单位	荣誉	时间（年份）	颁奖单位
赵家台村	森林防火先进单位	2006	门头沟区森林防火指挥部
赵家台村	扶贫助残先进集体	2006—2010	区残疾人工作委员会
赵家台村	农民致富先进村	2007	中共门头沟区农村工作委员会 门头沟区农业委员会 门头沟区人事局
赵家台村	农民致富先进村	2008	中共门头沟区农村工作委员会 门头沟区农业委员会 门头沟区人事局
赵家台村党支部	先进基层党组织	2006—2008	中共门头沟区委员会
赵家台村	北京奥运会残奥会门头沟区先进集体	2008	中共门头沟区委员会 门头沟区人民政府
赵家台村	农民致富先进村	2008	中共门头沟区委农村工作委员会、门头沟区农业委员会、门头沟区人事局
赵家台村党支部	新农村建设先进党支部	2009	中共门头沟区委组织部、中共门头沟区委农村工作委员会
赵家台村	门头沟区计划生育协会先进单位	2009	门头沟区计划生育协会

续表 15-3

获奖单位	荣誉	时间（年份）	颁奖单位
赵家台村党支部	新农村建设先进党支部	2009	中共门头沟区委组织部 中共门头沟区委农村工作委员会
赵家台村党支部	先进基层党组织	2010	中共北京市门头沟区委员会
赵家台村	门头沟区森林防火工作先进单位	2010	门头沟区森林防火指挥部
赵家台村	先进集体	2006—2010	门头沟区残疾人工作委员会
赵家台村党支部	先进基层党组织	2011	中共北京市门头沟区委员会
赵家台村	旅游产业发展先进村	2012	中共北京市门头沟区委员会 门头沟区人民政府
赵家台民俗 AAA 旅游协会	社会组织等级评估中被确定为 AAA 级	2012	门头沟区民政局
赵家台村团支部	五四红旗团支部	2012	共青团门头沟区委员会
北京潭柘紫石文化产品有限公司	旅游产品加工先进企业	2012	中共门头沟区委员会 门头沟区人民政府
赵家台村党支部	先进基层党组织	2010—2012	中共门头沟区委员会
赵家台村	基层组织建设示范村	2013	中共门头沟区委员会 门头沟区人民政府

续表 15-3

获奖单位	荣誉	时间（年份）	颁奖单位
赵家台村	门头沟区人民调解委员会示范单位	2013	门头沟区司法局
赵家台村	门头沟区生态文明创建活动绿色乡村	2013	门头沟区精神文明建设委员会
赵家台村	2013—2016 年度优秀平安建设集体	2013—2016	门头沟区社会治安综合治理委员会
赵家台村	基层组织建设示范村	2014	中共门头沟区委员会 门头沟区人民政府
赵家台村	门头沟区基层考核优秀工作室	2017	门头沟区文化委员会
赵家台村	门头沟基层优秀文化室	2018	门头沟区文化委员会
赵家台村	门头沟区 2018 年“科普之乡”活动优秀组织奖	2018	门头沟区科协
赵家台村	门头沟区 2019 年度特色科普活动	2019	门头沟区科学技术协会
赵家台村	北京市先进基层党组织	2020	中共门头沟区委员会

1984年至2018年赵家台村获乡（镇）级集体荣誉一览表

表 15–4

获奖单位	荣誉	时间（年份）	颁奖单位
赵家台民兵队	“三落实”先进队	1984	潭柘寺乡人民政府
赵家台村	计划生育先进单位	1992	潭柘寺乡人民政府
赵家台村党支部	先进党支部	1998	潭柘寺镇党委
赵家台村	潭柘寺镇第二届秧歌比赛第三名	1998	潭柘寺镇人民政府
赵家台村党支部	先进党支部	1999	中共北京市门头沟区潭柘寺镇委员会
赵家台村	党报党刊订阅工作先进集体	1999	潭柘寺镇人民政府 潭柘寺镇党委
赵家台村	经济强村	2000	潭柘寺镇人民政府
赵家台村党支部	先进党支部	2000	潭柘寺镇党委
赵家台村	潭柘寺镇经济强村	2001	潭柘寺镇人民政府
赵家台村党支部	先进党支部	2002	中共潭柘寺镇委员会
赵家台村	经济纳税强村	2002	潭柘寺镇人民政府
赵家台村	环境整治先进村	2003	潭柘寺镇人民政府

续表 15-4

获奖单位	荣誉	时间（年份）	颁奖单位
赵家台村党支部	潭柘寺镇两个条例知识竞赛活动纪念奖	2004	潭柘寺镇委员会
赵家台村	计划生育先进村	2005	潭柘寺镇人民政府
赵家台村	计划生育先进村	2006	潭柘寺镇人民政府
赵家台村党支部	“五个好”农村党组织	2006	潭柘寺镇委员会
赵家台村党支部	保持共产党员先进性教育活动先进党支部	2006	潭柘寺镇委员会
赵家台村	计划生育先进村	2007	潭柘寺镇人民政府
赵家台村	计划生育先进村	2008	潭柘寺镇人民政府
赵家台村	计划生育先进村	2009	潭柘寺镇人民政府
赵家台村	计划生育先进村	2010	潭柘寺镇人民政府
赵家台村	计划生育先进村	2011	潭柘寺镇人民政府
赵家台村	计划生育先进村	2012	潭柘寺镇人民政府
赵家台村党支部	先进基层党组织	2012	潭柘寺镇委员会
赵家台村党支部	先进基层党组织	2013	潭柘寺镇委员会

续表 15-4

获奖单位	荣誉	时间（年份）	颁奖单位
赵家台村	环境综合整治先进村	2014	潭柘寺镇人民政府
赵家台村	环境建设先进村	2015	潭柘寺镇人民政府
赵家台村党支部	换届选举工作先进单位	2017	潭柘寺镇党委
赵家台村党支部	先进基层党组织	2017	潭柘寺镇党委
赵家台村	法治文艺大赛二等奖	2018	潭柘寺镇党委

个人荣誉

1984 年至 2021 年赵家台村获省部级、北京市系统及以上个人荣誉一览表（已知部分）

表 15–5

姓名	荣　誉	时间（年份）	颁奖单位
安永芝	北京市先进治保积极分子	1984	北京市公安局
	北京市三八红旗手标兵	1985	北京市妇女联合会
	北京市劳动模范	1988	中共北京市委员会 北京市人民政府
	北京市先进护林员	1987—1988	北京市郊区护林防火委员会

续表 15-5

姓名	荣 誉	时间（年份）	颁奖单位
安永芝	北京市三八红旗手标兵	1989	北京市妇女联合会
	北京市先进共产党员	1991	中共北京市委员会
	北京市三八红旗手	1991	北京市妇女联合会
	北京市三八劳动能手	1992	北京市妇女联合会
李长来	第四届全国中小学生作文竞赛育才奖	1989	全国中小学生作文竞赛组织委员会
孙继青	北京市先进治保积极分子	1999	北京市公安局
	北京市先进治保积极分子	2000	北京市公安局
	北京市先进治保积极分子	2004	北京市公安局
	北京市先进治保积极分子	2006	北京市公安局
代金华	第二次全国残疾人抽样调查先进个人	2006	第二次全国残疾人抽样调查办公室
	奥运巾帼奉献奖	2008	北京市妇女联合会

续表 15-5

姓名	荣　誉	时间（年份）	颁奖单位
果春红	北京市“平安家庭”创建活动先进个人	2008	北京市妇女联合会 首都社会治安综合治理委员会办公室
	北京市万名孝星评选活动中被评为孝星	2010	北京市人民政府
余邦怀	优秀农村水管员	2008	北京市水务局 北京市农村工作委员会
	优秀农村水管员	2010	北京市水务局 北京市农村工作委员会
	农村管水员考核优秀奖	2011	北京市水务局 北京市农村工作委员会
王　民	北京市万名孝星评选活动中被评为孝星	2010	北京市人民政府
李　燕	北京市万名孝星命名活动中被命名为孝星	2011	北京市人民政府
孙凤敏	北京市万名孝星命名活动中被命名为孝星	2012	北京市人民政府
刘忠英	北京市先进村民委员会主任	2013	北京市民政局
	北京市生活垃圾分类达人	2021	北京市民政局

续表 15-5

姓名	荣 誉	时间（年份）	颁奖单位
孙佳星	北京市“职工技协杯”职业技能竞赛应急处置员（危险化学品）比赛中荣获北京市安全生产技术标兵	2016	北京市安全生产监督管理局
	北京市“职工技协杯”职业技能竞赛应急处置员（危险化学品）比赛中荣获个人三等奖	2016	北京市安全生产监督管理局
	个人全能优秀奖	2016	第二届全国危险化学品救援技术竞赛组委会
	“永葆激情点赞台”年度点赞人物	2016	中共中国石化集团北京燕山石油化工有限公司委员会 中国石化集团北京燕山石油化工有限公司 中国石油化工股份有限公司燕山分公司
	第二届全国危险化学品救援技术竞赛个人全能优秀奖	2016	第二届全国危险化学品救援技术竞赛组委会
孙桂玲	北京市“三八”红旗奖章	2016	北京市妇女联合会 北京市总工会 北京市人力资源和社会保障局
刘　斌	2019—2020 年接诉即办改革工作先进个人	2021	中共北京市委全面深化改革委员会

1984年至2016年赵家台村获门头沟区级及门头沟区系统个人荣誉一览表（已知部分）

表15-6

姓名	荣誉	时间（年份）	颁奖单位
孙永清	门头沟区优秀共产党员	1984	中共门头沟区委员会
安淑兰	门头沟区优秀共产党员	1984	中共门头沟区委员会
安永芝	门头沟区优秀共产党员	1986	中共门头沟区委员会
王春明	门头沟区优秀共产党员	1986	中共门头沟区委员会
孙永革	门头沟区优秀共产党员	1986	中共门头沟区委员会
	优秀德育工作者	2005—2006	中共门头沟区委员会 门头沟区人民政府
	工会工作积极分子	2008	门头沟区教育委员会
李长来	门头沟区优秀共产党员	1987	中共门头沟区委员会
	门头沟区优秀少先队辅导员	1988	门头沟区教育局
	门头沟区优秀工会积极分子	1990	门头沟区总工会
	优秀教育工作者	1992	门头沟区教育委员会 门头沟区人民政府

续表 15-6

姓名	荣誉	时间（年份）	颁奖单位
安永芝	门头沟区模范护林员	1987—1988	门头沟区护林防火委员会
	门头沟区优秀党员	1988	中共门头沟区委员会
	门头沟区护林防火先进个人	1989	门头沟区护林防火委员会
	门头沟区优秀党员	1989	中共门头沟区委员会
	门头沟区殡葬改革先进工作者	1990	门头沟区殡葬改革领导小组
	门头沟区三八红旗手	1991	门头沟区妇女联合会
纪桂珍	门头沟区三八红旗手	1989	门头沟区人民政府
孙继青	村委会工作先进个人	2000	门头沟区民政局
	两个文明建设百颗星	2000—2001	中共门头沟区委员会 门头沟区人民政府
	优秀共产党员	2002—2004	中共门头沟区委员会
	创建首都文明区工作标兵	2004	门头沟区创建首都文明区总指挥部
	优秀创业青年	2004	中共门头沟区委员会 门头沟区人事局 共青团门头沟区委员会

续表 15-6

姓名	荣誉	时间（年份）	颁奖单位
孙继青	优秀党支部书记	2004—2006	中共门头沟区委员会
	先进治保积极分子	2005	公安门头沟分局
	农村党支部书记标兵奖	2006	中共门头沟区委员会
	优秀共产党员	2006	中共门头沟区委 中共门头沟区委保持共产党员先进性教育活动领导小组
	门头沟区第二次全国残疾人抽样调查先进个人	2006	门头沟区第二次全国残疾人抽样调查领导小组
	门头沟区敬老助老先进个人	2006	门头沟区老龄工作委员会
	大学生村官工作先进个人	2006	门头沟区鼓励高校毕业生到农村基层工作领导小组办公室
	大学生村官工作先进个人	2007	门头沟区鼓励高校毕业生到农村基层工作领导小组办公室
	北京奥运会、残奥会门头沟区先进个人	2008	中共门头沟区委员会 门头沟区人民政府
孙嘉一	中小学田径运动会铅球项目中心校男子组第二名	2003	门头沟区教育委员会 门头沟区体育运动委员会
孙占东	敬老助老先进个人	2004	门头沟区老龄工作委员会

续表 15-6

姓名	荣誉	时间（年份）	颁奖单位
孙凤敏	第三届市民计算机纵横汉子输入法比赛农村中年组三等奖	2006	门头沟区教育委员会
代金华	残疾人自强模范	2004	门头沟区残疾人工作协调委员会 门头沟区残疾人联合会
	残疾人自强模范	2001—2005	门头沟区人事局 门头沟区残疾人联合会
	门头沟区第二次全国残疾人抽样调查先进个人	2006	门头沟区第二次全国残疾人抽样调查领导小组
	残联第一届好新闻优秀奖	2015	门头沟区残疾人联合会
王凤荣	“双学双比”先进个人	2005	门头沟区妇女联合会
孙桂玲家庭	门头沟区“五好”文明家庭	2005	门头沟区妇女联合会
孙桂玲	扶残助残先进个人	2005	门头沟区残疾人工作协调委员会 门头沟区残疾人联合会
	门头沟区妇联系统先进个人	2006	门头沟区妇女联合会
	门头沟区“双学双比”竞赛活动先进个人	2006	门头沟区妇女联合会 门头沟区“双学双比”竞赛活动协调小组 社区（村）文明之星

续表 15-6

姓名	荣誉	时间（年份）	颁奖单位
孙桂玲		2007	门头沟区人民政府
	“迎奥运、讲文明、树新风”活动社区文明之星	2008	门头沟区精神文明建设委员会
余邦怀	优秀农村水管员	2007	门头沟区农村水务建设管理领导小组
	“迎奥运——门头沟区农村青年中式面点师技能比赛”三等奖	2008	共青团门头沟区委员会
孙桂玲家庭	门头沟区学习型家庭	2008	门头沟区建设学习型城市工作领导小组
孙桂玲	优秀志愿者	2010	门头沟区计划生育协会
孙海云	院长成长奖	2011	金珠公司一部分公司 赵家台 5 号
许正余	“双酱福”菜品获得第三届“食在门头沟”之素食主题技能大赛农家乐组三等奖	2012	门头沟区商务委员会 门头沟区人力资源和社会保障局 门头沟区商业联合会 赵家台 9 号
苏桂芬 周国碧	“宫保豆腐”菜品获得第三届“食在门头沟”之素食主题技能大赛农家乐组一等奖	2012	门头沟区商务委员会 门头沟区人力资源和社会保障局 门头沟区商业联合会 赵家台 10 号

续表 15-6

姓名	荣誉	时间（年份）	颁奖单位
李　燕	“乡村熘丸子”菜品获得第三届“食在门头沟”之素食主题技能大赛农家乐组三等奖	2012	门头沟区商务委员会 门头沟区人力资源和社会保障局 门头沟区商业联合会 赵家台 11 号
	“健康多色炒”菜品获得第三届“食在门头沟”之素食主题技能大赛农家乐组优胜奖	2012	门头沟区商务委员会 门头沟区人力资源和社会保障局 门头沟区商业联合会
杨素兰客栈	餐饮服务食品安全示范店	2013	门头沟区食品药品监督管理局
果春红家庭	门头沟区最美家庭	2014	门头沟区妇女联合会
陈庆九	优秀现役军人家属	2015	门头沟区人民武装部
王　博	《鲜地黄止血功能新探》作品获得第 36 届门头沟区青少年科技创新大赛（科技论文类）三等奖	2016	门头沟区科学技术协会 门头沟区教育委员会

1984年至2016年赵家台村获乡（镇）、村级个人荣誉一览表（已知部分）

表15-7

姓名	荣誉	时间（年份）	颁奖单位
纪桂珍	计划生育先进个人	1984	潭柘寺乡政府
孙永清朱杏兰家庭	“五好”文明家庭	1984	潭柘寺乡政府
孙月武	先进民兵干部	1984	潭柘寺乡政府
王春明	优秀党员	1987	潭柘寺乡党委
金来山	优秀党员	1987	潭柘寺乡党委
安永芝	优秀党员	1991	潭柘寺乡党委
纪桂珍	计划生育先进个人	1992	潭柘寺乡政府
孙继青	优秀党支部书记	1997	中共潭柘寺镇委员会
	优秀共产党员	1998	中共潭柘寺镇委员会
	优秀党支部书记	1998	中共潭柘寺镇委员会
	优秀党支部书记	2000	中共潭柘寺镇委员会
	在党报党刊订阅工作中被评为先进个人	2000	中共潭柘寺镇委员会 潭柘寺镇人民政府

续表 15-7

姓名	荣誉	时间（年份）	颁奖单位
孙继青	优秀村干部	2001	中共潭柘寺镇委员会 潭柘寺镇人民政府
	优秀共产党员	2002	中共潭柘寺镇委员会
	优秀党支部书记	2002	中共潭柘寺镇委员会
	“五个好”党支部书记	2004	中共潭柘寺镇委员会
	“五个好”农村党员	2004	中共潭柘寺镇委员会
	在保持共产党员先进性教育活动中被评为优秀党务工作者	2006	中共潭柘寺镇委员会
	优秀党务工作者	2007—2008	中共潭柘寺镇委员会
	优秀共产党员	2012	中共潭柘寺镇委员会
李长来	优秀共产党员	1999	中共潭柘寺镇委员会
孙桂玲	演讲比赛三等奖	2003	中共潭柘寺镇委员会
	计划生育先进个人	2003	潭柘寺镇人民政府
	优秀党务工作者	2004	中共潭柘寺镇委员会
	和谐家庭	2006	中共潭柘寺镇委员会 潭柘寺镇人民政府

续表 15-7

姓名	荣誉	时间（年份）	颁奖单位
果春红家庭	和谐家庭	2005	中共潭柘寺镇委员会 潭柘寺镇人民政府
孙朝阳家庭	和谐家庭	2005	
孙凤敏	“人口与计划生育”知识竞赛三等奖	2005	赵家台村委员会
孙占东	和谐家庭	2005	中共潭柘寺镇委员会 潭柘寺镇人民政府
	“颂歌献给党”歌唱比赛一等奖	2005	中共潭柘寺镇委员会
王　民	和谐家庭	2006	中共潭柘寺镇委员会 潭柘寺镇人民政府
孙小君	和谐家庭	2006	中共潭柘寺镇委员会 潭柘寺镇人民政府
李　燕	赵家台村“人口与计划生育”知识竞赛二等奖	2005	赵家台村委会
果春红	赵家台村“人口与计划生育”知识竞赛二等奖	2005	赵家台村委会
	优秀共产党员	2007—2008	中共潭柘寺镇委员会
	优秀共产党员	2013	中共潭柘寺镇委员会
	优秀共产党员	2014	中共潭柘寺镇委员会
刘忠英	优秀党务工作者	2014	中共潭柘寺镇委员会

续表 15-7

姓名	荣誉	时间（年份）	颁奖单位
余邦怀	做文明有礼北京人百家和谐标兵	2010	潭柘寺镇人民政府
刘　勇	环境综合整治工作表现突出奖	2014	潭柘寺镇人民政府
刘　平	爱岗敬业奖	2011	北京神州灵山叶蜡石有限公司
	十年特殊贡献奖	2012	北京神州灵山叶蜡石有限公司
孙月伟	十年特殊贡献奖	2012	北京神州灵山叶蜡石有限公司
	爱岗敬业先进个人	2015	北京神州灵山叶蜡石有限公司
	优秀员工	2016	北京神州灵山新材料有限公司
孙继革	十年特殊贡献奖	2012	北京神州灵山叶蜡石有限公司
孙伟杰	安全运营中成绩显著被评为服务标兵	2015	北京市地铁运营有限公司运营二分公司
刘忠英	优秀共产党员	2016	潭柘寺镇党委

注：表内空格无数据

附　录

赵家台村股份经济合作社章程

第一章　总　则

第一条　为适应城市化发展的需要，明晰产权，实现投资主体多元化，调动各方面的积极性发展经济，增加农民收入，提高生活水平。根据《北京市农村集体资产管理条例》《北京市农村股份合作企业暂行条例》及其他有关法律、法规、政策的规定，成立北京市门头沟区潭柘寺镇赵家台村股份经济合作社（以下简称合作社），为便于管理，经过协商，特制定本《章程》。

第二条　合作社在村党支部和村委会的领导下，自觉遵守国家法律、法规，接受工商、税务、物价等有关部门依法进行的管理和监督，维护国家利益和社会公共利益。

第三条　合作社基本情况

名　　称：北京市门头沟区潭柘寺镇赵家台村股份经济合作社

住　　所：北京市门头沟区潭柘寺镇赵家台村

邮政编码：102308

经营范围：综合经营、集体资产管理

经济性质：股份制（合作）

第四条　合作社实行以下原则：

（一）劳动合作与资金联合相结合，按劳分配与按股分红相结合。

（二）股权平等，积累共有，利益共享，风险共担。

（三）自主经营，独立核算，自负盈亏，民主管理。

第二章　股权设置

第五条　合作社可量化集体净资产共 92171.64 元，设置集体股和个人股，其中：集体股 27665.70 元，个人股 64505.94 元；个人股分为基本股和劳龄股，其中：基本股 18434.18 元，劳龄股 46071.76 元。

第六条　集体股属股东共有的股份，个人股属股东个人所有的股份。集体股、个人股享有合作社经营管理、收益分配和合作社终止时剩余财产分配权并承担相应的风险。

第七条　合作社给集体股、个人股股东出具股权证书，制定股东名册，作为股东享受权利和履行义务的书面凭证。个人股股东股权证书遗失时，股东应及时以书面或其他形式报告合作社，合作社在通告全体股东后，给原持股人补发股权证书，原股权证书同时废止。

第三章　股　东

第八条　本合作社共有股东 328 名。其中，集体股东 1 名，个人股东 327 名。（附个人股东名册）

第九条　集体股、个人股股东有以下权利：

1. 参加股东大会，有选举和被选举的权利。

2. 股东可委托股东代表查阅股东代表大会会议记录，有了解董事会的工作和合作社及其所属企业经营和财务状况的权利。

3. 对合作社生产、经营及分配有批评建议的权利。

4. 有获取红利的权利。

5. 有股权合法继承和转让的权利。

6. 有认购合作社新增加股本的权利。

7. 在合作社终止时，有依法分得剩余财产的权利。

第十条　集体股、个人股股东有下列义务：

1. 有依其所持股金份额承担企业债务的义务。

2. 有合作社成立以后，不得抽回出资的义务。

3. 有服从股东代表大会决议的义务。

第四章　股东代表大会

第十一条　合作社实行股东代表大会制度，股东代表大会为合作社的最高权力机构，实行一人一票制度。

第十二条　股东代表大会行使以下职权：

1. 决定合作社的经营方针和投资计划。

2. 选举和决定更换董事。

3. 决定有关董事、监事及合作社管理人员的务工补贴。

4. 审议批准董事会的工作报告。

5. 审议批准监事会的工作报告。

6. 审议批准合作社发展规划、年度生产经营计划。

7. 审议批准合作社年度财务预、决算、利润分配和弥补亏损方案。

8. 合作社注册资本的增加或减少。

9. 合作社的分立、合并、变更形式、解散和清算。

10. 修改合作社《章程》。

股东代表大会对行使职权的第 3、4、5、6 项做出决议时，须经二分之一以上股东代表讨论通过。对第 1、2、7、8、9、10 项做出决议时，须经三分之二以上股东代表讨论通过。股东代表大会的议事方式和表决程序自定。

第十三条　股东代表大会每半年召开一次，会议由董事会召集。遇有下列情况时，可临时召开股东代表大会。

1. 合作社累计未弥补亏损额达到合作社股本金总额的三分之一时。

2. 有三分之一以上股东代表提出时。

3. 董事会、监事会成员认为必要时。

董事会应在股东代表大会召开前 3 日内书面通知股东代表本人并列明会议所议事项。

第十四条　股东代表大会要有书面报告，会议记录及需要讨论的决议。决议要形成书面材料，决议后股东代表必须签字。会议的报告、记录、决议要完整存档。

第十五条　股东代表产生。

1. 股东代表由股东民主选举产生，每届任期三年，可以连选连任，经三分之二以上股东同意。选举时股东要填写委托书。

2. 第一届股东代表可由现任村民代表（非股东除外）整体转为第一届股东代表，任期到本届村委会换届为止。村党支部书记、村主任（或副主任、委员）等作为集体股股东代表，换届时与村委会换届同步进行。股东代表受股东委托代行委托人的权利、义务。

第五章　董事会

第十六条　董事会是合作社的常设权力机构。董事会由 3 ~ 5 人组成，设董事长 1 名，董事若干名。第一届董事会成员由本届“两委”班子成员直接过渡，村党支部书记或村委会主任任董事长，任期到本届村委会换届为止。换届时与村委会换届同步进行，新当选的村党支部书记或村委会主任任合作社董事长，董事由新当选的“两委”班子成员中选举产生。

第十七条　董事会行使下列职权：

1. 执行股东代表大会的决议。

2. 按时召开股东代表会议，并向其做工作报告。

3. 审议批准合作社年度生产经营计划。

4. 召开董事会。

5. 聘用或解聘合作社总经理，并决定其报酬。

6. 决定增减合作社的分支机构。

7. 制定合作社年度财务预、决算方案，利润分配方案和弥补亏损方案。

8. 制定合作社分立、合并、终止、解散及清算方案。

9. 制定合作社增减注册资本方案。

10. 提出合作社《章程》修改草案。

11. 制定合作社重要规章制度及其他方案。

12. 特殊情况下的临时处置权，凡属股东代表大会职权范围内的事项，处置后应向股东代表大会报告。

13. 股东代表大会授予的其他职权。

董事会在行使上述职权中，第 3、4、5、6、7、8、9、10、11 项决议时应由三分之二以上董事通过，其他项由二分之一董事通过方为有效。

第十八条　董事会每半年或每季度召开一次，由董事会或三分之二以上董事提议可临时召开董事会会议。

每次董事会所议事项，均应做会议记录，会议作出的决议必须形成书面材料，董事会成员签字并存档。

第六章　法定代表人

第十九条　董事长为合作社法定代表人，行使下列职权：

1. 召集并主持董事会、股东代表大会和股东大会。

2. 检查董事会决议和股东代表大会决议实施情况。

3. 代表合作社签署有关文件。

4. 对违法、违纪或不称职的董事，向股东代表大会提出更换方案。

5. 向董事会提出合作社总经理聘用和解聘方案。

6. 非正常情况下的临时处置权，但事后应向董事会报告。

7. 董事会授予的其他职权。

第七章　监事会

第二十条　监事会是合作社经营管理活动的监督机构，由 3 ~ 5 人组成，设监事长 1 人，监事 2 ~ 4 人。第一届监事会成员由本届民主理财小组成员直接过渡，民主理财小组长任监事长，任期到本届村委会换届为止。换届时与村委会换届同步进行，新产生的村民主理财小组成员为监事会成员，民主理财小组长任监事长。

合作社董事、总经理及财务主管等人员不得兼任监事会成员。

第二十一条　监事会行使下列职权：

1. 经董事会同意监事会成员可列席参加董事会会议。

2. 监督董事长、董事、总经理的违法、违纪行为，维护股东的合法权益。

3. 股东代表大会授予的其他职权。

第二十二条　监事会所作出的决议须经监事会成员三分之二以上通过方为有效。

第八章　经营管理机构

第二十三条　合作社可设总经理一人。总经理由董事会聘任，其他管理人员由总经理任命报董事会批准。

第二十四条　总经理在董事会领导下负责合作社的日常经营管理工作，行使下列职权：

1. 组织实施股东代表大会和董事会决议，并向董事会报告决议实施情况。

2. 制定合作社年度生产经营计划方案，全面组织合作社日常经营管理活动。

3. 决定合作社内部机构设置，部门负责人任免，报董事会备案，并按绩效给予奖惩。

4. 董事会授予的其他职权。

第九章　收益分配和财务管理

第二十五条　合作社按照国家规定建立健全财务、会计、统计管理制度，按时按质向有关部门报送财务会计报表和统计报表。

第二十六条　合作社遵守税收法规，依法缴纳税款和其他费用。

第二十七条　合作社依法缴纳税费后的净收入，由董事会根据当年实际情况，提出决算分配方案并提交股东代表大会审议通过。净收入分配顺序按国家规定的企业财务制度执行。

第二十八条　合作社年度亏损时，按国家规定用以后年度利润弥补，不足部分依次以公积金、股金进行补偿。依本《章程》规定的程序核减股东股份份额。

第十章　用人用工制度

第二十九条　合作社聘用工程技术、企业管理人员和招收新职工时，须经总经理批准。在同等条件下优先录用个人股股东及其子女。

第十一章　股权继承、转让

第三十条　股东所持股份不得退股，可以继承、转让。继承和转让要签订书面协议，所涉及人员全部签字后，报合作社一份备案，履行继承和转让的相关手续。

第三十一条　股权的继承，要依据《中华人民共和国继承法》的规定，履行各项手续。在继承手续结束30日内到合作社办理股权变更手续。

第三十二条　股权的转让，个人股股东，经董事会批准并经股东代表大会通过，股权可在合作社内部股东之间进行转让。

第三十三条　合作社董事长在任职期间和离开本合作社的第一个会计年度内，其所持有的股份不得转让。

第三十四条　股权自合作社清算之日起不得转让。

第十二章　注册资本增加减少

第三十五条　合作社增加或减少注册资本，须经股东代表大会讨论通过并作出决议，同时修改本社《章程》，并到原登记主管机关办理变更登记手续。

第三十六条　合作社资产总额增值，实施配股时，必须经股东代表大会讨论通过并作出决议，将增值部分转化为资本金，增加注册资本，同时修改《章程》，并到原登记主管机关办理变更登记手续。

第三十七条　合作社注册资本必须减少时，首先通知债权人或予以公告。在通知或公告后九十日内未有债权人提出异议，方可按《章程》有关规定进行。

第十三章　变更、清算

第三十八条　合作社分立、合并由股东代表大会讨论通过并作出决议。

合作社分立、合并必须按有关政策规定由当事双方签订协议，明确划分资产，处理好债权、债务，并在决议后三十日内到原登记主管机关办理变更登记手续。

第三十九条　《章程》不符合国家现行规定，不适合合作社发展或遇其他必要情况时，可经股东代表大会讨论通过并作出决议后修改

《章程》。

修改《章程》，由董事会制定修改《章程》草案，经股东代表大会讨论通过并报原登记主管机关批准。

第四十条　合作社遇有下列情况之一终止：

1. 被依法撤销。

2. 破产。

3. 不可抗力。

合作社终止由股东代表大会讨论通过并做出决议。

第四十一条　合作社终止时，依据有关法律法规对财产进行清算，并按法律规定程序清偿各种债务和费用。

第十四章　附则

第四十二条　本《章程》由董事会负责解释。

第四十三条　合作社登记事项以登记主管机关核定的内容为准。

第四十四条　本《章程》与国家法律、法规相抵触的以国家法律、法规为准。

第四十五条　合作社按《章程》规定制定的细则，与本《章程》具有同等法律效力。

第四十六条　本《章程》经股东代表签字并报登记主管机关批准后生效。

潭柘寺镇赵家台村股份经济合作社

2010 年 11 月 29 日

赵家台村村民自治章程

1. 爱国守法，积极支持村各项经济改革，配合村委会共建社会主义新农村。

2. 乐于参与村中各项公益活动，积极参加义务巡逻，守护家园。

3. 保护植被，不在老村私挖盗采，疏通雨洪沟，防止水害。

4. 讲究礼仪，见面主动问好。邻里互助，主动为老弱病残提供帮助。

5. 购物买菜自带环保袋，节水节电，不浪费资源，不浪费粮食，婚丧嫁娶移风易俗。

6. 开车进村时，主动礼让行人，减速慢行，不按喇叭，停车入位。

7. 家庭和睦，教育好子女，主动承担家务。

8. 民俗旅游，热情接待，讲卫生，服务好，入住客人实时录入上传公安系统，接待户不互相拆台，不搞恶性竞争，维护好民俗接待村的对外形象，互相帮助，提高旅游收入。

9. 对父母的爱要大声说出来，常回家看看，交心沟通。

10. 每年为老人体检，精心伺候，饭菜软烂，有稀有干，不缺父母零花钱。

11. 不私搭乱建，不乱堆乱放，垃圾分类，按规定堆放，禁止占用消防车通道和疏散通道。

12. 为了减少大气污染，不焚烧秸秆落叶等废弃物，不燃放烟花爆竹。

13. 禽畜圈养不上街，养宠物家庭主动办理相关证件，定期注射疫苗，遛狗自觉清粪便。

14. 主动制止乱贴乱画等不良行为。

赵家台村委会

2021 年 10 月 20 日

赵家台村村规民约

为了使我村有一个良好的生活环境，为我村今后经济建设、精神文明建设奠定基础，我大队特制定以下规定，望大家共同遵守执行。

一、各村民自觉遵守各企业制定的各项制度，加强自身素质培养、热爱本职工作（主导思想：干一行、爱一行、钻一行）。树立正确人生观、分辨是与非、能够与坏人坏事作斗争，为我村各企业、赵家台这个大家庭争创更大效益，积极主动提些合理化建议，督促我们干好今后工作。

二、计划生育方面有关规定（由书记、村主任、妇联专干具体负责），本条规定适用于在村适龄男、女（人产分离、外嫁者不享受本村任何待遇）：

1. 适龄男、女青年在本村开具结婚证明时，必须主动向村委会缴纳生育保证金 500 元，待达到晚育年龄领取结婚证后，方可向大队妇联专干申请生育指标，待镇村审核批准后方可怀孕，生育后凭医院证明，采取长效避孕措施后，保证金全部退回，否则保证金一律不退还，并受到一定处罚。

2. 计划生育奖励：生育一胎子女的，经办理独生子女证后，填证费由大队负担，并发给独生子女父母奖励费每年 100 元，期限：由领取独生子女证后之日起可持续 10 年（国家特别规定、大队经济属性的除外）。

三、对违反本村治安方面的有关规定（由本村治保主任具体负责解决）：

1. 对损坏集体财产人员的处罚：对故意损坏集体财产的人员，责令其加倍赔偿财产损失部分，由于过失造成的，根据情节轻重、损坏程度，责令其赔偿部分财产损失。

2. 对打架斗殴人员的处罚：由于打架斗殴造成人身伤、残的，根据伤残程度、责任大小、确定（有责任方）赔偿全部或部分经济损失，构成犯罪的，依法追究刑事责任。

3. 对故意阻碍企业正常生产，除企业制订制度处罚外，构成犯罪的，依法追究刑事责任。

四、对护林防火方面的有关规定（由大队专职护林防火人员负责解决处理）：

1. 珍惜大自然一草一木，对故意放火（包括过失放火），故意损害集体林木的人员（包括偷砍林木人员），除大队教育外，并负责承担赔偿损失部分，构成犯罪的，依法追究刑事责任（大队这部分罚款收入的50% 作为上报、禁止人员及处理人员的奖励）。

2. 对损坏树木人员的具体处罚办法：幼树每棵罚款 50 ~ 200 元，成树每棵罚款 500 ~ 1000 元，砍伐的树木并归大队所有。饲养家畜人员禁止在南坡地段放牧（放牧人员只局限于东、北坡地段）。

五、村民用车的具体规定（由村主任具体负责）：

1. 接送伤、病人员（打架斗殴致伤、致残的人员除外），用车前先打招呼，征得同意后方可用车，事先交款，本村到南辛房 15 元，本村到门头沟 30 元。

2. 办事人员指个人用车、具体由管车人员规定。

3. 办丧事人员，大队给其家属提供免费用车 1 天（死者火化，大队负责补助火化费 150 元）。

六、村民用电收费、安装的具体规定（由继学负责）：

用电安装必须向继学申请，征得同意后，随同电工方可安装，按期缴纳电费由继学统一规定。对于延期、误期、拒付电费的村民，根据情节轻重、误期长短给予不同程度的处罚（可利用限电、切电等处罚手段）。

七、大队办公重地禁止一切闲杂人员入内，避免影响办公人员的工作效率和出现其他意外。

本规定自一九九六年一月一日起生效，日后增、减部分具有同样的效力。

赵家台村委会

1995 年 12 月

赵家台村各部门职责任务

赵家台村经济合作社社长职责

1. 负责经济合作社全面工作，抓好经济合作社的组织建设，坚持财务公开，民主理财，坚决维护集体利益和群众利益。

2. 负责草拟经济发展规划，规章制度及经济工作文书。抓好各项经济工作的管理、监督和分析，促进集体经济发展。

3. 严格执行各项经济政策法规，在经济工作交往中，注意秉公办理，厉行节约。

4. 定期召开村民代表大会，向代表们汇报经济工作，抓好财务管理，积极配合党支部、村委会搞好村里的各项工作。

5. 加大对村办企业的管理力度，逐步实行企业的正规化管理。要以发展，壮大集体经济，农民增收为目的，搞好本村的企业重组转制。

6. 结合本村实际，切实抓好民营、私人企业的发展，要积极支持和扶持农民大力发展养殖业。搞好本村的水利富民工程，一切工作的出发点和落脚点都要放在农民增收，富裕农民上来。

7. 本着实事求是的原则，制定本村的经济发展计划及远景规划，规划的制定要注意可操作性和实效。

赵家台村委会

1997 年 12 月

赵家台村党支部书记职责

1. 负责召开支部委员会和支部委员大会：结合本村的具体情况，认真贯彻执行党的路线、方针、政策和上级的决议、指示，以邓小平同志建设有中国特色社会主义和“三个代表”重要思想为指导，研究党支部工作，将支部工作的重大问题，及时提交给支委会和支部大会讨论解决。

2. 以经济建设为中心，积极探索新形势下加强党的自身建设的新途径和新办法，采取得力的措施，努力把基层组织建设成团结战斗堡垒。带领群众进行改革和建设，不断提高本党支部的战斗力、凝聚力和影响力。

3. 了解掌握党员的思想、工作和学习情况，发现问题及时解决。作经常性的思想政治工作。

4. 检查支部的工作计划、决议的落实情况，对本村的机关年龄监督和社会发展责任；按时向支部党员大会和上级党委报告工作。

5. 经常与支部委员和同级行政负责人保持密切的联系，交流情况，支持他们的工作，协调单位内部党、政、工、团的关系，充分调动各方面积极性。

6. 抓好党员的教育和管理，发挥党员在各项工作中的先锋模范作用，塑造党员的新形象。

7. 负责本村干部的教育、培养、选拔、推荐、考核和监督工作。

赵家台村委会

2000 年 1 月

赵家台村委会主任职责

村民委员会在党支部的领导下，在镇政府的指导帮助和支持下进行工作，其主要职责是：

一、认真做好村务管理

1. 负责办理本村的公共事务和公益事业。

2. 负责村里的计划生育、村建、文教卫生、防火、防汛等工作。

3. 负责调解村内的民间纠纷。

4. 协助有关部门维护好本地区的社会治安。

5. 开展好多种形式的社会主义精神文明活动。

6. 向镇人民政府反映村民的意见、要求和建议。

二、协助镇政府完成行政任务

1. 积极宣传党和国家的法律、法令和各项方针、政策。

2. 努力教育村民依法履行应尽义务。

3. 组织和支持村民积极投身经济建设。

赵家台村委会

2000 年 2 月

赵家台村党支部基本任务

1. 宣传和执行党的路线、方针、政策，宣传和执行党中央、上级组织和本组织的决议，充分发挥党员的先锋模范作用，团结、组织党内外的干部和群众，努力完成村各项任务。

2. 组织党员认真学习马克思列宁主义、毛泽东思想、邓小平理论和党的路线、方针、政策和决议，学习党的基本知识，学习科学、文化和业务知识。

3. 对党员进行教育、管理和监督，提高党员素质，增强党性，严格党的组织纪律生活，开展批评和自我批评，维护和执行党的纪律，监管党员切实履行义务，保障党员的权利不受侵犯。

4. 密切联系群众，经常了解群众对党员、党的工作的批评和意见。维护群众的正当权利和利益，做好群众的思想工作。

5. 充分发挥党员和群众的积极性、创造性，善于发现、培养和推荐他们中的优秀人才，鼓励和支持他们在改革开放和现代化建设进程中贡献自己的聪明才智。

6. 对要求入党的积极分子进行教育和培养，做好经常性的发展党员工作，重点吸收在农村和生产工作中的优秀分子入党。

7. 监督党员干部和其他工作人员严格遵守国家的法律法规和各项制度，不得危害国家、集体和群众的利益。

8. 教育党员和群众自觉抵制不良倾向，坚决同各种违法犯罪行为作斗争。

赵家台村党支部

2001 年 12 月

赵家台村财务人员职责

1. 严格履行财务管理制度中的各种职责，认真审核各单位的报表，统计全村经营活动情况，健全账簿，确定记账方法。

2. 严格依法办事，加强现金管理，严格收支手续，严禁挪用公款，做到账款相等。

3. 进行会计核算，按照会计法的规定，认真办理会计事务，及时、准确、完整地记录、计算，反映财会收支和经营活动，为国家和本村提供真实可靠的信息。

4. 实行会计监督。通过会计工作对村财务收支和经济活动的合法性、合理性、有效性进行监督。

5. 根据会计法规制定，结合本单位的具体情况，执行本单位办理会计事务的具体方法。

6. 参与拟定经济计划、业务计划。考核、分析预算、财务计划地执行情况

7. 办理其他会计事务。

8. 坚持统计法、依统计法按时准确完成各项统计报表，健全统计台账，及时完成各项统计工作。

赵家台村委会

1998 年 9 月

赵家台村妇联主任、计生专干职责

1. 认真宣传党和国家的各项方针政策，教育广大妇女知法、守法。

2. 维护妇女儿童的合法权利，为妇女伸张正义。

3. 了解、掌握本村育龄妇女的基本情况，开展优质服务工作。

4. 按时参加上级有关部门召开的会议，按照上级要求做好统计报表及各项工作。

5. 团结动员广大妇女投身两个文明的建设中去，为建设祖国做出贡献。

6. 搞好妇女自尊、自信、自立、自强教育，提高妇女素质。

7. 加强学习，提高自身素质，及时提供计划生育信息及报道好人好事。

8. 主动向领导请示汇报工作，努力为领导分忧。

9. 做好上级有关部门及村“两委”班子交给的各项任务。

赵家台村委会

1999 年 2 月

赵家台村规章制度

赵家台村党建工作制度

一、例会制度

1. 支部会：每月两次研究党务工作，支部成员要积极发言、出主意、想办法，各抒己见。遇特殊问题随时召开支部会。

2. 党员例会制度：每月 10 日定期召开党员大会，组织学习或商讨村内大事，党员要求必须做到不迟到、不早退，有事请假，无故不参加会议或组织生活的，2 次向本人提出批评，3 次党员大会上点名批评，6 个月连续不参加党组织活动的视为自动退党。

3. 民主生活会制度：每半年组织一次民主评议党员活动，对于评议出现不合格党员由本支部对其进行办班教育。

4. 党课制度：每季度不定期地以会议、参观、组织活动等形式对党员进行教育，提高党员自身素质。

二、党员联系户制度

实行分片包干、责任到人，落实到户，起好支部与群众之间桥梁与枢纽的作用，做好宣传、引导、教育工作，全心全意为村民服务。

三、党员培训制度

1. 每年组织两次轮训，参加上级党委组织的培训课，或者请上级组织部门领导来村对党员进行培训。

2. 对党员进行文化科学知识及实用技术的培训。采取走出去、请进来的方式，提高党员的文化素质和业务水平。

四、入党积极分子的培训及培养制度

1. 组织参加上级党委组织的培训班，参加本支部的党课教育及组织活动。

2. 每名积极分子专门有一名党员与其联系。

3. 把积极分子中思想过硬、工作能力强，并且在群众中有影响的同志及时吸收进党组织。

五、后备干部培训制度

每年参加两次后备干部培训班，政治上关心他们，工作上压担子，给他们提供锻炼的机会，使他们在工作上得到锻炼，他们的能力和觉悟得到提高。

六、党员交纳党费制度

每月一次按时交纳，连续 6 个月不交纳党费的视为自动退党。

七、对先进党员及后进党员的奖罚制度

1. 对评选出的先进党员以及为国家做出突出贡献的党员进行表彰给予一定的精神或物质奖励。

2. 对后进党员以说服教育为主，对有进步的同志给予表彰鼓励，对于犯了错误的党员通过批评教育给予改过自新的机会，仍然执迷不悟的、屡教不改的或情节严重给予纪律处分，造成犯罪的提交司法部门追究刑事责任。

八、对流动党员的管理制度

本支部的流动党员，由党小组长负责与其联系，如果外出无固定地址的要主动与党小组长或支部联系，每月必须按时交纳党费，参加党员大会。否则按无故不参加组织活动处理。

赵家台村党支部

2002 年 5 月

赵家台村民代表会议制度

村民会议由村民主选举产生的村民代表，村党总支、村委会成员、本村的各级党代表、人大代表、政协委员组成。举行会议时，老干部、党员及村办企业负责人可以参加，听取他们的意见和建议，但不参加表决。

一、职权范围

1. 审查和批准村经济和社会发展规划和村民委员会的年度工作建设计划；

2. 审议村民委员会工作情况，监督和评议村民委员会的工作，撤换不称职的村民委员会成员，补选缺额人员；

3. 听取和审议村财务收支情况的报告；

4. 讨论决定涉及全村村民利益的政策举措和重大工作安排；

5. 听取和审议村务、党务工作报告；

6. 决定村务监督小组组成人员名单，听取和审议村务监督小组的工作报告；

7. 组织和监督实施村务公开工作，组织和领导村务民主管理活动；

8. 讨论村民自治章程（草案）、村规民约（草案）及其修改意见，审核通过试行方案并监督其实施；

9. 需要由村民代表会议决定的其他事项。

二、召开会议条件

1. 村民代表会议由村民委员会负责召开和主持，通常每年召开两次，但必要时可随时召开，有五分之一以上的村民代表提议时，应召开村民代表会议。

2. 村民代表会议必须有村民代表会议成员过半数出席方可举行，会议决议必须由出席人数的过半数通过才有效。

三、议事规则

1. 村民代表议事前要根据村委会提出的方案，深入调查研究，广泛听取群众意见，然后在会上集体讨论决定。

2. 村民代表议事时，到会人数必须超过应到会有表决权人数的一半时，会议才有效。

3. 议事会上，每个与会同志既要充分发表自己的意见，又要做到不作无原则地争论，不武断地否定别人意见，要摆事实，讲道理，分清利弊，达成共识。

4. 议事决策时，要坚持民主集中制，通过无记名投票或举手表决，过半数与会代表通过时，方可决议。参加会议成员必须坚决执行议事会作出的决议，个人若有不同意见可以保留或向上级组织反映，但未经村民代表会议修改前必须无条件服从，并积极执行。

赵家台村委会

2002 年 1 月 1 日

赵家台村印章管理制度

一、村党支部章和村委会章由村文书或村会计管理，村文书或村会计不是党员的，支部章由组织委员管理，其他任何人不得管理公章。

二、对村党支部、村委会公章的使用实行审批和备案制度，审批范围按第三条执行。对公章的使用，管理人员要做好记录备查，对不经批准擅自盖章的，依照法律和有关规定追究管理人员的责任。

三、对村公章的使用必须按下列程序进行：

1. 对于一般性的公文处理和盖章手续，由村党支部书记或村委会主任批准。

2. 涉及宅基地、计划生育等重大事项的审批，由村“两委”集体研究决定。

3. 涉及经济责任和签订经济合同需要盖章的，必须由村民代表会议讨论通过。

赵家台村委会

2001 年 1 月

赵家台村重大事项决策程序

为了更好地管理好我村的政务、财务工作，进一步贯彻落实党的民主集中制，规范村“两委”班子领导成员的议事行为，明确议事范围，特制定议事程序如下：

一、凡有“两委”班子成员或村民反映、提出需要上会讨论的重大事项必须提前三天将有关事项告知村支部书记审议，确定议题。

二、由党支部书记召开并主持“两委”班子，议题要经“两委”班子成员充分讨论方可形成决议，当与会人员意见不一致时，应采取举手或无记名投票的方式进行表决。

三、到会成员应在 80% 以上，通过的决议方可有效。

四、若有关系到全村前途命运、将来发展的或将影响 85% 以上村民生活的重大事项，要开扩大会议，含村民代表和村民理财小组成员，议事程序不变。

赵家台村党支部

2001 年 1 月 1 日

赵家台村党组织和村民委员会联席会议制度

1. 村党组织和村民委员会联席会议参加成员必须是村党组织成员、村民委员会成员和村经济组织成员，必要时可邀请驻村机关、学校、企事业单位负责人参加。

2. 联席会议由村党组织主要负责人或村民委员会主任主持召集。一般情况每月召开一次，也可以根据工作需要随时召开。

3. 联席会议决定议题采取少数服从多数的原则，充分发扬民主，认真听取不同意见，坚持说服教育和依法办事，及时纠正工作中的失误，不得强迫命令，不得打击报复。

4. 遇到下列情况须经联席会议讨论：

（1）召集村民会议、村民代表会议，并向会议报告工作，贯彻落实村民会议、村民代表会议的决定、决议。

（2）讨论制定任期目标和年度工作计划，组织实施本村经济和社会发展规划，办理本村教育、文化、交通、水利、医疗卫生、社会福利等公共事务和公益事业。

（3）负责换届选举、罢免、补选村民委员会成员的相关事宜。

（4）制定修改村民自治章程、村规民约。

（5）审议村党组织、村民委员会报告和财务收支情况报告，评议党组织、村民委员会成员的工作。

（6）讨论村务公开领导小组成员和村民委员会下设委员会成员的分工。

（7）拟定本村享受补贴人员及补贴标准，村集体经济所得收益的使用，收缴农业税以及返还使用情况。

（8）兴建学校、道路、水利等公益事业的经费筹集和承包方案，村集体经济项目立项和承包方案，土地承包经营方案，宅基地的初步使用方案。

（9）研究、落实完成上级人民政府下达的工作任务。

（10）村党组织、村民委员会认为应当由联席会议讨论决定的涉及村民利益的其他事项。

赵家台村委会

2002 年 1 月 1 日

赵家台村财务管理制度

为了规范我村财务行为，加强财务管理，提高资金的使用效率，保证村里各项工作的完成，防止多头审批和无计划开支，根据国家有关法律、法规和《门头沟区潭柘寺镇关于农村财务管理的规定》等制度，坚持厉行节俭，量入为出的原则，特制定以下财务制度：

一、合理编制预支制度：根据本村实际支出情况，制定各项资金的分配，保证本村资金正常运转。

二、定期编制财务报告，如实反映村财务收支情况，严格执行会计制度，做好算账、记账、对账、报账工作，保持手续严密清楚，数字有根有据，账表相符准确及时，收入情况真实可靠。

三、坚持勤俭办事，建立财务审批制度，实行开支要有主管财务领导批准，否则出纳员不准给予办理付款手续。对未经主要领导审批的开支，出纳员有权拒绝付款。

四、对一切领取支票、现金，为集体购物都必须请示主管，做出书面请示，发票要一事一签，经办人必须指明原因，签字做到两人以上签字（特殊例外），否则不给予报销。

五、建立由党员、干部、群众为一体的监督理财小组，在每次民主公开活动中进行理财监督工作。

六、村财务收支情况，按上级要求定期向村民代表公布。

七、以上制度请广大党员、干部、群众监督执行。

赵家台村委会

2002 年 5 月

赵家台村连民心恳谈室工作制度

一、定期联系制度

1. 为做好连民心恳谈室的工作，与镇社会矛盾调处中心建立定期联系制度。

2. 村恳谈室接待人员每周都要定时向村支部书记汇报连民心恳谈室的接待情况，以便村领导及时掌握矛盾动态；做到信息畅通。

二、接待制度

1. 连民心恳谈室必须做到“五固定”，即固定办公地点，必须设有专门的办公场所；固定接待人员，确定至少一名专职接待人员；固定值班制度，保证每次接待不得少于两人；固定联系电话，保证信息通畅；固定恳谈记录格式，保证记录项目清晰完整。

2. 接待人员要做到态度和蔼，礼貌待人，语言文明；恳谈中如有要求保密的内容，要做好保密工作，接待人员不得擅自将恳谈人的谈话内容告知他人。

3. 恳谈人享有知情权、询问权，接待人员有告知的义务；根据村民群众的要求，恳谈人可以根据恳谈内容预约有关领导参加恳谈。

4. 对于现场能解决的问题及时帮助解决，不能现场解决的问题做好解释工作，并及时上报。

5. 对恳谈人提出的信访事项，严格按照《信访条例》有关规定办理。

三、工作内容

1. 为人民群众提供一个倾诉苦衷、发泄怨气、接触烦恼、寻求帮助的场所，听取群众意见、建议、诉求和进行答疑，努力解决老百姓的热点、难点问题。

2. 加强党建，加强廉政文化建设，使廉政文化深入农村、企业单位，延伸到家庭，构建廉洁社会。

3. 为本村建设出谋划策，构建和谐家庭、和谐村庄。

赵家台村党支部

2006 年 5 月

赵家台村车务管理制度

为了保证集体所属车辆的正常行驶及保养，制定车辆管理制度如下：

一、凡属村居委会的机动车辆，必须服从主管人员的管理调派，其他人员不得随意调派车辆，如有特殊情况，要与主管人员打招呼，经协商同意方可用车。

二、凡属管理司机，必须严格遵守村委会制定的车务管理制度，服从主管人员的调派安排，不得随意各行其是。

三、所属大队司机，必须遵守工作人员的岗位制度。每天按时上班，有事随叫随到，安排出车任务不可不去。

四、所属大队司机，必须严格服从主管领导的调遣，不得私自出车、用车。司机有事不能上岗，必须事前向主管领导请假，经批准方可行事，以免误事。

五、司机在出车时，不准借用工作之便，办自己的私事。办私事出现一切事故由自己承担，村委会不予承担。

六、司机无出车任务时，必须按规定作息时间到办公室上班，随时听从领导的安排。如领导没有安排其他任务，司机要对自己驾驶的车辆进行维修、保养、管理，保证车辆内部干净整洁，确保车辆的正常行驶。

七、所属大队司机，必须严格遵守以上所定制度，配合主管领导完成每项工作。如有违反者，根据违章情节，经大队干部研究后酌情处理。

赵家台村委会

2010 年 8 月

赵家台村环境大气治理惩罚制度

根据《中华人民共和国大气污染防治法》，结合我区、镇创建全国文明城区办公室相关文件精神，为提高我区环境大气空气质量，做好本村环境大气整治工作，创建美丽乡村，并结合本村实际情况特制定环境大气治理惩罚制度，如下：

一、本村村民全年禁止焚烧秸秆、熏肥、燎地边和一切野外明火、冒烟等影响环境污染的行为。

二、如有违反规定造成环境污染的一经发现将罚款200元，没在村里工作的将从每年福利中扣除。

三、本制度即日生效，望广大村民共同监督遵守。

赵家台村委会

2018年10月16日

赵家台村垃圾分类约束奖励制度

为做好本村垃圾分类工作，提高广大村民对垃圾分类的知识储备与责任意识，加大力度对村民进行垃圾分类的宣传和引导，以约束与奖励相结合的方式，制定本制度。

第一条　奖励范围是本村村域内参与垃圾分类的广大群众。

第二条　奖励依据将结合村委会不定期开展的垃圾分类督导检查，以及垃圾分类收集员或指导员在日常工作中的所接触实际情况。

第三条　每天满分按 4 分计算，月末汇总，以一个月为一个积分周期，次月初按积分兑换相应的奖品。

第四条　奖品根据本村实际情况进行购买与发放。

第五条　对于在奖品购买与发放过程中出现的违规违纪行为，村民应及时向镇、村有关部门进行举报。同时，对于故意无端举报、诬陷组织或个人的行为，被诬陷人有权向有关部门反映，情节严重的向公安机关报案。

赵家台村委会

2020 年 5 月

赵家台“门前三包”制度

为创造干净、整洁、有序的村居环境，落实好“门前三包”推进提升我村美丽乡村的形象，全面改善村内环境卫生面貌，提高村民的生活环境质量。现制定赵家台村门前三包制度，具体内容如下：

一、包卫生清洁

保持门前卫生，确保地面无果皮、纸屑、烟头等废弃物，禁止乱扔、乱吐、乱倒垃圾、污水等；保持建筑物外立面整洁美观，严禁乱写、乱贴、乱画，有污损、毁坏的及时恢复原貌：冬季积雪和雨后淤泥及时清除。

二、包绿化完好

看护好责任区内的花草树木和绿化设施，严禁攀折树木、践踏草坪、借助树木搭棚和悬挂衣物、擅自占用绿地、擅自迁移花草树木等行为。

三、包秩序整齐

按规定设置门头牌匾，严禁探头经营、占道经营、乱堆乱放各种杂物、私设外置音箱等；门前非机动车和摩托车在规定地点按统一方向分类有序停放。

具体实施方案如下；

一、村里实行门前三包的奖惩制度，奖励金每户每月 100 元。

二、每周由监督小组成员：刘嘉、李长生、孙朝阳、王根来、刘斌进行监督检查。

三、对检查不合格的户通报劝改，直到合格为止。

四、此方案自 2017 年 2 月 1 日起开始实施。

赵家台村委会

2017 年 1 月

赵家台村节水制度

（一）节水的目的和意义

水是生命之源，水更是城市发展、人民生活的生命线。村内工业农业的发展均离不开水，赵家台村水资源并不富裕，为了杜绝村民浪费水资源，增强村民节水意识，有效节约用水，赵家台村制定了节约用水方案。

（二）节水小组成员：刘斌、王宏、余邦怀、李国宝

（三）定期查表制度

根据赵家台村实际情况，对村内老年公寓、大楼房两片进行“季度一查”，每季度的中旬，“3月15日、6月15日、9月15日、12月15日”对老年公寓进行查表登记，每季度的末月月底，对大楼房进行查表登记，按照村委会制定的奖惩制度进行结算，并将相关数据在公示栏进行公示。

（四）节水奖惩制度

1. 村里每户村民每月免费用水30吨，用水量超出30吨的，按每吨5元收费。未超出30吨的，节余水量按每吨5元奖励。

2. 如有水表出现问题的，就按上季度的节水量计算。水卡丢失补办缴费50元。

（五）节水前后对比

安装智能表之前每天水井出水量一百多吨，村月用水量最高可达五千吨，在安装智能水表之后，村月水量降至两千多吨，节约了约50%的用水量。

赵家台村委会

2017年4月

编纂始末

2017年，中国共产党第十九次全国代表大会提出实施乡村振兴战略后，北京市地方志编纂委员会办公室、北京市农村工作委员会联合印发《北京特色乡镇村志书编纂工作实施方案》。门头沟区档案史志馆建立领导机构，制定编纂工作方案，组建编辑部，积极落实推进特色乡镇村志书编写工作。2021年5月，启动潭柘寺镇赵家台村志编写工作，至2023年基本结束。大体经历篇目设计、收集资料、撰写志稿、审查修改几个阶段。各阶段互有交叉，边收集资料边撰写成文。收集补充资料贯穿始终。

赵家台村志编纂工作启动后，通过入村实地调查，了解赵家台村的基本情况和主要特点，制定村志编写方案、工作步骤、时间安排。篇目根据编写要求设计，除概述、大事记外，全书共设18章，并与村领导座谈征求意见。自8月初，编纂人员数次到新村、老村多途径开展资料征集，召开具有代表性的各类人员座谈会20余次，专题采访为主，事先拟好采访提纲，有时采用问卷调查，简明扼要，效果较好。与此同时，对村容村貌、宣传标语、文物古迹、地标性建筑进行拍照，走街入户对门联、家训等进行收集。收集报刊、图书等相关资料。查阅区档案史志馆、村档案室档案共400余卷，查阅村报200余期。按照边收集资料边整理成文的工作安排，整体推进编写工作，于 2022 年 3 月初步完成初审稿。在编写过程中，主要执笔人对交叉重复、史料不准等问题进行调整、核实，将原拟定的篇目进行了适当调整，对有关章节适当归并或进行升降格处理。调整后，全书仍为 18 章。

2022 年 8 月 2 日，召开赵家台村志第一次审稿会。2023 年 6 月 20 日，召开赵家台村志复审会。谭烈飞、罗保平、王鹏、安全山等专家，以及镇、村相关领导参加会议。两次评审会后，编写人员对评审意见进行消化吸收，举一反三，多次到村补充资料，对有关史实进行查证，对篇目进行调整，由原来的 18 章调整为 15 章。对全稿进行多次文字修改，在此基础上，对志稿进行了初步统稿，对部分章节的体例进行调整，表格进一步规范，对部分节题、目题文字进行推敲修改。2023 年 9 月 18 日，赵家台村志通过终审。

编者

2023 年